Hermann Thiersch

Ludwig I. von Bayern und die Georgia Augusta

Thiersch, Hermann: Ludwig I. von Bayern und die
Georgia Augusta
Hamburg, SEVERUS Verlag 2013
Nachdruck der Originalausgabe, Berlin 1927

ISBN: 978-3-86347-488-1
Druck: SEVERUS Verlag, Hamburg, 2013

Bibliografische Information der Deutschen Nationalbibliothek:
Die Deutsche Nationalbibliothek verzeichnet diese Publikation in der
Deutschen Nationalbibliografie; detaillierte bibliografische Daten sind
im Internet über http://dnb.d-nb.de abrufbar.

© SEVERUS Verlag
http://www.severus-verlag.de, Hamburg 2013
Printed in Germany
Alle Rechte vorbehalten.

Der SEVERUS Verlag übernimmt keine juristische Verantwortung
oder irgendeine Haftung für evtl. fehlerhafte Angaben und deren
Folgen.

Vorwort.

Die Jubelfeier der Münchener Universität am 27. November vorigen Jahres hatte es, besonders durch Michael Döberl's gehaltvolle Festrede, allen Teilnehmern nachdrücklich in Erinnerung gebracht, welch enge Beziehungen die vor hundert Jahren von Landshut nach München verpflanzte bayerische Universität mit unsrer Georgia Augusta verbinden, wie deren großes Vorbild die damalige innere Umgestaltung der Universität an der Isar weitgehend bestimmt hat, wie zwei ehemalige Alumnen der Göttinger Hochschule es waren, die sich damals eng und erfolgreich zur Erreichung dieses Zieles zusammengeschlossen hatten: König Ludwig I. und Friedrich Thiersch.

Dabei kam mir zum Bewußtsein, wie wenig noch über die für die Entwicklung des nachmaligen Königs so entscheidend wichtige Studienzeit Ludwigs I. bekannt ist, wie bedeutsam besonders die Originaldokumente jener beiden Göttinger Semester von 1803/4 sein müßten, und wie sie an Interesse wachsen würden, wenn sie noch durch diejenigen ergänzt werden könnten, welche sich auf die in die Jahre 1829/30 fallende, genau nach des Vaters Weisungen eingerichtete Göttinger Studienzeit des Kronprinzen Max von Bayern beziehen. Eine persönliche Anfrage bei Sr. Kgl. Hoheit dem Kronprinzen Rupprecht von Bayern noch am Vorabend der Münchener Festlichkeit selbst wies mir sogleich den rechten Weg: das in Frage kommende Material ruhe zumeist im Geheimen Kgl. Bayerischen Hausarchiv, das in der Münchener Residenz Herr Geh. Archivrat Dr. J. Weiss verwaltet.

Schon in den folgenden Tagen konnte ich dank der liebenswürdigen Vermittlung von Archivrat Dr. Winkler dort einen Teil von Ludwigs Briefen einsehen. Die originellen Tagebuchnotizen Ludwigs hat dann für mich mein archäologischer Fachgenosse Dr. C. Weickert in München durchgesehen; von allen auf Göttingen bezüglichen Briefen Ludwigs I. wie Max' II. hat mir Herr Geheimrat Weiss genaue Abschriften gütigst herstellen lassen. Allen diesen Herren bin ich für die mannigfach gewährte Hülfe und Auskunft, vor allem aber der Vermögensverwaltung Sr. Kgl. Hoheit des Kronprinzen Rupprecht von Bayern für die gewährte Erlaubnis, dies Material auch veröffentlichen zu dürfen, zu großem Dank verbunden. Ebenso der großen Liberalität der Direktion der Bayerischen Staatsbibliothek zu München, die mir die „Übungen im Teutschen Stil" von 1804 und W. von Freygangs Manuskript („Notice") aus der bei ihr in Verwahrung befindlichen „Fideikommißbibliothek" zur Durchsicht nach Göttingen gesandt hat.

Zu danken habe ich ferner Herrn Dr. Max Spindler in München. Ihm verdanke ich nicht allein Einsichtnahme in die Druckbogen seiner für diese Fragen wichtigen, jetzt eben erschienenen Arbeit „J. A. Sambuga und die Jugendentwicklung Ludwigs I.", er hat auch aufs bereitwilligste die Kolleghefte der beiden bayerischen Fürstensöhne in München für mich eingesehen und mir in selbstloser Weise seine Notizen darüber übersandt. Die Kolleg- und Übungshefte Ludwigs befinden sich in der Wittelsbachischen Familien-Fideikommißbibliothek, welche in der Bayerischen Staatsbibliothek verwahrt wird; diejenigen von Max II. in der Kgl. Privatbibliothek, welche die Bibliotheken Max' II. bis Ludwigs II. (ca. 20000 Bände) umfassend als „Wittelsbacher Familienbibliothek" in verschiedenen Räumen der Residenz in München aufgestellt ist. Hier hat Herr Hauptmann Hofberger, der sich z. Z. um eine Sichtung der dortigen Bestände bemüht, die zunächst nicht leicht aufzufindenden Hefte wenigstens z. T. heraussuchen können.

Dies Münchener Material konnte in glücklicher Weise ergänzt werden durch unsere Göttinger Akten. Hier bin ich unsren Universitätsbehörden und Herrn Dr. Götz von Selle, welchen unter der Leitung von Prof. Hessel der Göttinger Senat mit der Ordnung der Universitätsakten betraut hat, außerdem Herrn Dr. iur. Otto Deneke, dann unserm Lektor für russische Sprache, Herrn Werner Grimm aus Petersburg, und Herrn Stadtarchivar Dr. F. Wagner für wertvolle Hinweise zu nicht geringerem Dank verpflichtet.

Alle jene Zeugnisse edlen Studiums aus ihren verborgenen, wohl gehüteten Verließen hervorzuholen, sie als einen erfrischenden Strauß den Freunden akademischer Erziehung und Bildung an festlichem Tage gerade in Göttingen darzureichen, erschien mir eine frohe Aufgabe. Den Verehrern unserer hohen Schulen wird es lieb sein, sich durch die beiden hier vorgelegten leuchtenden Fälle aufs neue vergewissern zu können, welche Fülle geistigen Segens in der treuen Aussaat unsrer Universitäten beschlossen liegt.

Wenn es mir, bedrängt von Arbeiten mannigfachster Art und hier auf einem meinem Fach ferner liegenden Gebiet auch kaum möglich war, das gesamte in Frage kommende Material zu erfassen, so glaube ich doch die resignierte Skepsis, mit der noch vor wenig Jahren von der Aufhellung dieser Studienzeit Ludwigs I. als einer höchst zweifelhaften Möglichkeit gesprochen wurde[1]), durch die nachfolgenden Darlegungen z. T. überwunden zu haben. Von größter Wichtigkeit wären natürlich die Tagebücher Ludwigs I. selbst, wenn, was aber nicht der Fall zu sein scheint, darunter wirklich solche der Jahre 1803 und 1804 sich befinden sollten. Vorerst aber ist die Einsichtnahme in diese seitens der bayerischen Ministerien verwehrt; eine Sperre, die auch einen Teil des übrigen Nachlasses Ludwigs I. betrifft. Auch das inhaltreiche Familienarchiv der Grafen von Seinsheim in Sünching (bei Regensburg) war mir vorerst nicht zugänglich. Vielleicht wird es später möglich sein, noch Nachträge und Ergänzungen zu bringen.

Daß die vorliegende Abhandlung auch mit einigen Tafeln ausgestattet werden konnte, verdanke ich wiederum vielfach freundlicher Hilfe. Die Vorlagen zu Tafel I und II, zu dem Jugendbildnis Ludwigs I., bis vor 10 Jahren im Schleißheim, jetzt in der Neuen Pinakothek zu München und zu der heroischen Landschaft Chr. Eberleins, gleichfalls daselbst, stellte die Direktion der Bayerischen Staatsgemäldesammlungen in München zur Verfügung. Diejenigen zu Tafel IV und V, den beiden Göttinger Professorenbildnissen, mein Göttinger Kollege Prof. Max Voit aus seiner reichen, im Auftrage des Göttinger Senates angelegten Porträtsammlung Göttinger Dozenten. Die Originalfederzeichnung der Hamilton'schen Ausgrabung bei Nola aus Blumenbach's Nachlaß (Taf. III) befindet sich im Anatomischen Institut der Göttinger Universität, das Original des Briefes Ludwigs I. von 1853 bei den Göttinger Senatsakten, die Photographie des nun verschwundenen „Prinzenhauses" (Taf. VI) im Archiv wie im Museum der Stadt Göttingen. Für die Erlaubnis der Veröffentlichung bin ich hier den Herren Prof. Fuchs, Direktor Fick und Stadtarchivar Dr. Wagner zu Dank verpflichtet.

Wenn diese Arbeit die Ehre hat, in der gestrengen Reihe der Abhandlungen unsrer Gesellschaft der Wissenschaften zu erscheinen, so wird sie ihren Ursprung als eine auch für weitere Kreise bestimmte Gelegenheitsschrift nicht verleugnen können. Dennoch möchte sie als eine Art Nachklang zu schon früher hier erschienenen Studien zur Geschichte der Georgia Augusta gelten dürfen, wie sie besonders F. Frensdorff verschiedentlich in den Druckschriften der Göttinger Sozietät veröffentlicht hat, und die hier dankbarst mit verwendet worden sind.

---

1) S. J. Hausmann, König Ludwig I. als Universitätsstudent im „Sammler" Nr. 118 (16. Okt. 1920), Unterhaltungsbeilage der München-Augsburger Abendzeitung.

Einleitung.

Die Kindheit und Knabenzeit Ludwigs I. ist durch die Darstellungen bei K. Th. Heigel[1]), H. Reidelbach[2]), Friedr. Schmidt[3]) und jetzt auch M. Spindler[4]) in allen wesentlichen Zügen hinreichend bekannt. Nur an dreierlei als von besonderer Wichtigkeit für die nachfolgende Entwicklung des bayerischen Kronprinzen sei hier erinnert: an Straßburg und die Pfalz als Geburtsort und Stätte der Kindheit, jäh und beständig beunruhigt durch Frankreich und die Auswirkungen der französischen Revolution; an Auguste Wilhelmine von Hessen-Darmstadt, die edle früh verstorbene Mutter und an J. A. Sambuga, den von der Mutter selbst noch bestellten geistlichen Erzieher, an den auch ein Teil der Göttinger Briefe Ludwigs gerichtet ist.

Von der schönen Mutter, einer weitherzigen Prostestantin, der Ludwig auch äußerlich ähnlich war, hatte er die ungekünstelte Natürlichkeit des Wesens, die lebendige Beweglichkeit des Geistes, heroischen Mut und kühne Entschlossenheit, den hohen, weiten, auf alles Ideale gerichteten Sinn und — sie malte selbst — das ausgesprochene künstlerische Verständnis, ja, die begeisterte Liebe zur Kunst geerbt.

Aber nicht dies allein. Auch die hohe Auffassung von Fürstenpflicht und die Vaterlandsliebe, in der sie ihrer Nichte, der Königin Luise von Preußen, nichts nachstand — wie blutete ihr Herz über die 1792 beginnende Verwüstung der Pfalz! —, die umsichtigste Ökonomie und ausgeprägten Ordnungssinn — wie war sie eine Meisterin in der Kunst des Sparens! — und die kindlich schlichte Religiosität hatte er von der Mutter. Gerade in Paris, wo die Tochter Maria Theresias, die Königin Marie Antoinette, durch die ihrer

---

1) Ludwig I. König von Bayern. Leipzig 1872, S. 1—45.
2) Ludwig I. König von Bayern. Volks- und Schulausgabe. München 1888, S. 1—24.
3) Geschichte der Erziehung der pfälzischen Wittelsbacher (Monumenta Germaniae Pädagogica Bd. XIX). Berlin 1892. S. CLXXXV ff.
4) J. A. Sambuga und die Jugendentwicklung Ludwigs I. München 1927.

eigenen Art verwandte schlichte Natürlichkeit und Anmut ihr ganzes Entzücken gewesen ist, war sie sich ihres Deutschtums bewußt geworden. Nach der französischen Revolution vertiefte sich ihre Abneigung gegen Frankreich naturgemäß zu größter Bitterkeit. Inmitten Schmerzen und Seelenqual aber hat sie nie ihre freudige Ergebenheit in Gottes Willen verloren. „Wenn Er nur mich aufrecht hält und nicht zuläßt, daß ich jemals murre!" Je schauriger der allgemeine Niedergang sie umgab, desto heldenhafter wuchs ihre Seelengröße empor [1]).

Nie hat es Ludwig vergessen, daß diese Todesgefahren, jäher Schrecken, der Verlust aller äußeren Güter und die harten Unbilden im Gefolge der französischen Verfolgungen die Ursache waren, daß er die geliebte Mutter so früh, schon als 10 jähriger Knabe hat verlieren müssen. Immer wieder hatte die kurpfälzische Familie fliehen müssen: von Straßburg nach Darmstadt, von Darmstadt nach Oggersheim, von Oggersheim nach Mannheim, von Mannheim nach Schwetzingen, endlich nach Neckarelz, und dem kleinen Rohrbach bei Heidelberg. Als dreijähriges Kind schon von betrunkenen Jakobinern bedroht [2]), hätte Ludwig bei dem verheerenden Bombardement des Mannheimer Schlosses Weihnachten 1794 beinahe beide Eltern verloren [3]). Was Wunder, wenn schon die empfängliche Seele des Knaben mit Entschiedenheit von Frankreich sich abwandte, das sein Elternhaus und ihn selbst — bis zu Napoleons Niedergang — nicht aus dem Auge lassen sollte; ja daß tiefste Abneigung gegen diese Nation bis an sein Lebensende ihn erfüllte. Wie hat er sich gesehnt nach dem Tage, seine Heimatstadt Straßburg wieder deutsch zu wissen [4]), mit welch finster drohendem Argwohn hat Bonaparte ihn bewacht und beobachtet [5]), mit welch jubelnder Freude hat Ludwig den großen deutschen Sieg der Völkerschlacht bei Leipzig gefeiert! So wurzelt die Stärke seiner vorbildlich vaterländisch deutschen Gesinnung außer in seinem mütter-

---

1) Vgl. den schönen Aufsatz von W. Winkler „Die Mutter König Ludwigs I. von Bayern. Nach ungedruckten Briefen". In der Zeitschrift „Der Wächter", Bd. VII, 1924, S. 521—535.

2) Vgl. Reidelbach S. 8.   3) Ebenda S. 10.

4) Vgl. auch die von Spindler S. 55 Anm. 271 aus Sambuga's Tagebuch angezogenen Aussprüche des Vierzehnjährigen: „Der Prinz äußerte wie schon vieles mals seine Vorliebe für den Krieg, um die verlorenen Länder jenseits des Rheines wieder zurückzuerhalten. — Der Prinz äußerte seinen so oft gemachten Wunsch, daß gegen die Franzosen gesieget und das linke Rheinufer wieder zurückerhalten würde!" (Sept. 1798.)

5) J. Sepp, Ludwig Augustus König v. Bayern² (1903), S. 12 ff.

lichen Erbteil auch in diesen bitteren Erfahrungen seiner Kinder- und Knabenjahre, zu denen bald, als Karl Theodor kinderlos gestorben war, nach der Übersiedelung der Familie nach München 1800 eine neue Flucht vor den Franzosen nach Amberg hinzukommen sollte.

Von allernachhaltigstem Einfluß auf den jungen Kurprinzen ist weiter die sieben empfänglichsten Jahre hindurch strenge geführte Erziehung durch Joseph Anton Sambuga gewesen. Wie dieser ebenso klare wie ausgesprochen religiöse Geist in dem beharrlichen Gemüte des Knaben den Grund gelegt hat zu der von ihm lebenslang festgehaltenen Kirchlichkeit[1]), zur sittlich höchsten Auffassung seines Fürstenberufes, zu größter Selbständigkeit des Denkens und Handelns[2]), zur anspruchslosesten Sparsamkeit[3]), was ihn selbst anging, zur weisen sparsamsten Verwendung der ihm anvertrauten Staatsgüter[4]) in großem Stil, das hat M. Spindler auf Grund von Sambuga's Tagebuch und Briefen in seinem Buche trefflich auseinandergesetzt. Sambuga, in dem eine selten abgeklärte Mischung von Männlichkeit und Milde verkörpert war, und dessen ganze Lebensführung fleckenlos gewesen ist, hat Ludwig selbst einen Heiligen genannt[5]).

Es ist ein unschätzbares Glück, daß Ludwigs nach Phantasie und Gefühl stark hinneigende Veranlagung so früh schon und durch einen solch geborenen Erzieher die notwendige Ergänzung erhielt nach der nüchtern prüfenden Verstandesseite hin[6]), durch beständige Übung der kritischen Vernunft, die selbst bei Sambuga's religiösem Empfinden die Grundlage war[7]), in schweigsam beobachtendem Prüfen. Ja, manches hat Ludwig von Sambuga so vollständig übernommen, daß er später für seine eigenen Gedanken hielt, was ihm einst sein Lehrer gegeben hatte[8]). Noch in den Anweisungen Ludwigs für die Erziehung seiner eigenen Kinder wirkte sich Sambuga's Erbe aufs stärkste aus[9]). Sambuga verdankt er das bis ans Ende festgehaltene Ideal eines wahrhaft patriarchalischen Absolutismus[10]), das feste Überzeugtsein vom Gottesgnadentum des Fürsten[11]), das hohe daraus sich ergebende Verantwortlichkeitsbewußtsein[12]), endlich die Erkenntnis, daß Lehramt und Charaktererziehung nie von einander getrennt werden dürfen[13]). Auf eine Unterredung Sambuga's mit seinem fürst-

---

1) Vgl. auch Joh. Nep. Ringseis Erinnerungen I, 131.
2) Spindler S. 61.   3) Ebenda S. 51.   4) Ebenda S. 107.
5) Ebenda S. 36. 83.   6) Ebenda S. 67. 97.   7) Ebenda S. 32. 59.
8) Ebenda S. 66.   9) Ebenda S. 66.   10) Ebenda S. 52.
11) Ebenda S. 50.   12) Ebenda S. 63.   13) Ebenda S. 110.

lichen Zögling noch im Schwetzinger Park geht letzten Endes auch Ludwigs großer Plan der Erbauung der Walhalla zurück [1]).

Schon mit 15 Jahren wurde der schwer sprechende, verschlossene, aber frühreife und über sein Alter verständige Prinz, in welchem sein Erzieher unentwegt den künftigen Regenten gesehen hatte, in die wissenschaftliche Welt eingeführt. Im Frühjahr 1801 durfte er zum erstenmal einer Sitzung der Bayerischen Akademie der Wissenschaften in München beiwohnen, seit 1802 erscheint er als „frequentierendes Mitglied" in deren Listen.

Im Mai 1803 bezog Ludwig, nicht von Sambuga [2]), aber von seinem Hofmeister, dem Pfälzer Jos. v. Kirschbaum begleitet, für ein Semester die bayerische Landesuniversität, welche damals erst zwei Jahre vorher von Ingolstadt nach Landshut überführt worden war [3]). Kirschbaum, der einst Student in Göttingen gewesen war und vor dem Ausbruch der französischen Revolution an der Kriegsschule in Paris Völkerrecht vorgetragen hatte [4]), war schon vorher beauftragt gewesen, den Prinzen zum Studium der Geschichte und Ästhetik anzuleiten. Geschichte hörte Ludwig in Landshut bei Milbiller, im übrigen hatte er dort Rechtswissenschaft, Staatsrecht, Nationalökonomie und Naturkunde belegt. Er hörte alles sehr fleißig, von früh 5 Uhr an war er — auch damals schon — auf, vom studentischen Leben zunächst noch geflissentlich fern gehalten. Die stärksten Eindrücke nahm er von Michael Sailers tief religiöser Persönlichkeit mit, den er in Landshut nicht als Dozent, aber als Universitätsprediger gehört hat, und dem er zeitlebens ein treuer Beschützer geblieben ist, seine milde, aufgeklärte konfessionelle Weitherzigkeit aus vollster Überzeugung teilend.

Als dann Ludwig 17 jährig im Herbst 1803 wieder mit Kirschbaum als Begleiter und dem Grafen Karl von Seinsheim als Studiengefährten zur weiteren Ausbildung die Göttinger Universität bezog, blieb wiederum Sambuga — als Religionslehrer der Geschwister Ludwigs — in München zurück. Umso treuer versieht nun Sambuga das Amt des Vermittlers in der Korrespondenz zwischen Vater und Sohn, zwischen Bruder und Schwestern, „als ernster, aber nie aufdringlicher Mahner" [5]).

---

1) Spindler S. 66/7.   2) Ebenda S. 63.
3) Vgl. besonders den oben zitierten Aufsatz Hausmann's im „Sammler" von 1920.
4) Vgl. Neuer Nekrolog der Deutschen, Bd. XXXVII, S. 30 (1851).
5) Spindler S. 64/5. Vgl. besonders auch seine 1805 und 1806 an Ludwig gerichteten Briefe, Spindler S. 87 ff.

So treffliche Dozenten — man denke an Ast, v. Breyer, von Gönner, Anselm v. Feuerbach, v. Savigny, Röschlaub, Tiedemann — Landshut auch besaß[1]), daß es dem künftigen Beherrscher Bayerns den zu wünschenden Abschluß nicht geben konnte, wußte man in München sehr wohl. Es zeugt wiederum von dem außerordentlichen Ansehen, das die Georgia Augusta in der zweiten Hälfte des 18. Jhs. überall genoß, daß man als das denkbar Beste sofort Göttingen für die Vollendung und Abrundung der Studien des Kurprinzen ausersah. Über Göttingens einzigartige Bedeutung und Stellung, wie sie erst vor wenig Jahren wieder einer unsrer Historiker treffend charakterisiert hat, war man sich damals auch im Süden Deutschlands vollkommen klar, und nicht von Kiel allein gilt die Feststellung, daß seine Matrikel damals im selben Maße zusammenschrumpfte, wie der Ruhm Göttingens stieg. „Um die Mitte des 18. Jahrhunderts und noch lange darüber hinaus, war Göttingen der wissenschaftliche Mittelpunkt des gesamten Römischen Reiches deutscher Nation. Theologie und Kirchengeschichte, klassische Philologie und Geschichte, vor allem aber die Rechts- und Staatswissenschaft im weitesten Umfange der Begriffe, waren nirgends durch bessere Lehrer vertreten, wurden nirgends durch größere Forscher befruchtet als in Göttingen. Die Verbindung Hannovers mit der führenden Großmacht Europas gab dort historischer und politischer Anschauung einen Horizont, der weit über den üblichen Gesichtskreis deutscher Universitäten hinausging"[2]).

Was gerade damals die allgemeine Aufmerksamkeit auf Göttingen gelenkt hatte, waren weniger die sich häufenden Schriften des Göttinger Professors und Polyhistors Christoph Meiners, in dessen Hauptwerk „Über die Verfassung und Verwaltung deutscher Universitäten"[3]) schon die Vorrede einen Hymnus auf die Georgia Augusta als die „die Erste unter ihren Schwestern, wenigstens im protestantischen Deutschland" darstellt, als vielmehr die programmatische, auf genaueste Kenntnis der Dinge gegründete, authentische, man könnte sagen, offizielle Darlegung „Über den gegenwärtigen Zustand der Universität Göttingen", welche Ernst Brandes in

---

1) Vgl. M. Döberl S. 8—9. Auch Clemens Brentano und Ludwig Tieck hatten sich damals dort eingefunden.

2) Arnold Oskar Meyer, Die Universität Kiel und Schleswig-Holstein in Vergangenheit und Gegenwart. Kiel 1919, Seite 9.

3) Bd. I erschienen Göttingen 1801, Bd. II 1802. Dazu 1802—3 die ersten vier Bände seiner „Geschichte und Entstehung der hohen Schulen unsres Erdteils". — Das erst genannte Werk wird übrigens von Brandes selbst als geradezu klassisch anerkannt. Brandes betont wiederholt, daß er in den wesentlichsten Punkten mit Meiners übereinstimme.

Hannover, Geh. Kabinetsrat und Nachfolger v. Münchhausens und seines Vaters Georg Brandes in der Betreuung der Georgia Augusta, in einer langen Reihe von 19 Artikeln im „Neuen Hannöverischen Magazin" (vom 5. Februar bis zum 9. April 1802) vor einem Jahre erst damals veröffentlicht hatte[1]).

Bei Pütter-Saalfeld (III, S. 48/9)[2]) steht — leider ohne irgend eine Quellenangabe — zu lesen, Napoleon Bonaparte habe erklärt, Göttingens Universität gehöre weder Deutschland, noch einem einzelnen Staate an, sondern der ganzen Welt. Wenn das wahr ist, wird der Ausspruch wohl 1806 in Paris gefallen sein, als Blumenbach dort zu Gunsten der Georgia Augusta offiziell vorsprach. Jedenfalls bedeutet diese hohe Anerkennung nichts neues. Der Satz ist nach Inhalt und Form übernommen von Brandes' eben genannter, damals viel beachteter Darlegung, die ein hohes Lied auf Göttingen bedeutet und umso nachhaltigeren Eindruck machen mußte, als sie in so maßvoll ruhigen und vornehmen Tone sich völlig frei hält von allem übertriebenem Lob und aus intimster Kenntnis einer 15 Jahre langen Praxis heraus mit überall spürbarem Gerechtigkeitssinn und gleichem Wohlwollen für Lehrende und Lernende geschrieben ist. Brandes führt (Sp. 218 ff.) nachdrücklich aus, wie schon der Stifter der Göttinger Universität seinen Plan ganz ins Große angelegt habe, um eine gelehrte Bildungsanstalt für alle Nationen zu schaffen, überzeugt, daß „ohne einen solchen Plan nur eine armselige, notdürftige mittelmäßige Bildung der Landesuniversität erfolgen würde." Münchhausen habe bei der Bildung der Göttinger Universität zugleich auf das Beste der ganzen Welt Rücksicht genommen, sie für alle aufgeklärten Nationen bestimmt. Und das nach dem Muster der großen mittelalterlichen Universitäten wie Paris, Bologna, Salerno und später noch Leyden. „Alle deutschen Universitäten von Bedeutung, bis auf diese Tage, beabsichtigen dieses. Keine deutsche Universität hat aber in unseren Zeiten so viele und so angesehene Ausländer unter den Studierenden aufzuzählen wie Göttingen" (seit langem $^2/_3$ seiner akademischen Bevölkerung). Die deutschen Universitäten seien nicht darauf angelegt, nationale Universitäten, wie die englischen es geworden, zu sein. „Ein Geist des Kosmopolitismus muß den deutschen Universitäten eigen sein. Die Wissenschaften gehören nicht einem einzelnen Staate, einer Nation, sie gehören der ganzen Menschheit an" (Sp. 222).

Wie hätte ein solch flammendes Fanal wissenschaftlicher

---

1) Später auch in Buchform erschienen.   2) Geschichte der Universität Göttingen in dem Zeitraum von 1788—1820. (Hannover 1820.)

Freiheit und Weite nicht fernhin beachtet werden, nicht die Besten aller Nationen an sich ziehen sollen!

In derselben Artikelserie von Brandes stand auch zu lesen, wie die neu revidierten Satzungen der Georgia Augusta, hervorgegangen aus einer genauen Prüfung der Satzungen der sieben ersten protestantischen Universitäten Deutschlands, nun alle anderen an Zweckmäßigkeit, Vollständigkeit und Bestimmtheit überträfen (Sp. 369); wie Göttingen mehr denn je jetzt von solchen Studierenden aufgesucht würde, die von andren Hochschulen kommend, ihre Studien nun in Göttingen vollenden wollten (Sp. 722); welche unberechenbaren Vorteile der gegenseitige Austausch und Abschleifungsprozeß so vieler verschiedenartiger deutscher Stämme gerade bei Göttingens Dozenten und Studierenden mit sich brächte (Sp. 227/8); weiter wie die Göttinger Einrichtungen überall vorbildlich für andre Universitäten geworden seien. Und endlich die stolzen zusammenfassenden, abschließenden Sätze: „An den Orten, wo man sich um Wissenschaften bekümmert, da kennt man Göttingen und durch die Universität unser Land" (Sp. 448). „Wir haben eine ganz ausgezeichnete gute Universität; wir haben sie besser als wir eine ähnliche Anstalt irgendwo finden" (Sp. 455).

Wer mag es im damaligen München gewesen sein, der aus diesen Aufstellungen unverzüglich die wichtigen Folgerungen zog? der die Aufmerksamkeit des Hofes hierauf lenkte? Joseph v. Kirschbaum, der selbst auch in Göttingen studiert hatte, darf hier wohl am ehesten, jedenfalls mit genannt werden.

KAPITEL I.

Kurprinz Ludwig in Göttingen
Wintersemester 1803/4 und Sommersemester 1804.

Als der bayerische Kurprinz in Göttingen eintraf, war das beste Quartier, das stattliche „Prinzenhaus" in der heute noch nach ihm benannten Prinzenstraße schon vergeben[1]). Nach Ausweis der amtlichen Wohnungslisten der damaligen Studierenden hatte im Herbst 1802 der junge Fürst Anton Paul Sulkoski[2]) zusammen

---

1) Es muss auf Irrtum beruhen, wenn Frensdorff, Göttingen in Vergangenheit und Gegenwart[2] (1887), S. 31 angibt, Ludwig habe darin gewohnt.

2) Nach Poniatowski's Tod später der Führer der polnischen Truppen und Generaladjutant Kaiser Alexanders I. von Rußland. Kurprinz Ludwig hat ihn damals in Göttingen kennen gelernt als „einen recht braven Menschen". Siehe unten S. 49 den 4. Brief an Sambuga.

mit dem Grafen Adolph Christian v. Bassewitz alle Räume dort bis Ostern, bezw. Herbst 1805 belegt. Zudem war die kleine Stadt mit Nobilität gerade damals mehr als je erfüllt, noch sechzehn andre Grafen galt es im Sommer 1804 unterzubringen.

So nahm Ludwig Quartier in dem geräumigen, dreigeschossigen, aber schmucklos einfachen Fachwerkhause, das unmittelbar anschließend an ein gleichartiges, das jetzige theologische Stift, mit breiter Front und durchlaufender Dachlinie in einer stillen Seitenstraße gelegen ist: heute Mühlenstraße 1. Sein zwei Jahre älterer Jugendfreund Karl Graf Seinsheim („Karlchen", „Karlemännchen") — eine heitere, liebenswürdige und gesellige Natur, später auch Reisebegleiter des Kronprinzen in Italien, kunstgeschichtlich interessiert, vielseitig gebildet, zuletzt bayerischer Finanzminister[1] — wohnte gleich im anstoßenden Böhmerschen Hause, Stumpfebiel 1 und 2. Sein anderer bayerischer Jugendfreund, ein junger Freiherr von der Tann, mit dem (nach S. Hausmann) Ludwig besonders viel verkehrte, hatte bei Oppenheimer in der Neuen Straße Wohnung genommen. Obwohl die Bewohner des Hauses in der Mühlenstraße seitdem oft gewechselt haben, weiß man heute noch genau, daß die prinzliche Wohnung oben über einer Treppe lag. Da befand sich als westlicher Abschluß der Zimmerflucht ein großes Musik- und Tanzzimmer, jetzt ebenso wie die Frontzimmer durch spätere Zwischenwände zu kleineren Räumen abgeteilt. Der ursprüngliche Raumeindruck ist jetzt überall verloren und verdorben. Erhalten hat sich von ihm außer im geräumigen Treppenhaus mit der behaglichen Breite seines Biedermeiergeländers nur noch etwas in dem großen Zimmer unmittelbar unter dem genannten Musikzimmer, wo eine Mittelstütze die weitgespannte Decke trug. Eine breite Fenstergruppe ging hier einst auf den (jetzt durch die neuen, dicht herangebauten Nachbarhäuser völlig zerstörten) herrlichen großen Garten, der einst bis zum Leinekanal reichte und mit seinem Zwergobstspalier, seinen Grottennischen, Lauben, einem Gartensaal und einer großen schattigen Linde auf erhöhter, stufenversehener Mitte einen eigenen idyllischen Reiz gehabt haben muß. Dieser Garten hat noch Varnhagen von Ense[2] bei seinem Göttinger Besuch ganz in seinen Bann geschlagen: er träumt sich in einer der Lauben in seine Knabenzeit zurück. Dann wird im Gartensaal mit den Freunden getafelt, unter der Linde der Kaffee eingenommen, im Hause selbst mit den Göttinger Größen von damals diniert:

---

[1] Vgl. Joh. Nep. Ringseis, Erinnerungen I, 371.
[2] Tagebücher, Bd. XIII. 8.—11. Juni 1856.

Ernst Curtius, Waitz, Ewald, Thöl, Baum, Sartorius, Wilhelm Weber.

Hausherr in diesem schönen Besitz mit seiner erfrischenden reinen Gartenluft war damals seit ganz kurzem der Schwager Felix Mendelsohn's, der Mathematiker Lejeune-Dirichlet. Vorher, seit 1847, hatte das Haus der klassische Philologe Karl Friedrich Hermann besessen, wie dies alles noch heute die Gedächtnistafeln am Hause selbst besagen. Nachher (1854—80) wohnte der Mediziner K. E. Hasse darin. Wann es erbaut worden ist, hat sich bisher nicht feststellen lassen. Vermutlich gehört es zu den ersten stattlichen Neubauten der Universitätsgründung. In den alten Kämmereibüchern trägt es seit 1764 die Hausnummer 498 und hieß „die Meisterei". Auch in der Folgezeit galt es sichtlich stets als ein besonders wertvoller Besitz und war immer in besten Händen. Im Jahre 1778 hatte es der bekannte Göttinger Rechtslehrer Georg Ludwig Böhmer gekauft, dem auch die Nachbarhäuser gehörten. Von seinen Erben erwarb es 1803 der hannoversche Regierungsrat Hoppenstedt — dieser war also Ludwigs Hauswirt —, 1809/10 ging es in Hofrat Himly's Besitz über, von dessen Erben es dann K. Fr. Hermann übernahm.

Man hatte sich also mit Bedacht umgesehen, als das kurprinzliche Quartier zu bestellen gewesen war, und hatte gut gewählt[1]. Wie wohl sich Ludwig, besonders dank der Zugabe des schönen, ertragreichen Gartens hier fühlte, geht deutlich aus seinen eigenen Briefen hervor. —

Auch für eine angemessene Einführung in Stadt und Umgebung, in die Geschichte der Universität und die augenblicklichen Studienverhältnisse war gesorgt worden. Noch wird in München das offenbar von einem Schreiber (es ist als Nr. 5 bezeichnet) sauber geschriebene Manuskript aufbewahrt, das Ludwig und seinem Hofmeister bald nach ihrer Ankunft in Göttingen zur Orientierung in die Hand gedrückt worden sein muß. Das dünne Quartheft trägt den Titel:

„Notice sur l'Université de Göttingue
manuscrit
communiqué à son Altesse Sérénissime
le Prince Electoral Bavaro-Palatin

---

[1] Der bayerische Hof wird sich dazu an den akademischen Logis-Commissar, Herrn Billetschreiber Grimm, gewandt haben, der in den damaligen amtlichen Universitätsverzeichnissen für Auswärtige zu diesem Zweck stets besonders empfohlen wird, und von dessen Hand auch die sorgfältig geführten Wohnungslisten der damaligen Studierenden zierlich geschrieben sind.

par son très humble serviteur Guillaume de Freygang au service de sa Majesté l'Empereur de toutes les Russies, Membre de l'Académie de Dreißigacker[1]) et des Sociétés Phytographique de Gottingue et de Mineralogie de Jena."

Diese bei aller Knappheit vollständige, als zeitgeschichtliches Dokument wichtige und doch wenig bekannte Schilderung der damaligen Göttinger Verhältnisse, welche das Jahr darauf, 1804, bei Dieterichs in Göttingen als zierliches Bändchen auch im Druck erschienen ist, hat also einen Deutsch-Russen zum Verfasser. Er war erst ein Jahr vorher (23. Nov. 1802) an der Georgia Augusta inskribiert worden („aus Rußland, studiert Diplomatik") und war auch nur bis Herbst 1804 hier immatrikuliert. Ein gewandter und beweglicher Geist, zu geistreichem Scherz und Ironie aufgelegt, wie geschaffen zum amüsanten Unterhalter und mehrsprachigen Mentor für Studierende aus hohen und höchsten Kreisen, dessen literarische Tätigkeit sich noch nach drei Jahrzehnten verfolgen läßt[2]). Unmittelbar an seine Göttinger Zeit schließen sich drei kurze Lustspiele an, in welchen besonders die damals populär gewordene Gall'sche Schädellehre eine Rolle spielt (1805 und 1806). Auf dem Titel seines ebenfalls scherzhaften Büchleins „Idées sur le phenomène des Aërolithes" (1804) nennt er sich „secrétaire interprète du Collège impérial de Russie au Departement des affaires étrangères". Freygang scheint also selbst während seines Göttinger Aufenthaltes eine offizielle Stellung im russischen Außendienst innegehabt zu haben. Das stimmt durchaus überein mit dem Charakter seiner „Notice". In dieser heißt es zwar: L'université de Göttingue attendait avec impatience le Prince Electoral Bavaro-Palatin. Ses qualités personelles et son affabilité lui ont gagné tous les coeurs depuis le peu de jours qu'il y est arrivé", aber im Übrigen ist man erstaunt über die starke Hervorhebung der russischen Beziehungen bei jeder Gelegenheit. Es ist, als wäre die kleine Schrift ursprünglich nicht für einen deutschen, sondern für einen russischen Fürstensohn bestimmt gewesen, oder als habe sie der Verfasser in mehreren Exemplaren für Fürstlichkeiten überhaupt schon parat liegen gehabt, als er veranlaßt wurde sie auch dem bayerischen Kurprinzen zu widmen. Die gedruckte Ausgabe von 1804 trägt tatsächlich die Widmung an einen hohen russischen Würdenträger und Gönner: „A son Altesse Mon-

---

1) bei Meiningen, 1801—43 Thüringische Forstakademie.
2) Reisen in Georgien und Kaukasien, 1817 Lettres sur Alexisbad et ses environs 1830 (deutsch als „Harzbilder, Romantische Darstellungen", 1833).

seigneur le Prince Alexandre de Kourakin, conseiller privé actuel de Sa Majesté de l'Empereur de toutes les Russies".

So ist Freygangs „Notice" ein unmittelbares und lebendiges Zeugnis von dem lebhaften Aufschwung höherer Studien, den man sich damals in Rußland unter Alexander I. — für Freygang (am Schluß seiner „Notice") ein zweiter Augustus — erhoffte; aber auch von den regen Beziehungen der Russen und Balten zum damaligen Göttingen.

Diese sind, nachdem sie M. Wischnitzer in einer besonderen Schrift „Die Universität Göttingen und die Entwicklung der liberalen Ideen in Rußland im ersten Viertel des 19. Jahrhunderts"[1]) eingehend behandelt, zuletzt von Frensdorff[2]) noch einmal hervorgehoben worden. Beide kennen auch v. Freygangs „Notice", von der Frensdorff nicht mit Unrecht sagt, es sei nur das Eine gegen sie einzuwenden, daß sie nur Licht und gar keine Schatten male[3]). Nach Wischnitzer wäre v. Freygang ein Schüler Beckmanns, also offenbar noch aus dessen Petersburger Zeit, gewesen[4]). Weiteres über ihn — an geistiger Bedeutung steht er gegen seine Landsleute in Göttingen zurück[5]) — erfahren wir aus dem Russisch Biographischen Lexikon (russisch), St. Petersburg 1901. Darnach war Freygang 1783 als Sohn des Staatsrates und Leibarztes Iwan Fedorovič Freygang in Petersburg geboren, besuchte dort die bekannte Peter Paul-Schule und trat 1787 als Junker in das Staatskollegium für Auswärtige Angelegenheiten ein. Der Urlaub, den ihm dieses von 1802 bis Anfang 1805 gewährte, benutzte Freygang, um vor allem in Göttingen zu studieren und zu promovieren. 1808 trat er in die Kanzlei des Vizekanzlers Kurakin ein — vergleiche die Widmung der „Notice" an diesen —, nachdem er 1806 als Korrespondent beim Höchstkommandierenden der Moldauarmee, General Michelsen, sich betätigt hatte. 1811 begleitete er den Generalgouverneur des Kaukasusgebietes, Marquis Paulucci, nach Tiflis. 1812 ist er in Persien tätig. Ab 1814 gehörte Freygang zum Stabe der russischen Gesandtschaft in den Niederlanden, 1820 wurde er russischer Generalkonsul für das Königreich Sachsen in Leipzig (vgl. Chr. v. Schlözer, A. L. v. Schlözers öffentliches und Privatleben S. 409), 1834 für das Königreich Lombardo-Venezien. Er starb 1849 in Venedig, während der Belagerung der Stadt durch die

---

1) In der von E. Ebeling herausgegebenen Serie „Historische Studien", Heft 58. Berlin 1907.

2) Von und über Schlözer (Abhandl. d. Göttinger Ges. d. Wiss. N. F. Bd. XI, 4. 1909) besonders von S. 98 ab.

3) a. a. O. S. 102.   4) S. 13.   5) S. 26.

Österreicher. Eine französisch geschriebene Denkschrift „Über das Slaventum" hat er den Grafen Nesselrode und Orlov überreicht.

Freygang könnte es auch gewesen sein, bei dem Ludwig die Anfangsgründe des Russischen damals zu erlernen suchte, wovon zwei Göttinger Hefte ernsthaftes Zeugnis geben[1]). Daß Schlözer selbst sich damit abgegeben habe, ist nicht gerade unmöglich, doch bei seinem hohen Alter damals nicht gerade wahrscheinlich. Als der junge bayerische Thronfolger aber zwei Jahre später von Paris aus mit Napoleons mächtigstem Gegner, dem Zaren, geheime Unterhandlungen anknüpfte, die auf eine Vermählung mit der Großfürstin Katharina abzielten[2]) — sie wurden auf Vater Max' Weisung dann jäh abgebrochen —, waren Ludwig diese ersten in Göttingen gewonnenen Beziehungen zu Rußland sicher zu gute gekommen. —

Ohne Zweifel ist es die überragende Persönlichkeit A. L. von Schlözers, die über dem allen steht, und der nach seiner Rückkehr aus Rußland (er weilte dort 1761—1769), von wo er die wichtige Anregung zur Universalgeschichte mitgenommen hat[3]), damals der lebendige Hauptträger dieser russischen Beziehungen in Göttingen bis an sein Lebensende gewesen ist. Zum Dank für die von ihm ersehnte Berufung nach Göttingen (1770) führte er der Georgia Augusta ja dauernd russische Studenten zu, besorgte russische Bücher für die Göttinger Bibliothek[4]), die er in den Göttinger Gelehrten Anzeigen besprach, und veröffentlichte in der ersten wie in seiner letzten Zeit vorwiegend mit Rußland sich befassende Werke. Frensdorff[5]) konnte mit Recht sagen: „Die Ernennung Schlözers zum Professor (in Göttingen) sollte nach der Absicht der Regierung ihn so wenig seinem bisherigen Arbeitsfelde entfremden, daß sie vielmehr gerade die Fortsetzung der russischen Arbeiten und ihrer Publikation in den Göttinger Schriften von ihm erwartete und Göttingen da-

---

1) Vgl. Fr. Schmidt, p. CXC und 553, dazu unten. In den amtlichen Vorlesungsverzeichnissen Göttingens wird auch damals niemals ein russischer Lektor geführt, wohl aber ein italienischer und spanischer neben dem selbstverständlichen englischen und französischen.

2) Vgl. Heigel, a. a. O., S. 21—22. Die geistreiche, für allen Fortschritt aufgeschlossene Fürstin, die bei ihrem Besuch in Göttingen 1814 durch ihr lebhaftes wissenschaftliches Interesse Aufsehen hervorrief (vgl. Pütter-Saalfeld II, S. 21) wurde später die Gemahlin König Wilhelms von Württemberg. Vgl. auch Treitschke, Deutsche Geschichte II, 318—320.

3) Vgl. die treffenden Bemerkungen Frensdorffs darüber ebenda S. 574/5.

4) Frensdorff, Von und über Schlözer, S. 16.

5) Allg. D. Biogr. XXXI, S. 567 ff. — Von und über Schlözer, passim.

durch zu einer Vermittlerstellung auch für die Kenntnis der russischen Literatur zu erheben hoffte". Schon 1797 hatte Schlözer, wie später des öfteren, auf Wunsch jungen Russen in Göttingen ein Privatissimum über ältere russische Geschichte gelesen¹). Junge Russen in Göttingen waren Schlözer damals auch mehrfach bei seinen historischen Arbeiten sprachlich behilflich. So Kaissarow, der ihm in enthusiastischer Verehrung seinen „Versuch einer slavischen Mythologie" gewidmet hatte, und Gusniatnikow bei seinem „Nestor". Alexander Iwan Turgenew sollte Schlözers künftiger Mitarbeiter bei einer neuen kritischen Ausgabe des Nestor in Petersburg werden²). Schlözers Selbstbiographie wurde zu Anfang des 19. Jhs. in Petersburg und Moskau geradezu verschlungen. Die Übersetzung seines Nestor ins Russische war das Tagesgespräch der russischen Intelligenz, auf seine Anregung hin entstand in Moskau eine Gesellschaft der russischen Geschichte und Altertümer. Schlözers Werke wie das seines Göttinger Kollegen Meiners über die Universitäten gewannen entscheidenden Einfluß auf die damalige neue Organisation der russischen Universitäten. Das russische Adelsdiplom mit der Verleihung des Wladimirkreuzes als Dank für die Widmung des „Nestor" an Alexander I. traf Anfang 1804 in Göttingen ein mit einem sehr gnädigen kaiserlichen³) Handschreiben. In Petersburg aber veröffentlicht der Minister für Volksaufklärung an amtlicher Stelle einen Auszug aus Brandes' Aufsatz „Über den gegenwärtigen Zustand der Universität Göttingen". Christian Schlözer, der Sohn, schreibt eben damals aus Rußland dem greisen Vater an der Leine: „Göttingen kommt hier immer mehr und mehr in Mode"⁴).

Die neugestaltete Universität Moskau wurde eine Art russischer Kopie der Georgia Augusta⁵); als so vollkommen galt das hohe Vorbild⁶). Nicht weniger als fünf „Göttinger" dozieren zu Anfang des 19. Jahrhunderts in Moskau: Buhle (Philosophie), Grellmann (Statistik), Ide (Mathematik), Reuß (Chemie) und Christian Schlözer (Nationalökonomie)⁷). Auch andre Moskauer Dozenten legten ihren Vorlesungen die Lehrbücher Göttinger Professoren zu Grunde⁸). Murawiev, der aufgeklärte Erzieher Alexanders I.,

---

1) Ebenso wie das Folgende: nach Chr. v. Schlözer in der Biographie seines Vaters S. 405 ff. — Frensdorff, Von und über Schlözer, S. 102.
2) Frensdorff, Von und über Schlözer, S. 103.
3) Von und über Schlözer, S. 107.
4) A. L. v. Schlözers öffentliches und Privatleben, S. 419.
5) Wischnitzer S. 56.   6) Ebenda S. 18.   7) Ebenda S. 18.
8) Ebenda S. 56. Die Lehrbücher der Göttinger Professoren galten überall als die besten.

beauftragt mit der Reformierung der Moskauer Universität hatte sich dazu unmittelbar mit dem ersten deutschen Sachverständigen in Unterrichtsfragen, Christoph Meiners in Göttingen, in Verbindung gesetzt[1]). Schon in die Kommission zur Abfassung eines allgemeinen russischen Gesetzbuches hatte die Kaiserin Katharina II. 1766 nicht weniger als fünf Göttinger Professoren (Ayrer, Meister, Achenwall, Gatterer, Pütter) berufen wollen[2]).

Was Göttingen in so hohes Ansehen in Rußland gebracht, und was die Georgia Augusta anziehender für die jungen Russen gemacht hat als irgend eine andre deutsche Universität, das war ihr fortschrittlich, freiheitlich, kosmopolitisch großzügiger Geist[3]), der von der weisen Leitung in Hannover aus — und da erwies sich die Verbindung mit der Großmacht England tatsächlich als von größtem Segen — mit umsichtigem und kühnem Bedacht ganz bewußt und geflissentlich gepflegt wurde[4]). In Göttingen war man in der Tat freier von lokalen Tendenzen als irgendwo sonst[3]), hier lernte man frei und vorurteilslos denken[5]), hier herrschte eine Weite aufgeklärten Sinnes, die es gerade den jungen Russen antun mußte, die aus so viel Unfreiheit und Gebundenheit kamen und aus Göttingen in ihre Heimat zurückgekehrt oft mit so tragischer Erfolglosigkeit wieder scheitern mußten[6]). Je empfänglicher ihr Inneres war, desto lebendiger und tiefer empfanden sie die ungeheure geistige Wohltat des Göttinger Aufenthaltes; nicht nur Nikolaj Turgenew hat bittre Tränen des Abschieds geweint, als er wieder heimwärtsfuhr[7]). Diesen enthusiastisch leicht entflammbaren Gästen aus dem Osten, ihnen allen erschien die Georgia Augusta, nach dem Bekenntnis eines von ihnen selbst, wie den Israeliten das Land der Verheißung[8]), als ein innig geliebter Gegenstand beständiger Sehnsucht ihr Leben lang.

Nikolaj Turgenew hat Schlözer schon nicht mehr gehört — dieser hatte 1805 aufgehört zu lesen[9]) —, umso inniger hatte sich der edle Russe an Heeren, Goede und Sartorius angeschlossen[10]). Diese Männer waren ihm „wahre Apostel der Aufklärung"[11]), durch die er für sein späteres bedeutsames Zusammenarbeiten in Rußland mit Freiherrn von Stein ganz unmittelbar vorbereitet worden

---

1) Wischnitzer S. 55/6.
2) Wischnitzer S. 14. Frensdorff in Nachr. Ges. d. Wiss. zu Göttingen 1905, 315/6. (Katharina II. von Rußland und ein Göttingischer Zeitungsschreiber.)
3) Wischnitzer S. 10.
4) Wischnitzer S. 24—25.   5) Ebenda S. 10.   6) Ebenda S. 45.
7) Ebenda S. 62.   8) Ebenda S. 49.   9) Ebenda S. 58.
10) Ebenda.   11) Ebenda S. 60.

ist¹). In solch tiefer, ins Herz sich senkender Verehrung für Göttingen und seine Lehrer ward N. Turgenew der unmittelbare Nachfolger seiner kurz vorher noch um Schlözer versammelten nur wenig älteren Landsleute. Von allen diesen wurde Schlözer mit der ganzen überschwänglich schwärmerischen Inbrunst ihrer slavischen Seelen „wie ein Vater geehrt und geliebt, und er liebte die oben genannten wiederum wie seine Kinder." Als er zum Ehrendoktor der Moskauer Universität ernannt wurde, beschenkten jene ihn mit einer Uniform dieser Universität, und am Ostermorgen brachten sie ihm ein echt russisches „Pascha"-Gericht. Die Verehrung für den Meister trieb einige von ihnen bis nach Jaggstadt, um seinen Geburtsort und im dortigen Kirchenbuch seinen Namen aufzusuchen²). Neben dem „Erzengel Michaelis" galt Schlözer in Göttingen als„ der leibhaftige Ritter St. Georg aus Rußland"³).

Auch Ludwig lernte diese Russen kennen. In einem Briefe an Sambuga (s. u.) berichtet er, es wären ihrer in Göttingen jetzt nicht weniger als 32, und von ihrer Freude an Kälte und Schnee.

Die nachhaltigste Wirkung der idealistischen Auffassung der historischen Prozesse und der Stärkung des sozialen Gerechtigkeitssinnes, wie sie von den Göttinger Professoren auf ihre russischen Schüler ausging, war die immer wieder versuchte, später endlich (1863) erreichte Aufhebung der Leibeigenschaft in Rußland, die Bauernbefreiung. Schon Poljenow, der 1766/67 in Göttingen studierte, und den man dann in Rußland in subalterner Stellung verkümmern ließ, war ein kühner Vorläufer dieser Bestrebungen gewesen⁴). Einen neuen mutigen Verfechter fanden sie in Kaissarow, dessen Göttinger Dissertation von 1806 „De manu mittendis per Russiam seruis" Kaiser Alexander I. gewidmet war⁵). Auch dieser Vorstoß blieb noch ohne Erfolg, sodaß Nikolaj Turgenew, wieder mit Göttinger Ausrüstung, der Heilung „des größten sozialen Übels in Rußland" von neuem sich zu widmen unternahm⁶).

Es ist in der Tat so, daß eine ganze Anzahl begabter junger Russen, die in den 20er und 30er Jahren des 19. Jhs. in hervorragender Weise in das politische und soziale Leben Rußlands eingegriffen haben, gerade in Göttingen ihre geistige Ausrüstung

---

1) Wischnitzer S. 65.
2) Wischnitzer S. 28.
3) Frensdorff, Allg. D. B. 31, 576.
4) Wischnitzer S. 12.   5) Ebenda S. 29.   6) Ebenda S. 161.

empfangen haben¹). Schon gleich im zweiten Jahrzehnt ihres Daseins zählte die Georgia Augusta auch russische Studenten unter ihren Zuhörern. Aus diesen geht als der wichtigste G. T. Asch²) hervor, einer deutschen Familie in Petersburg entstammend, der 1748—50 noch bei Albrecht v. Haller Medizin studiert und dann ein langes, reiches Leben hindurch in hervorragender Stellung seiner geliebten alma mater die zahlreichsten und treuesten Beweise seiner Anhänglichkeit gegeben hat³). Er ist förmlich Brücke und Tor, auf welcher und durch welches der ganze Strom der ihm nachfolgenden jungen wissenshungrigen Russen nach Göttingen gekommen ist: erst Mediziner und Naturforscher, dann Juristen und Staatswissenschaftler, endlich auch Historiker und Philologen. Selbst ein vereinzelter Theologe fehlte schon damals nicht⁴). Sämtliche Fakultäten nahten sich, um hier aus dem klaren deutschen Quell zu schöpfen.

Der Zustrom der Russen in Göttingen steigerte sich merklich unter Katharina II.⁵), der Gönnerin Schlözers, welche genau alle Vorgänge in Göttingen verfolgte. Selbst der irreführende Artikel eines Göttinger Privatdozenten über Suwarow entging ihr nicht und mußte auf ihre entrüstete Vorstellung hin sofort richtiggestellt werden. Vgl. Frensdorff in Nachr. Gött. Ges. d. Wiss. Phil.-Hist. Kl. 1905, 305 ff. — Von und über Schlözer S. 101.

Es ist die Zeit, da Schlözers starke Persönlichkeit ganz unmittelbar zieht. Schon 1765 hatte er Heyne gemeldet, die kaiserliche Akademie zu Petersburg schicke vier Nationalrussen auf seine Vorstellung hin zum Studium der Mathematik und Geschichte nach Göttingen, dazu „eine komplette Sammlung von erheblichen Büchern und Werken" in russischer Sprache für die Göttinger Bibliothek. Im Jahre darauf treffen, ganz ohne Zutun Schlözers, fünf russische Theologen aus Moskau und Nowgorod in Göttingen ein⁶). Der russische Zustrom erfährt dann eine jähe, vierjährige Unterbrechung unter Paul I. durch den kaiserlichen Ukas von 1798, der den Russen den Besuch jeder ausländischen Universität rigoros verbietet⁷). Sofort nach Aufhebung dieser Sperre mit der Thronbesteigung Alexanders I. beginnt die russische Invasion in Göttingen von neuem⁸). Moskau und Petersburg schicken jetzt ihre Zöglinge zur endgültigen Ausbildung nach Göttingen und Heidel-

---

1) Wischnitzer S. 7.   2) Ebenda S. 11.   3) Ebenda S. 11.
4) Reinbott im Winter 1797/8 (S. 202).
5) Wischnitzer S. 13.   6) Ebenda S. 15.   7) Ebenda S. 17.
8) Ebenda S. 18.

2*

berg, wo sie drei Jahre lang auf Staatskosten unterhalten wurden[1]). Heyne, Mitscherlich, Eichhorn, Hugo, Bouterwek, Heeren waren nach Schlözers Abgang nun die gefeierten Lehrer. Die napoleonischen Kriege brachten wohl eine vorübergehende Verminderung dieser russischen Frequenz in Göttingen[2]), ihr Ende aber kam erst mit der bitteren Reaktion, die 1812 unter Alexander I. zur größten Enttäuschung aller freiheitlich Denkenden einsetzte und die mit inquisitorischem Mißtrauen allen weiteren Fortschritt unterband[3]). Wischnitzer's an Hand der Göttinger Matrikel aufgestellte Statistik der von 1780—1815 in Göttingen studierenden Russen zählt nicht weniger als 88 Namen[4]); anscheinend ist sie noch nicht einmal ganz vollständig.

In v. Freygangs „Notice" wird bei der Aufzählung der damaligen Göttinger Dozenten bei Büsching, Gmelin und Beckmann ihrer Beziehungen zu St. Petersburg genau gedacht; Schlözers Verdienste um die russische Geschichte, seiner Vorlesungen über diese natürlich mit warmer Hervorhebung. Ebenso der bekannten großen wissenschaftlichen Schenkungen des unterdes geadelten Frh. von Asch, dessen Porträt mit Recht neben demjenigen Georgs II. und des Freiherrn von Münchhausen seinen Ehrenplatz in der Göttinger Bibliothek erhalten habe. Weiter heißt es nach einem rühmenden Passus über die einzigartige herrliche Göttinger Bibliothek:

„C'est une bien douce satisfaction pour les Russes, qui frequentent ou visitent la bibliothèque de Gottingue d'y trouver une collection de livres Russes, dont l'Université se glorifie d'être redeuable à la générosité d'un de ses plus signalés bienfaiteurs, Mr. le Baron d'Asch.

Il n'est pas éloigné, peut être, le temps où la litterature de ma patrie circulera aussi dans le reste de l'Europe et où notre langue fera partie d'une éducation complete.

Dimidium facti, qui bene coepit, habet. La noble émulation qui enflamme aujourd'hui un si grand nombre de nos compatriotes, la gracieuse munificence ... tout annonce que bientôt la Russie tiendra dans le monde savant un rang digne de celui, auquel elle est si rapidement élevée dans le système politique."

Dieser Passus ist ganz und gar wie von Schlözer selbst, der damals glaubte, daß sich die russische Sprache in etwa zwei Jahr-

---

1) Wischnitzer S. 34.   2) Ebenda S. 25.   3) Ebenda S. 38.
4) Ebenda S. 199—204.

zehnten ebenso die Welt erobert haben würde, wie es seit kurzem die englische getan; für Gelehrte gewisser Sparten sei die Kenntnis des Russischen unerläßlich[1]). Freygang fährt fort:

„Les Russes surtout y (à Gottingue) contemplant avec le plus vif intérêt les costumes, utensiles, armes de peuples de la Russie, de l'Asie et des fossiles de Sibirie, données par Mr. le Baron d'Asch."

Im Eingang der „Notice" wird die anmutige[2]) und gesunde Lage der reinlichen Stadt, später auch die gute Polizei Göttingens gerühmt. Die außerordentliche Langlebigkeit der Göttinger Professoren sei der beste Beweis dafür, wie gesund es hier zu wohnen sei. Nur die Dachwasser seien bei Regenwetter fürchterlich, indem sie von den langen Dachrinnen herabgeschleudert die Straßen tief aufrissen. Periodisch sähe man in den Göttinger Straßen immer 7—800 Studenten nachdenklich auf dem Weg zum Kolleg oder vom Kolleg.

Den Übergang zur Universität gewinnt die „Notice" durch einen mehr als kühnen Vergleich: „Georg II. a créé l'Université de Gottingue comme Louis XIV. créa le palais enchanté de Versailles. Dès leur naissance Versailles et l'Université de Gottingue attirèrent une foule d'étrangers l'un pour repaître leurs yeux du spectacle de sa magnificence, l'autre pour y orner leur esprit des plus sublimes connaissances à l'école des ..."

Und nun schließt unmittelbar an: die lange glorreiche Reihe Göttinger Berühmtheiten, beginnend mit Albrecht von Haller, übergehend zu Kästner und Lichtenberg, verweilend bei Blumenbach, Heyne, Schlözer, Heeren. Einzelner Universitätsinstitute, auch der Göttinger Gesellschaft der Wissenschaften, ihrer Sitzungen und Preisaufgaben wird noch besonders gedacht. Im Anhang endlich werden im Wortlaut die wichtigen Schreiben mitgeteilt, durch welche Bonaparte, noch als erster Konsul, der französische Kriegsminister Berthier und General Mortier, der Kommandierende der in Hannover damals stehenden französischen Truppen, der Universität Göttingen völlige Ungestörtheit zugesichert haben; ein großes Versprechen, das in Achtung vor der angesehenen Hochschule auch voll gehalten wurde. —

Auch in allgemein informatorischem Sinne war also für die Einführung des jungen Kurprinzen gut gesorgt worden. Mit großen,

---

1) Vgl. Frensdorff, Von und über Schlözer S. 100.
2) „Beautés simples et touchantes de la nature, très propres à distraire l'ésprit sans le dissiper."

regelmäßigen, wenn auch noch etwas bangen Zügen hat er sich, auch mit seinem Decknamen, in das „Wappenalbum" der Georgia Augusta eingetragen: „Ludovicus Princeps Electoralis sub nomine Comitis de Werdenfels, ex Academia Landshutensi XXX^{ma} octobris Gottingae MDCCCIII" [1]). Unmittelbar voraus geht die Eintragung seines bayerischen Studiengefährten und Vertrauten, des Grafen Karl von Seinsheim mit seinem Wappen. Gleich gegenüber aber prangt, aufs delikateste bunt gemalt, das bayerisch kurpfälzische Wappen von rotgefüttertem Hermelin und den goldnen Ketten und Kreuzen der bayerischen Orden vom h. Hubertus und h. Georg umgeben.

Diese Eintragungen finden sich im vierten der sechs stattlichen, in rotem Ziegenleder gebundenen Quartbände [2]), in welche sich mit ihren Insignien einzutragen die Fürsten wie der gesamte Adel in Göttingen das Vorrecht hatten. Dies stolze, von 1735—1846 reichende Register verdient einmal eine eigene Publikation, die

---

[1]) Vgl. Fr. Schmidt, a. a. O. p. CXC, Anmerkung.

[2]) Sie werden aufbewahrt in den Cimelienschränken der Göttinger Universitätsbibliothek. Die Titel der beiden ersten Bände lauten:

Album   (Bd. 1.)

Serenissimorum principum

illustrissimorum comitum

cui

nomina inseruerunt

fungente magistratu academico

Gottlieb Samuele Treuero P. P.

semestri aestivo MDCCXXXV.

Academiae comissario.

Q. F. F. Q. S.   (Bd. 2.)

Serenissimorum Principum

et

illustrissimorum Comitum

qui

Georgiam Augustam

Studiorum caussa adeunt

nominibus et insignibus

servandis

volumen hoc

inde a condita Academia

secundum est.

Prorectore

a. d. 3. iulii 1766 ad 2. ian. 1767

Abraham Gotthelf Kaestner

cons. Aul. Reg. Mathes. et Phys. P. P. O.

man sich am ehesten zum 200jährigen Jubiläum der Georgia Augusta wünschen möchte. Mit wenig Ausnahmen sind die Wappen von den Göttinger Universitätszeichenmeistern eingetragen, nicht immer aber haben diese ihre oft ausgezeichneten Arbeiten auch signiert. So ist auch das kurpfälzische Wappen Ludwigs I. nicht signiert, ebensowenig wie ein Dutzend zeitlich unmittelbar vorausgehender und wie sämtliche nachfolgenden Wappen. Ein allmähliches Nachlassen an Pracht und Kostbarkeit läßt sich innerhalb der ganzen, rund ein Jahrhundert sich hinziehenden Serie auch sonst feststellen. Pergamentblätter und eine Fülle von Künstlersignaturen haben nur die drei ersten Bände, die folgenden nur noch Papier, dazu immer seltener den reichen und zierlichen heraldischen Schmuck — der 6. Band enthält kein einziges gemaltes Wappen mehr —, nur ganz im Anfang noch zwei Künstlersignaturen. Diese stehen im 4. Bande: 1796 „C. E. Eberlein" und 1800 „C. Eberlein". Es sieht ganz so aus, als ob ein solcher Eberlein, genauer genommen, dieser C. Eberlein auch Ludwigs Wappen 1803 gemalt habe.

Herrn Dr. Otto Deneke, der sich hier mit den alten Universitäts-Zeichenmeistern und -Kupferstechern, welche diese heraldischen Arbeiten für die jungen hohen Herrn als eine willkommene Nebeneinnahme begrüßt haben mögen, eingehend befaßt hat und darüber schreiben wird, verdanke ich die Bestätigung meiner Vermutung und damit erst die eigentliche Identifizierung des fraglichen Eberlein.

Die Eberleins, von denen nicht weniger als fünf in künstlerischer Betätigung sich nachweisen lassen, stammen aus Rudolstadt in Thüringen. Christian Nikolaus Eberlein starb als braunschweigischer Galleriedirektor in Salzdahlum. Sein Sohn Christian Eberhard hat bei Öser in Leipzig gelernt, war dann erst Zeichenmeister an der Klosterschule in Ilfeld und kam, ein Schützling Heynes, in gleicher Eigenschaft 1786 nach Göttingen an die Stadtschule und an die Universität[1]). Hier starb er 1802[2]) (nicht

---

1) „Er beschäftigt sich insonderheit auch mit anatomischen und heraldischen Zeichnungen" (Pütter, Versuch einer akadem. Gelehrten-Geschichte II, S. 198/9).

2) Die gedruckten amtlichen Vorlesungsverzeichnisse der Universität führen ihn in ihrer Liste nur bis zum Sommersemester 1802 (C. Eberh. Eberlein, Zeichner), von da ab seinen Sohn (Chr. Eberlein, Zeichner). Von beiden heißt es nur wie als einem Anhängsel zu Prof. D. Fiorillo's Mal- und Zeichenkurs hinter diesem und sehr bescheiden: „Herr Eberlein gibt ebenfalls Unterricht im Zeichnen."

1804)¹) dreiundfünfzigjährig. Sein Nachfolger, auch an der Stadtschule, wurde sein 1778 geborener 23jähriger Sohn Johann Christian. Dieser ist nach Deneke der eigentliche Begründer der eigentümlich Göttingischen Stammbuchkupfer-Industrie, welche hier in den von ihm in den Jahren 1798—1804 für Wiederhold gestochenen Kupfern damals eine allgemeine Studentensitte geworden war, und deren Landschäftchen sich auch Goethe zu freundschaftlichen Widmungen bedient hat²).

Als Abschluß gleichsam dieser landschafternden Tätigkeit im kleinen und als zusammenfassendes Ergebnis zugleich seines Zeichenlehrerberufes hat noch 1804 der junge Künstler ein schmächtiges Heft in Quart mit 23 Kupfern in Göttingen erscheinen lassen. „Theoretisch-praktische Anweisung, Landschaften nach Kupferstichen, Gemälden und nach der Natur zu zeichnen und zu kolorieren."

Dies bescheidene Werk ist aber gewidmet „dem durchlauchtigsten Fürsten und Herrn, Herrn Carl Ludwig August, Churprinzen und Herzoge von Ober- und Niederbayern, etc. ...", den Eberlein in der Widmung folgendermaßen anredet: „Da ich die Gnade gehabt habe, Ew. Churprinzliche Durchlaucht als einen Kenner und Gönner der schönen Künste und Wissenschaften kennen zu lernen, so wage ich es, diesen Versuch einer Anleitung zur Landschaftsmalerei in tiefster Ehrfurcht höchst denenselben zu überreichen. Gleichwohl würde ich es nicht wagen, wenn nicht die Erinnerung an die gnädigste Herablassung, womit Eure Churprinzliche Durchlaucht mich zu behandeln geruhten, mich hoffen ließe, Höchstdieselben würden auf meine untertänige Bitte diese wenigen Blätter nur als einen geringen Beweis meiner Dankbarkeit und Ehrfurcht ansehen, welche durch vollkommnere Werke an den Tag zu legen sich bestreben wird ... Ew. Churprinzlichen Durchlaucht untertänigster C. Eberlein." — Wie ein sehnliches, heimliches, kaum zu unterdrückendes Verlangen nach dem Süden erscheint traumhaft auf den letzten der beigegebenen Kupfertafeln das Motiv des Cäcilia Metella-Grabes von der Via Appia, mitten in der baumreichen heimischen Landschaft.

Deneke vermutet, daß der bayerische Kurprinz in Göttingen bei Johann Christian Eberlein Zeichenunterricht gehabt hat³) —

---

1) Die vielen ungenauen Angaben nicht nur bei Pütter, sondern auch noch im Allgemeinen Künstlerlexikon und sonst werden in Dr. Deneke's Veröffentlichung richtig gestellt werden.

2) O. Deneke, Göttinger Stammbuchkupfer mit Widmungen Goethes, 1926.

3) Wenn Reidelbach S. 14 sagt, daß auch Musik und Zeichnen betrieben

schon als Kind hatte er Anleitung darin durch v. Dillis und den Hofmaler Le Clerc bekommen; Zeichnungen und Malereien sind von Ludwig mehrfach vorhanden[1]) — und ihm dabei seine Gunst zugewendet habe. Das ist sehr wohl möglich und müßte sich, wenn ein Tagebuch Ludwigs vorhanden wäre, bestimmt nachweisen lassen. Seine eingangs genannten Göttinger Tagebuchnotizen enthalten anscheinend nichts darüber.

Sicher aber ist jetzt schon dieses: in der Dedikation des jungen Göttinger Zeichenmeisters haben wir die erste freudige und dankbare Anerkennung aus Künstlermund, wie sie dem großen Freund und Schirmherrn der Künstler später in so reichem Maße zuteil werden sollte. Und andrerseits: hier in Göttingen hat der kommende Mäcen in eben diesem Eberlein seinen ersten Schützling unter den Künstlern gefunden.

Denn am 10. September 1804 berichtet Heyne, als Oberinstanz auch für die Stadtschule, dem Göttinger Magistrat[2]): „Da der Zeichenmeister Eberlein bei der Stadtschule eine Aussicht vor sich sieht, sich in seiner Kunst zu perfektionieren und zu dem Ende auf einige Zeit sich in München aufzuhalten gedenkt, so scheint es unbedenklich zu sein, daß sein Bruder[3]) mittlerer Zeit die Zeichenstunden in der Schule an seiner Stelle besorgt."

Seit Ende 1804 aber oder Anfang 1805 ist Eberlein in Rom und zwar mit bayerischer Pension[4]). Dort verkehrt er mit den andren bekannten deutschen Künstlern, besonders Joseph Anton Koch und Reinhart, und auch im Humboldtschen Hause[5]). Der Palazzo Galloppi, Via del Quirinale Nr. 21, der so viele deutsche Künstler in Rom beherbergt hat — im Jahre 1805 auch die Gebrüder Riepenhausen aus Göttingen — nahm auch unsern jungen Landschafter auf[6]). Erst nach fast einem Jahrzehnt, um 1813, ist Eberlein nach Göttingen zurückgekehrt und bald darauf, anscheinend am 12. Mai 1814, hier gestorben.

So steht außer Zweifel, daß Ludwig, nachdem er als Göttinger Student den jungen Eberlein schätzen gelernt, ihn zur weiteren

---

wurde, so ist es nicht ganz deutlich, ob das auch wirklich in der Göttinger Zeit geschehen ist. Doch kann es kaum anders gemeint sein.

1) Vgl. Fr. Schmidt, S. CXCI.
2) Nach Mitteilung Dr. Deneke's.
3) Der erst 18jährige Wilhelm. Es waren der Geschwister viele!
4) Der urkundliche Beleg dafür müßte sich in München noch finden.
5) Vgl. F. Noack, Deutsches Leben in Rom, S. 144 u. 431.
6) Vgl. F. Noack, Das deutsche Rom (1912) S. 196.

Ausbildung erst nach München, dann nach Rom gezogen und ihm die Mittel gewährt hat, jahrelang dort ganz seiner Kunst zu leben.

Des Prinzen Wahl hatte keinen Unwürdigen getroffen. Die heroische Landschaft Eberleins in der Neuen Pinakothek zu München (Tafel II) zeigt, wie der junge Künstler sich ganz in den hohen klassizistischen Stil J. A. Kochs und Reinharts eingearbeitet hatte. Göttingen ist arm an einheimischen Künstlern. Hier war einmal einer. So ist sein früher Tod von hier aus besonders zu beklagen. Christian Eberlein gehört heute zu den Vergessenen. Und doch darf man sagen: der Göttingische Klassizismus Heyne's, seines wie seines Vaters ersten Gönners, hatte, in Chr. Eberlein aufs künstlerische Gebiet überspringend, hier auf dem Gebiet der Malerei eine nicht ganz zu verachtende Blüte eben zum Aufblühen gebracht[1]).

Über Ludwigs äußere Lebensverhältnisse in Göttingen geben zunächst Auskunft „Tagebuch"-Aufzeichnungen: ein großes Bündel verschieden großer Zettel in flüchtiger Schrift, lediglich Tatsachennotizen, oft in höchst amüsanter Weise rubriziert. Alles kommt vor, kindlich aneinandergereiht, ohne irgend welche Bemerkungen dazu: bei wem, mit wem, was gegessen; wann spazieren gegangen und geritten; wieviel Hosen mitgenommen, unterschieden nach kurzen, langen und Farben; wie oft die Haare, Fußnägel und Hühneraugen schneiden lassen; wie oft sich die Fingernägel geschnitten; welche Kollegs besucht und wie oft; etc. ...

Aus diesen peinlich genauen Registrierungen Tag für Tag, welche für die Strenge der vorausgegangenen Erziehung zeugen, ließe sich von jemand, der mit den damaligen Göttinger Verhältnissen vertraut, wohl noch allerlei für Lokal- und Personalgeschichte Interessantes gewinnen. Hier dürfen wir darüber hinweggehen.

Auch der in den Briefen (s. u.) berichtete Besuch eines katholischen und protestantischen Gottesdienstes an ein und demselben Sonntag wird hier erwähnt. Ludwig stellte hohe Ansprüche an die Geistlichen: in Landshut hatte er M. Sailer gehört, vorher schon hatte Sambuga ihm regelmäßig Sonntags Evangelium und Epistel erklärt; er selbst las das Neue Testament und Thomas a

---

1) Als weitere Gemälde von ihm nennt das Allgemeine Künstlerlexikon (X 304/5): Flucht nach Ägypten (1807), Aussicht auf den Aventin (1810), Odysseus und Nausikaa (1812).

Kempi's Nachfolge Christi auch auf Reisen so regelmäßig wie seinen Homer[1]).

Ludwig hat in Göttingen sehr fleißig Kolleg gehört und eifrig nachgeschrieben, soweit das Vorgetragene nicht in den gedruckten Lehrbüchern seiner Professoren stand, worüber er sich immer sehr selbständig Rechenschaft gab. Die jetzt in der Fideikommißbibliothek zu München aufbewahrten Kolleghefte hat, wie oben S. 2 erwähnt, Herr Dr. Spindler für mich freundlichst eingesehen. Nach seinen Notizen kann ich Folgendes berichten[2]).

Der Name der Dozenten steht nicht auf den Heften, doch kann man ihn aus den beigefügten Bemerkungen erschließen. Die Hefte sind fast alle sehr sauber, in großer, zügiger Schrift geschrieben und sorgfältig, zum Teil vorbildlich geführt[3]). Einzelne wie Ms. 347, 18 scheinen nach Diktat geschrieben zu sein. Ziemlich häufig fügt Ludwig Wendungen ein wie: „So sagt der Herr Professor", oder „nach der Meinung des Herrn Hofrats", u. ä. Er scheint dies immer bei interessanten Beispielen getan zu haben oder bei Urteilen Schlözers, die ihm auffallend vorkamen oder mit den seinigen in Widerspruch standen. Das Wichtigste scheint Ms. 347, 8 zu sein. Dies Kolleg Schlözers enthält wenig Theorie, meist praktische, durch viele Beispiele erläuterte Ratschläge.

Ms 346. Miscellen. Darunter findet sich folgender Plan, unterschrieben: „4. Febr. 1803 Schlözer"

Regirungs-Wissenschaft

Statsverwaltungs Lere, oder praktische Politik

I. Geschichte derselben
II. Allgem. Regirungslere
    1. Regirung überhaupt
    2. Gesetzgebung
    3. Ämterlere
III. Sicherheits Lere: Der Stat schützt gegen
    a. Mitbürger — Justiz Politik
    b. Ausbürger — Kriegs Politik
    c. Landes Plagen, Hunger, Überschwemmungen, Seuchen.
    Außerdem sorgt er für
IV. Narung

---

1) Vgl. Spindler S. 59 und 105. Ringseis, Erinnerungen I, 482.
2) Vgl. bisher Reidelbach S. 14 und Fr. Schmidt, S. CXC und 551 ff.
3) Bei der folgenden Aufzählung habe ich es jeweils am Schluß in Klammern hinzugefügt, wenn sich in den alten gedruckten Göttinger Vorlesungsverzeichnissen das betreffende Kolleg noch nachweisen läßt.

A. der Erwerber, welche

Staatswirtschaft
{
1. gewinnen durch Landbau — Ökonomie-Politik
2. veredeln — Gewerbepolitik
3. vertauschen — Handelspolitik
}
4. dienen

B. der Nichterwerber
  a. aus Faulheit — Bettelordnung
  b. aus Unvermögen — Armenpflege

V. Cultur — Culturpolitik, ein Teil derselben
    Religionspolitik

VI. Bevölkerung

VII. Finanzwissenschaft

              Voraussetzungen:

VIII. Polizei

IX. Völkerrecht

    Staatswirtschaft und Finanz-Wissenschaft — Cameral-Wissenschaft.

Ms 347,1   **Geschichte der mittlern und neuern Zeiten**
    vom Verfall des Römerreiches bis 1792.
            321 Seiten in Großquart
                                (S. S. 1804: Heeren).

Ms 347,2. Heft mit 166 beschriebenen Seiten
    Format: Großquart
    Aufschrift: **Staatswirtschaft** (auf dem äußern Umschlag steht „Staatswissenschaft")
Inhalt:
    Allgemeine Regierungslehre (Regierung, Gesetze, Ämterlehre, Oberaufsicht des Regenten
    Industrie
    Ökonomie — Politik, 2 Theile
        Handwerke
        Manufakturen
    Handelspolitik
    Finanzwissenschaft
        Staatseinkünfte, -ausgaben
        Organisation des gesamten Kammerwesens.
              (Wintersemester 1803/4: Buhle und Sartorius).

Es liegen bei 1. ein Plan, von fremder (Schlözers?) Hand geschrieben, mit der Überschrift: Staatswirtschaft (Industriepolitik, oder nach neuer Terminologie Narungs Politik) und dem Datum: 3. Jan. 1804. Der Plan deckt sich nicht genau mit dem Inhalt des Collegs.
        2. ein Zettel von fremder Hand mit russischen Vokabeln und Buchstaben beschrieben.
        3. auf der Innenseite des Umschlagblattes stehen im Eck von fremder Hand die Verse:
                vi do na mezzo nulla
                vi do na nulla intiero
                il principio di Roma
                e il fine d'amore.

Daneben von Ludwigs Hand: Ohne zu wissen, daß es mein Heft ist, schrieb Fräulein Elisabeth von Schlözer, die nichts weniger als hübsch ist, diese Verse, als ich mein Heft einstens bei ihrem Herrn Vater liegen lies.

Ms 347,3. 126 beschriebene Seiten in Großquart
Aufschrift: **Naturgeschichte**
Auf der Innenseite des Umschlagblattes schrieb Ludwig: „Beinahe nur dasjenige habe ich in dieses Heft geschrieben, was nicht in der gedruckten Naturgeschichte des Hfrth Blumenbach 7te Auflage steht."
(W.S. 1803/4: Blumenbach).

Ms 347,5
Landwirtschaft 15 Seiten
(S.S. 1804: Beckmann).

Ms 347,6
Cameralwissenschaft 34 Seiten
(S.S. 1804: Schlözer).

Ms 347,7. 62 Seiten in Großquart
Technologie
Auf der Innenseite des Umschlags:
„Meistens nur aufgeschrieben, was in dem Compendium des Hfrths Beckmann nicht steht. Bei mehreren Handwerken habe ich gar nichts bemerkt, weil mir von dem was er sagte nichts sehr bemerkenswert schien."
S. 56: Essigbrauerei gab es nichts zu bemerken.
S. 58: Bis zur Gerberei gab es nichts zu bemerken.
(S.S. 1804: Beckmann).

Ms 347,8. 138 beschriebene Seiten in Großquart.
Aufschrift: **Regierungswissenschaft.**
Bemerkung Ludwigs auf der Innenseite des Umschlags:
„Dieses Colegium hat der sonst wahrhaft gelehrte Hofrath von Schlözer zum Theil durcheinander gelesen."
S. 1: Politik im allgemeinen

Historisch	Philosophisch
I. Staatsidee	I. Metapolitik
II. Staatsgeschichte	II. Allgemeines Staatsrecht
	III. Constitutionslehre

Dieser Plan scheint nicht genau eingehalten.
S. 38: handelt von der Leibeigenschaft. „In Holstein haben sämtliche Adliche die Leibeigenschaft nach und nach aufgehoben. In Bayern haben es auch schon mehrere gethan. (Dieses letztere hat aber erst der Hofrath Schlözer von mir erfahren).
S. 51: 5) Religion. Der Hofrath Schlözer sagt daß das Wort Toleranz infam sei. Er sagt, dass man alle Religionsparteien, die keine Sätze gegen den Staat glaubten, alle im Staat aufnehmen sollte.
S. 52: Schlözer sagt, daß die wahre Freiheit darin bestehe, daß ein jeder seine Kräfte gebrauchen und nutzen kann wie er will.

S. 52/53: Wenn man von einem Feldmarschall sagt, er könne nicht mensa decliniren, so ist dieses für ihn keine Schande. Wenn aber ein teutscher Professor kein Latein versteht, so ist dies eine große Schande. Dieses sagt Schlözer; ich aber behaupte, daß einer ein sehr geschickter Professor der Mathematik sein kann, ohne Latein zu verstehen.

S. 59: Regieren heißt das Glück von andern nach Willkühr besorgen, so sagte Hofrath Schlözer den 9. Jänner 1804.

S. 61: Die Könige von Schweden schrieben sich mit Gottes Gnaden. Beim Kaiser von Rußland kann es, wie es geschrieben wird, auf Russisch heißen; mit, von, durch Gottes Gnaden. Die Protestantischen Theologen zogen das ganze Staatsrecht in ihre Dogmatik. Schlözer sagt daß der Regent zu seinem hohen Amte kömmt wie andre zu ihrem niedern.

S. 66: Schlözer sagt: was die Reformation Gutes gestiftet hat, wurde bald durch die Protestantische Theologie verdorben.

S. 92: H. Schlözer sagte (heute den 2. Februar 1804), daß Kaiser Paul von Rußland im Anfang seiner Regierung als er noch ganz gesund war, kund thun lies, daß ein jeder ihm selbsten Klageschriften schicken dürfe.

S. 122: Im Jahre 1734 kam ein Büchelchen heraus, worinn behauptet wird, daß die unumschränkte Monarchie die beste Verfassung wäre. „Der Monarch lebe in vollständiger natürlicher Freiheit" ... Schlözer behauptet, daß der Monarch nach diesem Satz Menschen wie Hühner schlachten könne; welches er doch wahrhaftig nicht darf!

S. 138: Der Herr Professor findet das zu viel, das man einem jeden Sohn des Königs wenn er majorenn ist, blos als solchem 12 tausend Pf. Stearling jährlich gibt, sondern er meint, daß der Regent welcher verpflichtet ist dafür zu sorgen, daß sie etwas lernen, ihnen, wenn sie wahrhaft tauglich sind, sowohl militaire als civile Stellen ertheilen soll.

S. 136: Die beste Zensur sagt Schlözer ist da, wo es gar keine giebt. ... In Göttingen sind blos die Professoren censurfrei.

S. 95/96: Schlözer sagt, daß wenn ein Christlicher König die Muhammedanische [Religion] annehme, daß dieses keine Ursache wäre, ihn des Trohnes verlustig zu erklären, um soviel Weniger allso, sagte er, wenn ein Christlicher König den Glauben einer andern Christlichen sekte annehme.

(W. S. 1803/4: Schlözer).

Ms 347,9. 38 Seiten in Großquart:

Polizei

(W. S. 1803/4: Beckmann).

Ms 347,11. 66 Seiten in Großquart
  Aufschrift des Umschlags:
    Enciclopaedie der Rechte mit Modificationen
  Inneres Blatt hat die Aufschrift:
    Enciclopaedie des Privat-Rechts.

(W. S. 1803/4: Hugo).

Ms 347,12. 8 Seiten in Großquart: **Russische Übungen.**

Ms 347,13. 38 Seiten: **Russisch.**

Ms 347,16   **Angewandte Mathematik**

Trigonometrie
Dualistische Trigonometrie   } 17 S. in folio

Optik
Catoptric
Dioptric
Von den Linsen, Von den Farben   } 42 Seiten folio
Von den Mikroscopen
Fernrohren

    Sehr gut geführt.

                                (S. S. 1804: Seyffer, Thibaut).

Ms 347,17   **Handlungswissenschaft**

Inhalt 1) Handelscolegium
     „blos aufgeschrieben was nicht im Compendium des Hofr. und Prof. Beckmann steht."
     120 Seiten Großquart.
2) Journal für das Jahr 1804
3) Hauptbuch für das Jahr 1804 [1]).

                                (W. S. 1803/4: Beckmann).

Ms 347,18   **Kriegswissenschaft**

I. Theil
    Waffen
    Organisation der Armee
    Fortifikation.
         156 Seiten. Folio, sehr gut, sorgfältig.
II. Theil
    Belagerung
    Regeln der Taktik. 67 Seiten, ebenfalls vermutlich nach Diktat geschrieben.

(Vielleicht W. S. 1803/4: Schrader und Oppermann: Kriegsbaukunst).

Den nachhaltigsten Eindruck von allen Göttinger Dozenten auf Ludwig hat unverkennbar Schlözer, in welchem die beiderseitigen Stammesvorzüge seiner fränkisch-schwäbischen Heimat zu seltener Kraft zusammengefaßt zu sein schienen, mit seiner furchtlosen, kernigen Art und seinem weiten unbefangenen Blick gemacht [2]). Schlözer seinerseits muß ebenfalls einen bedeutenden Eindruck von seinem jungen fürstlichen Schüler bekommen und den Genius in ihm erkannt haben. Als Ludwig bei ihm Staats-

---

1) Hier handelt es sich offenbar nicht um die wirklichen damaligen Ausgaben Ludwigs, sondern um eine als Beispiel übungsweise verfaßte Aufstellung nach dem von Beckmann selbst gegebenen Muster. Vgl. dessen Schrift „Anweisung die Rechnungen kleiner Haushaltungen zu führen. Für Anfänger aufgesetzt." 2. Aufl. Göttingen 1800. S. 157 ff.: Hauptbuch seit dem 1. Jan. 1796. Ausgabekasse (S. 4 ff.).

2) Vgl. Reidelbach, S. 15.

recht privatim mit dreißig andren und privatissime Cameralwissenschaft mit seinem Gouverneur Geh. Rat von Kirschbaum hörte, bezeichnet das Schlözer selbst seinem in Rußland angestellten Sohne Christian als erstes Beispiel der Art: „unendlich glorieus für die Georgia Augusta"![1].

Gleichzeitig mit Ludwig studierten damals in Göttingen noch neunzehn andre junge Fürsten und Edelleute. Aber solches wird von ihrer keinem gesagt. Und daß es gerade ein junger **deutscher** Fürst, und ein so viel versprechender war, der Weisheit suchend so empfänglich sich ihm hier nahte, das hat Schlözers deutschem Herzen sichtlich am meisten wohl getan. Die Bedeutung dieses Umstandes hat er auch über all den hohen, gerade damals über ihn ausgeschütteten russischen Ehrungen nicht übersehen.

Von seinem staatswissenschaftlichen Werke „Staatsgelahrtheit, Teil I" bestellt er gleich zu Beginn jenes Semesters (3. Nov. 1803) bei seinem Verleger einen neuen Abdruck und zwar für den Prinzen ein besonderes Exemplar auf Velin gedruckt[2].

Schlözer war damals ein Achtundsechziger, immer noch voll anregender feuriger Kraft; seine Vorlesungen hatten zwar nicht mehr den ungeheuren Zulauf, der mit zuweilen dreihundert Köpfen ein Drittel der Göttinger Gesamtfrequenz ausmachen konnte, wie in den 70er und 80er Jahren des 18. Jhs., aber immer noch wirkte seine originelle Lebendigkeit, sein weiter, im Ausland gewonnener Blick, die Männlichkeit seines Mutes, die eminente Lehrbefähigung große Zusammenfassungen übersichtlich, leicht behaltbar mit scharfen Charakterisierungen zu geben, derart anziehend und begeisternd, daß es von seiner Vorlesung über Statistik und Politik hieß: kein Kavalier gehe von Göttingen weg, ohne sie wenigstens „per étiquette" gehört zu haben. Seine Vorlesung über Europäische Staatengeschichte wurde aufs anregendste ergänzt durch sein „Reisecolleg" (ars externas regiones utiliter visitandi) und durch sein „Zeitungscolleg" (statistice novissima), d. h. eine Vorlesung mit allseitiger Erörterung der gerade schwebenden wichtigsten europäischen Angelegenheiten in historisch-politischer Richtung. Da dieser Professor nicht nur tradieren wollte, sondern ein viel Höheres anstrebte, nämlich Kämpfer zu erwecken gegen Willkür und Unrecht jeglicher Art, so läßt sich leicht vorstellen, welch nachhaltigen

---

[1] Vgl. Frensdorff in Allg. D. Biogr., Bd. 31, 598 (nach Chr. v. Schlözer a. a. O. S. 413).

[2] Nach Frensdorff, Von u. über Schlözer, S. 96, Anm.

Einfluß er auf ein so empfängliches Gemüt wie Ludwig I. machen mußte. War es doch auch Schlözer, der den von Ludwig aufs höchste verehrten Historiker Johannes v. Müller recht eigentlich erweckt hat [1]).

So ist es nicht zu viel gesagt: die spätere glänzende Regierung Ludwigs I. mit ihrer männlichen Kraft, ihrer strengen Gerechtigkeit und umsichtigen Fürsorge auf allen Gebieten, mit ihrer inneren Weite und Größe, hat hier in Göttingen bei Schlözer erst ihr eigentliches und granitenes Fundament bekommen. Was Sambuga bei dem königlichen Knaben frühe begonnen, wurde nun bei dem Jüngling durch Schlözer in nachhaltigster und glücklichster Weise fortgesetzt und ausgebaut. Es hat Bayern nicht geschadet, daß zwei von Haus aus geistlich [2]) gerichtete Männer von ungewöhnlichem Weitblick seinem größten König in den entscheidenden Jahren die stärksten Impulse gegeben haben. Ein so aufrecht gesinnter Mann wie Schlözer, der bei allen weiten internationalen Beziehungen und auch bei aller Hinneigung zu Rußland doch sein Deutschtum niemals vergessen noch verleugnet hat [3]), dazu ein so monarchisch empfindender Geist, der in einem aufgeklärten Absolutismus vielfach sein Ideal sah, mußte bei der gerade in diesen Stücken ihm verwandten Natur Ludwigs die stärkste Resonanz und Nachwirkung finden. Und das war wichtiger als alle Pflege der entgegengesetzten, Schlözer selbst völlig fremden Neigungen Ludwigs, die in stark persönlicher Richtung später ausgesprochen der Kunst sich zuwenden sollten.

Schlözer war eben damals nach 17 jähriger vorwiegend journalistischer Tätigkeit („Briefwechsel", „Staatsanzeigen") zu intensiv wissenschaftlicher Arbeit zurückgekehrt, um jetzt erst, wie Frensdorff hervorhebt, sein wissenschaftlich bedeutsamstes Werk zu schreiben, d. i. über seiner alten Liebe, seinem „Heim und Herd und Monopol", seinen Studien über russische Geschichte, alles andre bei Seite zu lassen. Die beiden ersten Teile seines „Nestor" waren 1802 erschienen; nun saß er an dessen Fortsetzung, die mit den folgenden Teilen (III—V) in den Jahren 1805 und 1809 herauskam. Mit Begeisterung war er daran, die Grundsätze seines Lehrers Michaelis, die bisher nur auf dem Gebiete der alten Philologie bekannt waren, bei dieser Arbeit zum erstenmal auf einen mittel-

---

1) Vgl. Frensdorff a. a. O. 573 ff.
2) Auch Schlözer war Theologe von Haus aus. Man führte ihn gerne an als Beispiel, daß aus einem Theologen alles werden könne. Vgl. Frensdorff in Allg. D. Biographie XXXI, 591.
3) Vgl. besonders Frensdorff, Von und über Schlözer S. 111—113.

alterlichen Autor anzuwenden. Auch der erste Teil seiner Selbstbiographie voll mannhaften Ringens und erzieherisch wirkender Kraft war soeben, 1802, erschienen. Hier war er wiederum mehr als nur ein Lehrer und Forscher. Dieser frühere Theologe und seine reformatorische Natur, dieser harte Württemberger, „der den Großen der Erde die Wahrheit oft genug derb und rücksichtslos zugerufen", der mehr und mehr zu einem Lehrer des ganzen Volkes in großem strengen Stil geworden war, dem nur das Große und Weite imponierte, er ging, vollends auf Göttinger Boden, wo man beim Lehren stets zugleich auch an die Verwendbarkeit des zu Lehrenden dachte, überall auf praktische Wirkung aus; er wollte seine Zuhörer erwecken zu einem Leben der Tat, der Männlichkeit, der Gerechtigkeit und Wahrhaftigkeit.

Daneben ist in Ludwig's Göttinger Studienplan noch die Nachwirkung von Sambuga's strenger Erziehung auf gewissenhafteste Pflichterfüllung hin unverkennbar. Der junge Prinz hört nur, was ihn für seinen Fürstenberuf im allgemeinen vorbereiten kann, aber da auch alles; nichts aber, was seinen persönlichen Neigungen entsprochen hätte. Es ist geradezu auffallend, daß er nicht bei Heyne, der sonst gerade die vornehme Elite der Göttinger Studentenschaft um sich versammelte, gehört hat.

Trotzdem muß der bayerische Kurprinz auch mit Heyne persönliche Fühlung bekommen haben. Heeren, Heyne's Schwiegersohn, bezeugt es sogar mit unmißverständlichen Worten in einem klassischen Passus über die gerade damals einzigartige Lage der Georgia Augusta. Die Vermittlung für Ludwig wird vermutlich Heyne's Schwager Blumenbach gebildet haben, den Ludwig persönlich hoch verehrte, in dessen Haus er damals verkehrt hat, und der den bayerischen Kurprinzen auf seiner Harzreise in den Osterferien 1804 begleitete und führte[1]. Heeren schreibt[2]: „In den beinahe drittehalb Jahren der (französischen) Okkupation, vom Junius 1803 bis zum September 1805, blieb die Stadt und die umliegende Gegend gänzlich unbesetzt; sämtliche Zahlungen wurden geleistet; und die Institute bestanden. Die Frequenz nahm nicht ab. Selten war besonders die Zahl von Ausländern aus den angesehensten Familien von Lissabon bis Moskau hier größer; mehrere derselben stehen bereits als Gesandte, Minister und Generäle in den ersten Stellen; und die Universität genoß selbst die Auszeichnung, S. Königl. Hoheit den Kron-

---

[1] K. F. H. Marx, Zum Andenken an Blumenbach, S. 32.
[2] Christian Gottlob Heyne, biographisch dargestellt, Göttingen 1813, S. 431/2.

prinzen von Bayern ein Jahr lang unter ihren Mitbürgern zu zählen. Auch Er, der gerechte Würdiger deutschen Verdienstes, kannte und achtete Heyne'n."

Blumenbach selbst, der Sohn eines Gymnasialprofessors in Gotha, durch und durch klassisch gebildet, hatte eine persönliche Neigung zur antiken Kunst. Eine antike Gemme, die er schon als Knabe gekauft, hatte ihm schon bei seinem ersten Besuch die Gunst Heyne's errungen. „Überzeugt, daß man die Erscheinungen der Gegenwart nur dann richtig zu begreifen im Stande sei, wenn man ihren geschichtlichen Verlauf möglichst von Anfang an überschauen könne, hielt er Archäologie und Geschichte nicht nur für die Grundlage des echten Wissens, sondern auch für die Quellen des reinsten Vergnügens. Er fürchtete sich nicht in fremde Gebiete zu schweifen — „non tamquam transfuga, sed tamquam explorator" —; denn er kannte das Maß in sich selbst; auch scheute er die Mühe des Suchens und Sammelns nicht . . ."[1]). In einer eigenen Abhandlung[2]) (ungedruckt) hat er an Hand der erhaltenen antiken Kunstwerke die anatomischen Kenntnisse der Alten festzustellen gesucht. Zur Erläuterung der Geschichte der antiken Kunst besaß er eine eigene Sammlung antiker Steinarten; des öfteren wurde er in Echtheitsfragen als Experte befragt. Vermutlich war es eine ähnlich eingerichtete Mineraliensammlung, die Ludwig eben damals in Göttingen, sichtlich auf Blumenbachs Anregung hin, für sich selbst erwarb[3]). So kamen ihm auch auf diesem naturwissenschaftlichen Umwege bedeutsame Anregungen zur Antike zu. Reisen in fremde Länder aber wissenschaftlich auszunutzen, konnte man damals nirgends besser lernen als eben bei Blumenbach. Auch darin ist Ludwig mit vielen anderen[4]), wie Alexander von Humboldt[5]), sein dankbarer Schüler gewesen.

Blumenbachs immer wieder mit neuer Gründlichkeit durchgearbeiteter, klassisch klarer und von Humor reich durchsetzter Vortrag — er konnte ohne solch heiteren Schmuck gar nicht sein — war ein ebenbürtiges Gegenstück zu demjenigen Schlözers. Diese beiden Männer waren damals die beliebtesten Göttinger Dozenten[6]). Nicht

---

1) Marx a. a. O. S. 5 und 15. 2) Ebenda S. 17.
3) Reidelbach, Große Ausgabe S. 16.
4) Marx a. a. O. S. 26.
5) Göttinger Professoren (1872), S. 158.
6) Die Tafeln IV und V geben ihre Bildnisse nach wenig bekannten und doch vorzüglichen zeitgenössischen Aufnahmen; Schlözer freilich in früheren, jüngeren Jahren, da erst vor kurzem in Leopold v. Schlözers üuch über Dorothea von Schlözer (1923) der Stich von Lastic, welcher den Göttinger Professor so gibt,

nur die Väter sandten ihre Söhne, sondern selbst Großväter ihre Enkel, um auch wie sie getan, Blumenbach zu hören und dadurch der Eigentümlichkeit einer Lehre teilhaftig zu werden, „die ihnen einzig und unvergeßlich geblieben"[1]). So sandte auch Ludwig I. nicht zum wenigsten um Blumenbachs willen seinen Sohn Max nach Göttingen, der von ihm nicht minder angetan war, wie sein Vater. Blumenbachs gewandte, weltmännische Art machten ihn zudem zu einer Art Schutzgeist für Göttingen, so daß eine besondre Ordre des hannoverschen Ministeriums bestimmt hatte, daß keine an französische Generale zu sendende Universitätsdeputation ohne Blumenbach hinausgehen solle[2]). Sein Name, den 79 gelehrte Gesellschaften stolz in ihren Mitgliederlisten führten, wurde immer respektiert. So als er mit dem Prorektor Martens 1802 bei General Mortier in Hannover, 1805 ebenso in Cassel, 1806 bei Bonaparte in Paris, 1812 mit Sartorius zusammen in Heiligenstadt bei Bernadotte war. Von Cassel aus drohte man ja damals, nur Marburg als Universität bestehen lassen zu wollen, Göttingen aber ebenso wie Helmstedt und Rinteln eingehen zu lassen. Da waren es Laplace und Cuvier, die Napoleon vorstellten, daß eine Universität, an der ein Mann von der Bedeutung Blumenbachs tätig sei, unter allen Umständen erhalten werden müsse.

Auch um dieses großen politischen Ansehens willen, in das Blumenbach schon damals mehr und mehr hineinzuwachsen begann, wird er für den jungen Kurprinzen wichtig und anziehend gewesen sein.

Zu dem eigens bestellten Vertreter der neueren Kunstgeschichte[3]) dagegen, zu Domenico Fiorillo, findet sich bei Ludwig ebensowenig eine Beziehung wie zu den klassischen Philologen in Göttingen. Auch seiner besonderen Liebe, den historischen Studien, erlaubte sich Ludwig nur in einem Kolleg bei Heeren (s. o. S. 28) nachzugehen; noch hatte er Johannes v. Müller nicht entdeckt,

wie Ludwig ihn etwa noch gesehen, in guter Wiedergabe veröffentlicht worden ist. Das schöne Schabblatt des Augsburgers Elias Hayd ist die beste Illustration zu der Ähnlichkeit, die man bei Schlözern mit Karl XII. von Schweden gefunden hat: dieselbe kühne, fast finstere Entschlossenheit in den Zügen wie bei jenem. „So ist auch seine Seele!" (Vgl. Frensdorff a. a. O. S. 592). — Ludwig Grimm's anziehende Serie von 13 Göttinger Professorenporträts — er hat Blumenbach außer dem auf Tafel V reproduzierten Stich noch einmal ganz im Profil mit weichem Käppchen auf dem Kopf gezeichnet — stammt aus dem Jahre 1823.

1) Marx S. 32. Vgl. auch „Göttinger Professoren" S. 143, 156 (Grisebach).
2) Vgl. auch zum Folgenden Marx S. 40/1 und Göttinger Professoren, S. 162.
3) Wie Ludwig sich auch damals schon keine Gelegenheit entgehen ließ Kunstwerke zu sehen, erhellt aus seinem Besuch der Sammlungen des Städel-Institutes in Frankfurt a. M., als er von München nach Göttingen reiste. (Vgl

durch dessen Schriften er erst stärkere Anregungen zum Studium der Geschichte empfangen sollte.¹)

Daß diese negative Feststellung für die Göttinger Studienzeit Ludwigs richtig ist, bezeugen seine eigenen Worte, die er später als König einmal geäußert hat²): „Als ich das erstemal nach Italien reiste" — es war Herbst 1804, unmittelbar nach den Göttinger Semestern (siehe unten) —, „hatte ich nur Logik gehört, keine Philosophie, und keine Ästhetik oder Archäologie; ich war tabula rasa, was Kunst betrifft. Aber Geschichte hatte ich gut studiert"³). Nun und deswegen hatte ich keine vorgefaßten Meinungen, und die Eindrücke der Kunst in Italien wirkten unmittelbar auf mich."

Mit dem Latein war es bei dem Kurprinzen schon unter Sambugas Leitung nicht glänzend gestanden, sodaß dieser ihm noch am 27. Juni 1803 (nach Landshut?) geschrieben hatte: „Haben wir einstens Zeit, so müssen wir doch noch ein wenig an das Latein gehen, um es vollkommen verstehen zu lernen".⁴) Im Jahre 1807 aber schreibt Ludwig, als ihn Gibbons History of the fall and decline of the Roman Empire gewaltig ergreift: „Da ich auf das Latein keinen Fleiß verwendet habe, lerne ich es jetzt den römischen Klassikern zu Liebe"⁵). Auf das Griechische scheint sich Ludwig erst noch später, aber mit nicht geringerem Eifer geworfen zu haben. Darin ward Philipp Lichtenthaler, Hofbibliothekar in München, sein Lehrer. Dieser genoß des Königs vollstes Vertrauen. Aus Athen schickt ihm Ludwig Blumen, die er selbst auf der Pnyx für seinen Lehrer im Griechischen gepflückt⁶); ihm überträgt er auch die Erziehung seiner Kinder. Die klassische Stelle über des Königs eifrige Lektüre der griechischen Autoren zur Zeit, als er den Thron bestieg, steht in einem Briefe Friedrich Thierschs an Lange vom 27. April 1826⁷).

J. N. Sepp, Ludwig Augustus S. 11.) Die Gemäldesammlung der Göttinger Universität — vgl. meine kleine Schrift „zur Wiedereröffnung der Gemäldesammlung der Universität und des Göttinger Kunstvereins", Göttingen 1919 — bot freilich sehr viel weniger. „Sans être une des premières de l'Europe, elle mérite pourtant d'être vue", sagt v. Freygang ganz ehrlich von ihr.

1) Erst 1806 trat er ihm näher. Vgl. Heigel S. 11.
2) Mitgeteilt bei Sepp, a. a. O. S. 38.
3) Dadurch war er selbst Napoleon aufgefallen, der ihn erstaunt einmal eine „bibliothèque renversée" genannt hat (vgl. J. Sepp S. 244).
4) Mitgeteilt von Spindler S. 55 Anm. 214.
5) Mitgeteilt bei Schmidt S. CXCI Anm. 3.
6) Brief vom 12. Dez. 1835, mitgeteilt bei Schmidt S. CXCI.
7) Heinr. Thiersch, Friedrich Thiersch's Leben 1, 323, vgl. Heigel S. 13.

Das mit größter Genauigkeit geführte Journal und das ebenso oben erwähnte Hauptbuch vom Jahre 1804[1]) beweisen, wie Ludwig den von früher Jugend an gepflegten Sinn für Ordnung und haushälterisches Wesen ganz bewußt weiter übte, durch den er später, seine Hofhaltung und die Staatsfinanzen genau überwachend, so Großes leisten sollte.

Briefe Ludwigs aus seiner Göttinger Zeit an seinen Vater, den Kurfürsten Max Joseph in München, sind mir nicht bekannt geworden. Und doch muß es — wie S. 40 aus dem 2. Brief an die Schwester hervorgeht — solche geben oder doch gegeben haben. Wäre es an sich schon unnatürlich und unwahrscheinlich bei Ludwigs lebhaftem Mitteilungsbedürfnis, wenn solche fehlten, so läßt vollends eine Äußerung aus dem letzten Jahrzehnt seines Lebens bestimmt darauf schließen, daß er damals auch seinem Vater geschrieben hat. Er war im Sommer 1862, wie so oft schon, wieder in Bad Brückenau und soll damals geäußert haben: „Es ist sehr sonderbar, daß mir meine Söhne so selten schreiben. ... Ich war schon Familienvater von sechs Kindern und habe doch meinem Vater wöchentlich einmal geschrieben, und zwar französisch." Wenn das schon für die Mannesjahre gilt, wievielmehr wird man eine solche regelmäßige Korrespondenz bei dem Werdenden, dem Jüngling annehmen dürfen. Auch die Tatsache, daß Ludwig selbst später regelmäßige Briefe von seinem Sohn Max, als er nach Göttingen ging, sich ausbat, und zwar noch die Hälfte davon — mehr ließ sein deutsches Herz nicht mehr zu — in französischer Sprache (s. u.), läßt fast mit Sicherheit den Schluß zu, daß Ludwig von Göttingen aus seinem Vater wöchentlich in französischer Sprache berichtet hat.

Zugänglich hingegen waren mir die Göttinger Briefe Ludwigs an seine damals 11 jährige Schwester Charlotte, die spätere Kaiserin („Karoline") von Österreich, voll reizenden Humors. Diese Briefe bemühen sich auf das kindliche Verständnis des Schwesterchens möglichst einzugehen. Dabei kommt unwillkürlich auch der Pfälzer Dialekt der alten Kinderheimat zum Vorschein. Der Bruder berichtet von seinem Eichhörnchen und wie der Göttinger Garten jetzt Gemüse, Erdbeeren und Kirschen trägt, wie sogar ein zahmes Reh darin sich seines Daseins freut, Erinnerungen an den Schloßgarten und Hirschpark um Nymphenberg werden wach; von den Hoffestlichkeiten in München möchte er gerne erfahren, in Göttingen seien die Konzerte mehr als mäßig. In den Osterferien ist

---

1) Von Reidelbach S. 14 unrichtig aufgefaßt; vgl. oben S. 31 **Anm.** 1.

er auf unergründlichen Wegen nach Bremen¹) gefahren und hat unterwegs das patriarchalisch niedersächsische Bauernhaus kennen gelernt, dessen Inneres ihn an die holländischen Bilder von Teniers gemahnt. In den Sommerferien hat er Bad Pyrmont, wo die Quäkerkolonie ihn interessierte, und den Harz besucht, diesen in Begleitung Blumenbachs²). Der vorletzte Brief ist datiert „aus den Wolken", d. i. vom Brocken aus, und erzählt vom Blanckenburger Schloß und der Baumannshöhle, alles voll frischer, unmittelbarer Lebendigkeit.

Interpunktion und Schreibweise der Originale sind im Folgenden fast unverändert beibehalten.

Numero 1.   Göttingen, den 29ten October 1803.

Auch mir, liebe Charlotte! hat es recht leid gethan Dich und alle meine übrigen lieben Geschwister zu verlassen, aber lieb sehr lieb soll es mir sein wenn Du Wort hälst, liebe Schwester und mich dieses Jahr recht viel Postgeld kostest. Der größte Theil von Göttingen ist recht hübsch, der Spaziergang auf dem Wall ist recht angenehm mehr Spaziergänge kenne ich noch nicht da ich dererst vorgestern Abend hier angekommen bin und es jezt dererst Morgend ist; heute werde ich die Gegend schon mehr besuchen. Meine Gesundheit ist recht gut ich hoffe die Deine desgleichen, liebes Lottchen. Die Schachtel die Du mir geschickt hast, macht mir schon an sich Vergnügen, aber noch weit mehr macht sie mir, weil es Zeichen ist daß Du recht lebhaft denkst, an Deinen Dich liebenden Bruder
Ludwig Chpz.

Der F. v. Andlau³) mache viele Empfelungen von mir, so wie auch der H. Geheimrath⁴) Dir und ihr seinen Respekt machen läßt. Wenn Du mir schreibst wäre es mir (lieb) wenn Du wie es gethan N 2 seztest, und in der Folge mit dem Numeriren fortführest.

Eben fällt mir ein das Namenstag vor der Thüre ist, von Kassel hätte ich Dir gerne was geschikt, ich war aber zu kurze Zeit da, wenn ich aber wieder hinkomme schike Dir was.

N 2.   Göttingen, den 1t Dezember 1803.

Daß mich Dein Schreiben, liebe Schwester gefreut brauche ich Dir hoffentlich nicht zu schreiben, von diesem wirst Du überzeugt sein. Sage Du was Du wilst ich werde meinem lieben Schwester Lottchen von hier

---

1) Ludwig hat damals auch Hamburg, Lübeck und Braunschweig besucht, wie Hausmann a. a. O. angibt. Nach Sepp (S. 11) hätte diese Reise vom 31. März bis 20. April 1804 gedauert. Ludwigs Bericht über einen von Hamburg nach Harvestehude unternommenen Ausflug bringt unten der Anhang.

2) So nach Marx, a. a. O. S. 32 (August 1803).

3) Camilla von Andlau, Die Hofmeisterin der Prinzessin Charlotte. Vgl. F. Schmidt a. a. O. p. CLXXXIX.

4) v. Kirschbaum.

oder von Kassel aus doch einmal etwas schiken, dies Vergnügen laß ich mir nicht nehmen. Der Lebsche hat die Sachen dem Kamerdiener vom Onkel George[1]) in Darmstadt gegeben, der noch mehr Sachen an die Großmama schikte. So oft ich von den eingemachten Mirabellen esse, denke ich jedesmal an das Mausele die mir sie geschikt hat. Leg mich dem lieben Papa zu Füßen, und sage ihm daß ich mit dem nächsten Postag ihm schreiben werde. Den Carl[2]) küsse Du in meinem Namen. Schreibe mir auch ettwas von den Festen bei euch. Mache der F. v. Andlau meine Empfelungen, sage ihr auch daß ein Graf v. Gakenegh aus Freiburg[3]) hier studiert, der mit ihr verwand ist. Und dem Pfarrer daß er mir, wenn der neue Staatskalender herauskommt einen hübsch in Leder schikt und den Preis dazu. Ich weis ich bekom ohne dieß einen aber diesen will ich noch dazu haben. Denke auch als[4]) an Deinen Dich liebenden Bruder
  Ludwig Chpz.

Der H. Geheimrath läßt Dir seinen tiefen Respekt machen.

Den Einband vom Staatskalender mögt ich gern in gelbem Leder haben.

N 3.   Göttingen, den 25ten Dezember 1803.

Der Neujahrstag 1804 wird der erste in meinem Leben sein, wo ich Dich, liebes Lottchen und meine andern lieben Geschwister (versteht sich von sich selbst so lang ihr auf der Welt seid) nicht umarmen kann, und von euch getrennt bin, doch dieses ist nur mein Körper mein Geist ist oft bei euch, an diesem Tag ist es mir wahrhaft lieb daß es mein Körper nicht ist. Auf diesen Tag weis ich nichts Dir zu wünschen, als die Fortdauer Deiner guten Gesundheit und Deines guten Herzens; dies leztere aber zu wünschen brauche ich nicht denn alle meine lieben Geschwister haben es, und werden es auch als das schönste Erbtheil unserer Eltern stehts behalten. Ich mögte Dir gern etwas neues schreiben, weis aber nichts als daß nachdem der Schnee recht hoch gelegen, er wieder ganz vergangen ist, und daß es allso ein sehr starker Koth ist. Doch dieses ist nichts Neues sondern etwas altes, denn es ist nicht das erste dacapo dieser Art. Grüße vielmal den Bopp[5]), sage ihm wir hätten hier den Winter durch gewönlich Samstag ein Konzert, oder wenn er wolle eine Schwätzgesellschaft. Die Hälfte dieses Konzerts ist weniger als mittelmäßig, ein Glük ist es aber daß man oft vor Gered nichts hört. Zuweilen spielen und singen manche recht hübsch, dann ist es auch stille. Deine Beschreibungen in N 3 machten vieles Vergnügen Deinem Dich von Herzen liebenden Bruder
  Ludwig Chpz.

---

1) Georg Karl von Hessen-Darmstadt, Generalmajor des Johanniterritterordens (geb. 1754)?

2) Jüngerer Bruder Ludwigs, der bekannte spätere bayerische Heerführer.

3) Im 4. Band des Göttinger Wappenalbums eingetragen (aber ohne Wappen(am 7. Okt. 1803 als: Franciscus Seraphinus comes de Kageneck. Er studierte noch ein Jahr länger als Ludwig in Göttingen und wohnte bei Rauschenplat-Krische in der Weenderstraße. (Amtl. Wohnungsliste).

4) Dialektisch = stets, immer.

5) Kammermusikus Sebastian Popp, Musiklehrer der kurfürstlichen Kinder (Schmidt p. CLXXXIX).

Der Andlau ein gutes Neuesjahr nebst meinen complimenten. Der H. Geheimrath läßt Dir seinen ehrerbietigen Respekt machen und seine besten Wünsche Dir zu Füßen legen, und macht der F. v. Andlau seinen Respekt.

Ich schike Dir zwei Briefe an den Pfarrer.[1]

Küsse in meinem Namen die lieben kleinen Schwestern.[2]

Der Doktor der eben bei mir ist, nicht aber um mir eine Arzenei zu verschreiben denn zu diesen habe ich ihm noch nie Gelegenheit gegeben, legt sich Dir zu Füßen.

Adresse: A son Altesse Sérénissime Madame la Princesse Charlotte Duchesse de Bavière
a   Munich

N 4.   Göttingen, den 13ten Februar 1804.

Dein mir so angenehmer Brief N 4 erhielt ich, liebe Charlotte, die vielen Beschreibungen die Du mir in demselben machtest, gewährten mir viel Unterhaltung, und ich sehe in diesem Schreiben Dein Trachten, liebes Mauselche! mich auch an den Festivitäten teil nehmen zu lassen, und da ich zu weit von denselben entfernt bin, so bist Du (fehlt ein Wort) ebenso wie die liebe Auguste! mir von denselben zu schreiben. Für Deinen Geburtstag wünsche ich Dir alles Glük was ein Bruder seiner geliebten Schwester wünschen, und daß ich Dich und meine übrigen Geschwister liebe weist Du hoffentlich schon, wenn ich auch dieses Wort nicht so oft in diesem Schreiben wiederholt hätte. Du bist nun 12 Jahre alt, und ich wünsche, daß Du so viel Jahre leben mögtest als das quadarat dieser 12 beträgt, da Du gut rechnest, wirst Du wissen wie viel dieses beträgt. Dem Onkel George viele Respekts von mir desgleichen viel Schönes dem lieben Carl, und dem Professor,[3] sage diesem Lezteren, daß wenn er mir nicht schon geschrieben hat, was der Carl am meisten wünscht, er es doch bald tun möchte. Dir und meinem Bruder schike ich dann jedem eine Kleinigkeit. Jezt habe ich ein Kolegium, sonst würde ich Dir gern noch mehr schreiben, in Gedanken küßt Dich Dein von jeher nicht[4] liebender Bruder

Ludwig Chpz.

Beiliegender Brief ist für den Pfarrer.[1]

A Md. d. Andlau.

Les lignes que vous m'avez écrites, Madame! m'ont fait un plaisir bien vif, et je suis charmé que votre santé est tout a fait retablie.

N 5.   Göttingen, den 4t Mai 1804.

So viel Vergnügen mir auch Dein Schreiben vom 25ten März verursachte, so konnte ich Dir doch nicht früher schreiben, liebe Charlotte! ich hätte es gern gethan hatte aber keine Zeit dazu. Von dem was ich auf meiner Reise sah wirst Du schon manches gehört haben, doch hier noch

---

1) Sambuga.

2) Elisabeth, die spätere Königin von Preußen, und Amalia, die spätere Königin von Sachsen.

3) Augustin Seitz, der 1800 zum Mathematiklehrer des Kurprinzen bestellt worden war, seit 1801 Hofmeister des Prinzen Karl. Vgl. Schmidt p. CLXXXVIII/IX.

4) Neckerei; gemeint ist natürlich das Gegenteil.

einiges. Als ich von Bruchhaußen nach Bremen fuhr (dießes ist die lezte Post von Hannover nach Bremen, 3 mal blieb ich denselben Morgen im Kothe steken, so daß der Wagen herausgehebt und mit Seile herausgezogen werden mußte, doch wurde ich auf der ganzen Reise nie umgeworfen obschon man es hier meinte). Doch nun wieder zu der Sache, es war gerade Sonntag, so sah ich ein Paar Bauern reiten die hatten ihre Weiber mit auf dem Pferde, dies kam mir sonderbar vor, kaum fuhren wir ein wenig weiter so begegneten uns eine Menge solcher Reiter mit ihren Weibern zu Pferde, dieses sah recht gut aus beinahe alle gallopirten, der Weg ging nach der Kirche. In der Gegend von Bremen leben die Menschen, die in einzlen Häußer wohnen ganz Patriarchalisch, wennst die Haushaltungen mit diesem Namen belegen willst, welche den Tag über mit Ochsen, Kühe, Pferden, und Hühner in dem nemlichen Raum ganz friedfertig leben; wenn Du ein Gemälde von Teniers siehst, so kannst Du Dir ganz einen Begriff davon machen, selbst das Feuer in der Mitte des Raum mit dem Kessel drüber fehlte nicht, und ein Paar alte Leutcher sassen dabei; zur variation kamen zuweilen auch Schweine in eine solche Behaußung zum Besuch, an Rauch fehlt es auch im geringsten nicht. Schafe und Lämmcher giebt es hier zu Land in Menge und Fülle, diese zu sehn würden Dich mehr freuen als ein solches Hauß, denn ich weiß wie sehr Du die Lämmcher gern hast, ich wünsche den Deinigen eine gute Gesundheit, und bin liebes Lottchen! mit dem nemlichen Wunsch für Dich Dein Bruder
Ludwig Chpz.

Sehr viel Schönes der Andlau, der Geheimrath läßt Dir seinen unterthänigen Respekt machen. Schreibe mir ob Du die Zeit nichts von der Cusine Elisabeth in Ansehung des Heirathens gehört hast.

N 6.   Göttingen, den 7ten Juni 1804.
Daß das silberne Besteck unter Deiner Adresse angekommen, hörte ich liebes Lottchen! und daß Du und der Professor[1]) nach meinen Ausspruch euch richten werdet desgleichen. Hier steht er

1. Das silberne Besteck gehört vermöge der Anzeige (daß es dem Professor Seitz gehören sollte) die ich ihm gab, demselben, und der dasselbe einpakte hat nicht dir rechte Adresse geschrieben.

2. Für Dich aber habe ich schon ein gleiches bestellt, daß ich Dir sobald es fertig sein wird schicken werde.

Ich hoffe mit dem hier geschrieben werdet ihr beide zufrieden sein, und willst Du mir oder besser Dir selbsten einen Gefallen thun, so halte doch Deinen Kopf gerade und mache auch vorzüglich, daß Deine Brust herauskömmt, was ich Dir da schreibe, diktirt mir nur die Bruderliebe. Ja liebe Schwester! was ich Dir da sage ist wahrhaft zu Deinem Nutzen, es ist eine Pflicht der Selbsterhaltung die du verlezt wenn Du dieses unterläßt, und jezt ist es noch Zeit es wieder gut zu machen. Ich weiß Du denkst nach und bin sicher Du wirst finden daß Dein Dich liebender Bruder recht hat.

Zu meinem Hauß in welchem ich hier wohne gehört auch ein Gärtchen, ich habe es mir zurecht machen lassen, auch ziehe ich jezt schon viel Gemüs aus demselben, was mich aber am meisten freut, ist daß wenn

---

[1]) August Seitz, vgl. oben in Brief 4.

jetzt kein Unglück geschieht ich viele Kirschen bekommen werde, an Erdbeeren werde desgleichen keinen Mangel haben. Ebenfalls habe ich Hoffnung viele Johannisbeeeen zu bekommen, doch dießes ist kein Obst aus meinem kleinen Nymphenburger garten. Lebe wol, liebe Charlotte, und beherzige die Ermahnung Deines Bruders, sie kam aus seinem Dich liebenden Herzen.

Ludwig Chpz.

Dein leztes Num. war 6. Vom Geheimenrath seinen unterthänigen Respekt an Dir.

Dem Pfarrer viel Schönes und ich hätte ein Paket geschnittene Federn erhalte, wofür ich dem Sender danke.

Ein Brief für die Andlau ist eingeschloßen, küsse die lieben, kleinen Schwestern u. den Carl, mache dem Professor mein Urtheil bekannt, sage auch ich hätte seinen und dem Carl seinen Brief erhalten, und es solle mir lieb sein, wenn ihnen die Sachen Vergnügen machen.

N 7.　　　　　　　　　　　　　　　　Göttingen, den 15ten Juni.

Brief und Obst habe ich empfangen, liebes Lottchen, viele Freude verursachten mir beide, das Obst ist sehr täuschend gemacht, so daß ich schon das Eichhäßchen, und Menschen damit angeführt habe. Es thut mir leid, liebe Charlotte, daß sich das wahre Obst nicht eben so gut transportiren läßt, sonst hätte ich Dir von meinen vielen Erdbeeren die im Garten eben reif sind geschikt, auch Kirschen werde ich in Menge erhalten. Der Geheimrath erhielt Schelate[1]) von wem weiß er nicht, glaubt aber von Dir, und läßt seinen unterthänigen Respekt dafür machen. Ich wünsche Dir einen guten Appetit für Deine gute Buther u. Vermehrung Deines Viehstands.

Ludwig.

(Ohne Nummer)　　　　　　　　　　　Göttingen, den 15ten Juni 1804.

Wer ihr auch immer seid, liebe Unbekannte! u. so danke ich euch für das schöne silberne Messer und für das Tableau. Ihr müßt mich gut kennen, liebe Unbekannte! Denn ihr habt sehr gut errathen daß es mir noch jezt Freude machen wird, Tableaux, welche ich ehemals so gerne legte, noch zu legen, u. Obst ebenfalls noch gern zu essen denn dazu ist das Messer mit der silbernen Klinge vortrefflich. Nur einen Wunsch habe ich noch, nemlich seid nicht zu bescheiden und laßt mir eure Namen wissen, daß ich doch auch weiß von wem ich die Sachen die mir so vieles Vergnügen machen erhalten habe. Die Antwort wird angenehm sein Dem

Ludwig Churprinz.

N 8.　　　　　　　　　　　　　　　　Göttingen, den 30ten Juni 1804.

Allso jezt weis ich wer mir das hübsche Messer und das artige Tableau geschickt hat, jezt endlich ist der mystische Schleier der über die artige Geberin herab hing verschwunden, und ich sehe daß das artige Lottchen mir diese hübsche Sachen schenkte. Gestehe aber nur selbsten liebes Mäuselchen, daß es eine kleine Schelmerei von Dir war, Deinen Bruder solang in Ungewißheit zu lassen. Der Geheimrath bedankt sich recht sehr für die Schokolate und läßt Dir viele Respekts machen. Das Besteck ist

---

1) Wohl Kinderausdruck für Chokolade; vgl. Brief Nr. 8.

schon fertig, das Futteral wird es bis Uebermorgen sein, und den 3ten Juli schicke ich es Dir auf dem Postwagen.

Da ich weis daß Du so eine große Freundin von zahmen Thieren bist, so will ich Dir sagen daß wir ein junges Reh gekauft habe, und obschon es noch nicht lange ist so kömmt es doch an Zähme völlig der Mimi die sonst im Hirschgarten war gleich. Den Tag laß ich es beständig frei im Garten herumlaufen. Wenn Du erfahren solltest wer zur Hofdame bestimmt ist, schreibe mir es liebes Lottchen. Das Wetter ist fortdauernd meistens schön, obwol zuweilen kalt, für das Land aber viel zu trocken, in ziemlich langer Zeit hatten wir nur 2 schnell vorübergehende Regen. Der Fr. Andlau viele Komplimente. Fahre fort mich zu lieben, und weil ich Dich brüderlich liebe erinnere ich Dich doch ja daran recht grade zu halten, doch ohne Uebertreibung, aber gerade, recht gerade halte Dich, wirst Du vielleicht auch jezt ein wenig böse über mich, so wirst Du doch einstens dafür danken Deinem Dich von Herzen liebenden Bruder

Ludwig Chpz.

P. S.

Sage dem Carl, liebes Lottchen, daß ich ihm von Herzen zu seinem mir recht lieben Geburtstag Glük wünsche, ich schreibe ihm nicht auf denselben, aber wenn er mich auch nur ein wenig kennt so wird er wissen, daß ich ihn derntwegen nicht weniger brüderlich liebe.

Sage dem Pfarrer daß obschon ich ihm gern jezt antworten wollte, ich aus Mangel an Zeit es nicht könnte, aber es noch thun wollte.

N 9.   Göttingen, den 30^t Juli 1804.

Daß ich in Pyrmont war wirst Du wissen, liebe Charlotte, und daß es mir dort gefiel daran wirst Du nicht zweifeln. Allso einiges von Pyrmont, doch keine Wiederhohlungen, von dem was ich der lieben Auguste heute geschrieben habe. Doch daß wiederhohle ich, daß Pyrmont bei gutem Wetter ein sehr angenehmer Aufenthalt ist, besonders reizend ist die Allee beim Badhauß. Dieses Jahr ist es so besucht das berühmte Pyrmont daß ich mit Mühe noch Wohnung für mich fand, und die ich bekam war nichts weniger als prächtig, aber außer Nachts befand ich mich nie in derselben. Die Tagesordnung trägt glaube ich ebensoviel zur Wiederherstellung der Gesundheit bei als das Wasser. Schon nach 6 Uhr gehen viel Damen und Herrn in der Allee spazieren die den Brunnen brauchen. Den einen Tag trank ich drei Gläser von dem Wasser und badete mich, doch blieb ich nicht lang in demselben. Das kurze schöne Wetter benuzte ich, ich war auf dem Königsberg, man hat eine schöne Ausicht von demselben. Sage doch der Mia ich hätte bei dem Bergsteigen und dem frühen Aufstehen an sie gedacht. Von diesem Berg ging (ich) in die Kollonie der Quäker wo alles sehr reinlich ist, sogar die Arbeitskittel der Leute die Messerschmied und die Schmiede selbst. Ich sah auch einen Luftballon in die Höhe steigen, doch war niemand in demselben. und denselben Tag (den 23^t) 9 Uhr Abends wurde ein Feuerwerk am Teig des öffentlichen Gartens abgebrannt. Es machte ein sehr gute Wirckung, besonders da sich das ganze Feuerwerk im Wasser spiegelt. Die Zeit wo die Post fortgeht ist da, und ich wünsche Dir, daß Du nie ins Bad der Gesundheit halber reisen müßtest.

Sage mir wie der Vetter George von Mecklenburg gefallen hat und auch die Herzogin von Curland.

Der Andlau viel Schönes. Vom Geheimenrath seinen unterthänigen Respekt.

Einen Brief an den Pfarrer.

Ludwig Chpz.

N 10.   Aus den Wolken
                                        Brocken, den 22ten August 1804.

Aus den Wolken schreibe ich Dir, Liebe Charlotte, und unter mir schweben gleichfalls Wolken. So schön der gestrige Tag war und so gut das Wetter noch heute bis 9 Uhr war, so häßlich ist es jezt; vieleicht ist es nur in den Wolken so, und unter ihnen kann leicht das schönste, heiterste Wetter sein. Schon seit 8 Tagen sieht man hier beinahe gar nichts, ein tiefster Nebel umringt uns, und es ist so kalt, daß obschon ich meinem lieben Lottchen neben dem Ofen schreibe, ich doch kein Buchstaben auf das Papier bringen könnte, wenn mich nicht die brüderliche Liebe erwärmte. Du wirst wissen gute Schwester, daß der Brocken und der Blocksberg ein und derselbe Berg sind, auf den sollen nach der Sage der Leute, die Hexen in der Nacht vom 30ten April auf den 1ten Mai ihr Weesen treiben, doch maßen selbst die gemeinen Leute dieser Lüge nicht mehr den Glauben, wie vor Zeiten bei.

Das alte Brockenhauß steht verlaßen da, daß neue aber aus welchem ich Dir schreibe, und von welchem ich Dir die Skize beilege, ist seit 4 Jahren gebaut, es sind für 32 Menschen Betten hier, freilig ist die Unterlage statt aus Matrazen bestehend nur Moos in Leintücher genäht. Das ist das einzige Hauß hier. Ich mußte von dem Ort wo ich schlief 4 Stunden Wegs steigen um hieher zugelangen; doch wurde ich nicht eher müde, als bis beinahe am Ziel, wo der Wind entsezlich haußte, und um nach Werningeroda zu gehen muß ich heute noch einen Weg von nah 3 Stundten zurücklegen, wo ich dann übernachten und meinen Wagen wieder antreffen werde.

Ich befinde mich in die[1]), welches der höchste Punkt des Brokens ist, 879 Toisen über der Meeresfläche. Die Blume Campula decurens[2]) und mehr die blau blühen, blühen auf dem Gipfel hier weis. Auf dem größten Theil des Weges bis hieher hatten wir gutes Wetter und die Gegend war sehr romantisch, es riselte ein Bach neben uns der sehr oft recht liebliche Wasserfälle bildete. Einzig ist der Ilzenstein den wir unterwegs sahen, es ist ein ungeheuer hoher Felsen der senkrecht wie eine Mauer dasteht. Lebe wol unter den Wolken, dieses wünscht von Herzen Dein Bruder
aus den Wolken   Ludwig Chpz.

Der Fr. v. Andlau viel Schönes, von Geheimrath viele Respekte. Dein N 9 erhielt ich schon lang und N 10 unlengst in Göttingen. Von Goslar ein andersmal.

Du kannst mit Wahrheit sagen, daß Du ein Brief aus den Wolken hast.

---

1) Das Hauptwort fehlt.
2) Soll wohl heißen *campanula decurrens*. Wie mir Herr Kollege Prof. A. Peter, der genaue Kenner der Brockenflora, nachweist, handelt es sich um *Pulsatilla alpina* mit glockenförmigen Blüten.

Kapitel I.

(Es liegt bei eine saubere kleine getuschte Skizze des Brockenhauses mit der Unterschrift: Südöstl. Ansicht des auf der äußersten Höhe des Brockens neu erbauten Gasthauses.)

N 11. Göttingen, den 3ten September 1804.

Deinen lieben Brief nebst dem hübschen Geschenk habe ich erhalten, für beides danke ich Dir liebes Lottchen, beide gefielen mir sehr und machten mir vieles Vergnügen. Ich hoffe gute Schwester Du wirst mein Schreiben aus den Wolken vom 22. August erhalten haben und hat es Dir keine Langeweile gemacht, so lese noch etwas von meiner Harzreise. Denselben Tag als ich das Blankenburger Schloß sah, gieng ich auf den Regenstein eine halbe Stundte von Blankenburg entlegen. Es liegt auf einem Berg, und ein großer Theil der Festungswerke war in Felsen gehauen, seit dem 7 jährigen Krieg ist diese Bergfestung zerstöhrt und großentheils geschleift, doch einzelne Theile stehen noch die aber für den Krieg seit dem obenbenannten Krieg untauglich sind. An manchen Stellen ist der Fels so als wenn man ihn senkrecht geschnitten hätte, von Natur und ein sehr tiefer Brunnen ist in demselben gegraben, und die Aus Sicht von diesen Ruinen ist bemerkenswert. Nach dem Essen fuhr ich nach der Baumannshöhle in welcher man geht, an manchen Stellen wenn man in derselben weiter will, muß man einfahren. (Leitern hinuntersteigen). Diese Höhle besteht aus mehreren Höhlen ich war in 4 derselben, wie viel es in allem sind weis ich nicht. Alle bestehen aus Tropfstein, der oft sonderbare Figuren bildet. Der Führer macht einem aufmerksam darauf und sagt was sie vorstellen sollen, und in Wahrheit oft sagt er daß der Stein den man vor sich sieht dies oder das vorstellen soll, welches man ohne eine gute Dosis Einbildungskraft nicht wahrnimmt, aber es giebt auch Tropfsteine in dieser Höhle die manchen Gegenständen in der Form sehr gleichen, unter diesen gehört besonders an der Wand ein Altorelief das einer Eidechse sehr gleicht. Ich muß wegen Mangel an Zeit aufhören, noch küße ich Dich in Gedanken, bald aber in Wirklichkeit.

Ludwig Chpz.

Der Andlau viel schönes, ich habe ihr Schreiben das Vergnügen gehabt zu empfangen, bald werde ich mich mündlich dafür bedanken. Den lieben Eltern lege mich zu Füßen. Unterthänigen Respekt vom Geheimrath.

Bedeutsamer sind die Briefe Ludwigs an J. A. Sambuga, von denen vier soeben in Spindlers Buch publiziert sind; der Vollständigkeit halber lasse ich sie hier mit den andren acht noch einmal in extenso folgen. Sie sprechen alle für sich selbst durch die innige Anhänglichkeit an den verehrten Lehrer, die schlichte Religiosität, das lebendige vielseitige Interesse, mit dem, wie auch später Ludwigs ganzes Leben hindurch, selbst das sehr variable Wetter genau bis in viele Einzelheiten hinein beobachtet wird, durch die immer gleich erfreuliche Frische der Empfindung und Äußerung. Die Adresse lautet stets: an den Herrn Geistlichenrath Sambuga in München, bezw. Nymphenburg. Nicht alle erwähnten Einzelheiten konnte ich aufklären.

(1.) Göttingen, den 22ᵗ November 1803.

Gestern Nachmittag bekam ich ihren Brief, lieber Pfarrer! und gleich heute frühe antworte ich ihnen, obschon die Post erst übermorgen weg geht. Sie sehen daß es mir ein wahres Vergnügen ist, mich mit ihnen zu unterhalten. Mich freut es recht sehr daß der Hr. Dobmaier angestellt ist. Hier studieren auch sehr viele Katolische, und in und um hier giebt es auch so 700. Unser Bethhaus ist so groß als wie ein ganz ordentliches Haus es hat 2 Reihen Fenster auf einander und weis angestrichen,[1]) jeden Sontag sind 2 h. Messen, ich gehe in die sollenne diese ist immer gestopft voll; welches bei den Protestantischen hier nicht der Fall ist; freilig haben sie mehrere Großen. Wärend ihrem Gottesdienst sind die Thore geschlossen und man darf auch auf dem Kaffeehaus kein Billard spielen.

Bei weitem die größte Anzahl der hier Studierenten ist sehr fleißig. Sie schreiben mir, daß die Witterung in München gelind sei, auch hier (außer den ersten Tagen dieses Monats) ist es sehr gelind, Schnee haben wir noch gar keinen gehabt, auch selten Sonnenschein, doch sehr selten Nebel, dieser Tagen her hats stark geregnet, wirklich[2]) aber thut es nicht. Was sie mir vom Franz schreiben, lieber Pfarrer, macht mir viele Freude, obschon es mich gar nicht erstaunt, weil ich weis daß er immer sehr fleißig gelernt hat, grüßen sie ihn vielmal von mir. Wenn sie den Peter Imhof sehen, machen sie meine Empfelungen. Erzählen sie mir doch alles geschrieben (sc.: was) für Feierlichkeiten, die vorgehen werden, ob viele Gäste kommen, und wie sie ihnen gefallen. Kaufen sie doch für mich die Gedichte eines Schreiners von Landsberg, sie sind glaub ich beim Zängel in München zu haben, wenn ich wieder nach München komme bezahl ich es ihnen, legen sie es mir nur in meine Bibliotek. Wenn hübsche Gedichte und sonst schöne Bücher herauskommen, so lang ich jezt hier bin, schreiben sie es mir doch und auch den Preis dazu. Denken sie zuweilen an mich, ich thue es oft an ihnen und an München, obschon ich um zu studieren recht gern hier bin, denn man hat viele Gelegenheit dazu, und lange Weile kenne ich hier nicht, auch in Landshut hab ich keine gekannt als blos im Theater und hier haben wir keines. Ich habe keinen Raum mehr mich mit ihnen jezt mehr zu unterhalten, so gern ich es thäte.

Ludwig Churprinz.

(Am Rande noch die Bemerkung: Schreiben sie mir auch ob alle Kollegien in Landshut bezahlt werden müßen.)

(2.) Göttingen, den 11ᵗ Dezember 1803.

Ihre beiden Briefe den vom 24ᵗ November und den andern vom 4ᵗ De-

---

1) Es ist das auch jetzt noch als katholische Kirche verwendete Gebäude, das, 1787 erbaut, damals allerdings noch keinen Turm hatte. Vorher, seit 1746, fand der katholische Gottesdienst in Göttingen in einem Privathause statt. (Nach Mitteilung von Stadtarchivar Dr. Wagner).

2) Dialektisch = gegenwärtig, augenblicklich.

zember beide habe ich nur in einem Unterschied von 2 Tagen erhalten, der lezte lief sehr geschwind, lieber Pfarrer! denn ich bekam ihn am 9ten. Ueberhaupt erhielt ich von ihnen bis jezt hier folgende Briefe; 1 den der G. Seinzheim mitbrachte, einen ander auf der Post, und jezt diese beide. Ein Paquetchen Briefe (denn dies müßen mehr als 2 sein) von ihnen, lieber Pfarrer habe ich bis jezt ebensowenig als den militair Kalender (wofür ich mich beim Leclerc[1]) bedanke) erhalte. Vielleicht bekome ich sie noch, denn der Postwagen geht wie bekannt sehr langsam. Den 9^t Früh schrieb der H. Geheimrath seinem Bruder, daß ich noch keine Münchner Zeitung, und denselben Abend bekam ich die Münchener Staatszeitung wie auch die Literatur Zeitung vom 3ten Dezember, sagen sie ihm dieses und machen sie ihm auch complimente von mir. Lieber Pfarrer! ich danke ihnen herzlich für den Antheil den sie daran nehmen daß ich majorenne bin. Da der H. Streber[2]) Mitglied der Akademie geworden, so hat dieselbe ein sehr geschicktes Mitglied an ihm mehr bekomen welches mich recht freut. Lassen sie mir auch das Büchelchen wo die Gebethe vor und nach der h. Communion stehen abschreiben. Auch 3 Osterzettel von den Jahren 1800, 1802 und 1803 welche ich in meinen vorigen Buch verloren legen sie hinein, was aber in denselben geschrieben ist, mögt ich gern von der nemlichen Hand wie die vorigen waren haben. Ihre Beschreibung vom Einzug hat mir vieles Vergnügen (gemacht); wenn sie mir das nächste mal einen Brief schicken, und es giebt was zu beschreiben, so thun sie es doch. Wer mir in ihren Briefen hat was sagen lassen, denen sagen sie auch von mir viel Schönes. Schreiben sie mir doch auch wie die Witterung in München ist, ich hoffe daß sie besser ist, als hier, aber ihre mir werthe Gesundheit, lieber Pfarrer! ebenso gut wie die meinige.

Ludwig Churprinz.

Dies ist das 3te Briefchen was ich ihnen schreibe. Der H. Geheimrath[3]) läßt ihnen viele Empfelungen machen. Und den Franz grüßen sie von mir.

Die 4 Stückelchen Siglack habe ich selbsten auf den Brief gethan.

(3.)   Göttingen, den 19ten Dezember 1803.

Die Beschreibung die sie mir von den Feierlichkeiten machen, lieber Pfarrer! hat mich wie ihr ganzer Brief vom 8ten Dezember, welches der lezte ist den ich von Ihnen bekomen habe. sehr gefreut, denn es gewärt doch immer Unterhaltung wenn man die Feste nicht in der Wirklichkeit genießen kann, so doch zum wenigsten auf dem Papier zu genießen. Ihnen aber aufrichtig zu gestehen, lieber Pfarrer! thut es mir gar nicht leid, daß ich nicht bei denselben bin, obschon ich sehr gewünscht habe den König und die Königin von Schweden zu sehen; was ihnen aber am meisten wundern wird, lieber Pfarrer! ist daß i c h, ich die Opern und Schauspiele

---

1) Kurfürstlicher Hofmaler in München und Zeichenmeister der Prinzessinnen. Vgl. Schmidt p. CXCI. Auch Ludwig selbst hat bei ihm gelernt. Vgl. oben S. 25.

2) Domherr Franz Ignaz Streber (1751—1841), ausgezeichneter Numismatiker, der um die Erhaltung und wissenschaftliche Ordnung des Münzkabinettes in München die größten Verdienste hat. Vgl. Allg. D. B. XXXVI.

3) von Kirschbaum.

hier ganz gern entbehre, oder besser zu sagen daß ich sie nicht entbehre, denn wirklich ich habe beinahe noch keinen Wunsch hier darnach gehabt, den ganzen Tag bin ich beschäftigt wie in Landshut auch. Jezt will ich ihnen eine Neuigkeit schreiben, die ich ihnen aber nicht verbürge, nehmlich man soll in Hamburg Nachricht von dem berühmten Weltumsegler La Peirouse[1]) haben, von dem man schon bei 18 Jahren nichts mehr hörte, er soll sich auf einer Insul des Südmeeres befinden, diese Nachricht sagte der H. Professor Blumenbach (in dessen Kollegium der Naturgeschichte ich gehe, welches Kollegium sehr lehrreich ist) aber auch nicht als eine Gewißheit, selbst diejenigen von denen er diese Neuigkeit bekommen, sagen daß sie noch Bestätigung nöthig habe. Da ich weis, lieber Pfarrer! daß sie ein großer Freund von Reiße Beschreibungen sind, so habe ich es ihnen gleich schreiben wollen. Den Militair Almanach habe ich nebst dem Paketchen Briefe noch nicht, da ich dieses schreibe den 19ten Dezember 1803 um 7 Uhr Morgens, erhalten.

Endlich, endlich haben wir Winter seit — etlichen Tagen, denn zuvor gefrierte es bald, bald thauete es wieder auf, doch Schnee was man ordentlichen Schnee nennt haben wir erst leztverfloßene Nacht bekommen, zuvor lag er nicht dicht. Sie sehen, daß es mir vieles Vergnügen gemacht hat mich mit ihnen zu unterhalten, doch der Mangel an Raum, lieber Pfarrer hindert mich es länger zu genießen.

Ludwig Churprinz.

Ein Intelligenzblatt habe ich empfangen.

(4.) Göttingen, den 25ten Dezember 1803.

Ihren Brief, lieber Pfarrer! in welchem sie mir die Feste bis zum 7ten erzählen, habe ich empfangen, desgleichen den vom 17ten, beide gewärten mir viel Unterhaltung. Aber das Paket nebst dem militair Kallender habe ich noch nicht zu Gesicht bekomen, weil aber die Posten oft unrichtig die Briefe spediren; so tröste ich mich damit, daß es auch der Postwagen gethan, und daß ich die Sachen noch bekommen werde. Ich glaube lieber Pfarrer! daß es ihnen nicht unangenehm sein wird, wenn ich ihnen von der hiesigen Universität manches schreibe; denn von Hoffeste kann ich es nicht. Es studieren hier gegenwärtig über 700 Menschen beinahe von allen Europäischen Nationen, und darunter sind, die selbst schon in Diensten stehen. Mit dem Prinz Sulkowsky[2]) welcher in meinem Alter und ein recht braver Mensch ist, und mir studieren 16 Grafen hier. Russen und überhaupt wer unter Rußischem Zepter steht sind 32, Ungarn und Siebenbürger 15, Franzosen 12; Dänen, Schweden etc. habe ich gar nicht gezählt; aber selbst ein Portugiesischer Edelmann, der selbst ganz artig Teutsch redet, studiert hier. Hier sieht man beinahe Europa im Muster, und obschon die Stadt nicht sehr groß ist, so hört man doch beinahe alle Sprachen reden, auch etliche Schottländer studieren hier. Lieber Pfarrer!

---

1) Der Graf Jean François Lapérouse war im Auftrage Ludwig XVI. mit wissenschaftlichem Stabe auf zwei Fregatten ausgezogen zur Ergänzug der Cook'schen Forschungsreisen und seit 1788 verschollen. Erst 1826 fand man in Ozeanien Reste seiner untergegangenen Untersuchung. Das damalige Gerücht bewahrheitete sich also nicht.

2) Vgl. oben Seite 10.

vielleicht ein andersmal mehr, jezt höre ich auf, denn sonst geht dies Schreiben heut nicht mehr fort. Sagen sie mir an **welchem Tag** und **zu welcher Stundt** sie dies Schreiben erhalten. Ihr sie hochschätzender und liebender

Ludwig Chpz.

An Gott denke ich oft.

(5.) Göttingen, den 8ᵗ Jänner 1804.

Ihren Brief vom 24ᵗ Dezember habe ich erhalten, lieber Pfarrer! aber den militair Kallender noch nicht, doch erhalt ich ihn vielleicht in der Folge. Ich danke viel mal, lieber Pfarrer, daß sie mir die Weinachtsgeschenke, und sonstige Vorfälle beschreiben. Des Sonntags bin ich eine Stundt in der Kirche, und selbst die Feiertage, wenn sie nicht verlegt sind, wenn sie auch selbsten bei der Universität nicht gehalten werden; unsere Kirchenmusik, lieber Pfarrer, ist bitter schlecht hier, und doch bekomme ich selten Langeweile in der Kirche, sie sehen allso daß es bei mir die Musik nicht bestimmt. Ich denke sehr oft an ihnen, lieber Pfarrer, besonders aber die Woche von Weinnachten bis Neujahr; denn da war es hier so gelind, als es oft vorigen Mai nicht war. Jezt haben wir zur großen Freude der hiesigen Russen Schnee und es ist gefroren. Diese wünschen aber noch immer stärkere Kälte. Leben sie gesund und zufrieden, dieses wünscht aus dem Grund des Herzens ihr sie liebender

Ludwig Churprinz.

Ihrem Nachbar Rheinwald[1]) viel Schönes, wie auch dem Leclerc und Franz. Diesen Brief habe ich recht gekritzelt.

(6.)[2]) Göttingen, den 26ᵗ Jänner 1804.

Daß ich ihnen schon sehr lange nicht geschrieben, müßen sie nicht für Kaltsinn von mir gegen ihnen ansehen, lieber Pfarrer! nein dieß müßen sie nicht, denn ich schätze sie aufrichtig, aber mit dem besten Willen hatte ich keine Zait, dadurch aber entgieng mir das große Vergnügen ihnen zu schreiben, dieß sind keine complimente wo man nichts dabei denkt, sondern es ist die Wahrheit, daß es mir Freude macht an sie zu schreiben lieber Pfarrer, überhaupt bin ich kein Freund von complimenten sagen, die nur complimente sind. Nachdem ich ihnen meinen lezten Brief schickte, empfing ich von ihnen 2 Schreiben. Ihre Beschreibung von der Begebenheit des Steinfalls[3]) gewährte mir vieles Vergnügen. Was aber den La Peyrouse angeht, weis ich ihnen nichts zu schreiben, denn ich habe die Zeit keine Bestätigung und überhaupt nichts mehr von ihm gehört; aber ich schrieb es ihnen auch (nicht) als eine **Wahrheit**. Vorvorigen Sonntag habe ich zum **erstenmal** in meinem Leben einen Protestantischen Gottesdienst beigewohnt, aber ohne dabei den unsrigen versäumt zu haben. Der H. Konsistorialrath und Professor Amon[4]) predigte; der Inhalt der-

---

1) Vg. S. 52 Anm. 2.

2) = Spindler S. 99.

3) Ein Meteor, von dem ihm Sambuga kürzlich berichtet hatte.

4) Christoph Friedr. Ammon aus Bayreuth, in Göttingen Professor der Theologie 1794—1804, erster Universitätsprediger und Direktor des homiletischen Seminars, dann in Erlangen und seit 1813 Oberhofprediger in Dresden. † 1849. Schon früh ein ungewöhnlich packender Kanzelredner.

selben war **sehr gut** und zeigt, daß er ein Mann ist der rechtschaffene Grundsätze hat. Der monotone Gesang, der sehr lang dauerte, gefiel mir aber nicht bei diesem Gottesdienst. Ich gehe jezt in kein Kollegium, leben sie wohl und lieben sie mich fortdauernd.

Ludwig Chpz.

(7.)   Göttingen, den 13^t Februar 1804.

Ihr Schreiben vom 23^t vorigen Monats nebst den Briefen für den H. Geheimrath habe ich empfangen, lieber Pfarrer, daß ihnen mein Schreiben vom 8ten Jänner Freude gewährte, freuete mich auch, doch ich hoffe daß sie auch ohne diesen Brief, an meinen guten Gesinnungen nicht gezweifelt hätten. Jezt will ich ihnen die Abwechslungen des Wetters, welches wir hier in diesem Jahr bis jezt gehabt haben, bekannt machen. Auf Neujahr war es gelind, doch schon den 4^t war es etwas kalt, die Kälte nahm zu, und es gefrirte, dann gieng es auf, regnete viel, ward einige Tage trocken und so warm daß schon die sogenannten Palmen vorschlugen, darauf nahm die Wärme ab, und Regen stellte sich wieder ein, darauf ward es wieder kalt, und es fiel ein wenig, den 9^t dieses aber ein sehr tiefer Schnee, welcher aber schon 9 Stunden darauf aufgieng, und es regnete sehr stark dazu. Gestern gegen Mittag gefror es, auch viel Schnee, doch nicht sehr stark, und heute war einer der kältesten Tage, die wir bis jezt hatten, und diese Nacht scheint noch kälter zu werden. Aus dieser Erzählung sehen sie, daß wir oft Wechsel gehabt haben, doch meine Achtung und Liebe gegen ihnen hat keinen empfunden, und so bin ich wie bisher ihr

Ludwig Churprinz.

Daß das Papier so verrissen aussiehet, daran lieber Pfarrer bin ich selbsten schuld.

Ostersonntag 1800 habe ich zum erstenmal die h. Comunion empfangen.

(8.)[1]   Göttingen, den 19ten Februar 1804.

Mit vielem, ja wahrhaft vielem Vergnügen sehe ich aufs Neue aus Ihrem mir schätzbarem Schreiben vom 8. dieses, daß sie auch in der Ferne an mich denken und mir nützen wollen. Neues kann ich ihnen wenig schreiben, lieber Pfarrer! Denn Göttingen ist eine kleine Stadt, wo man weit weniger Nachrichten beköммt als in dem großem München. Doch eine weiß ich, nehmlich, daß der bisherige französische General en chef, Mortier[2]), der allgemein beliebt war zu einem von den 4 chefs der Consulargarde ernannt worden, auch schon vorige Nacht hier durchreißte. Der einstweilige General en chef ist Dassalle, welcher gleichfalls beliebt ist; ob er diesen Posten den er ad interim versieht, vielleicht erhält, ist noch nicht ausgemacht. Seit ich Ihnen das letztemal schrieb, lieber Pfarrer! ist die Witterung kalt, und meistens hell geblieben. Hiermit sind meine Neuigkeiten zu Ende; doch noch eine fällt mir ein, nehmlich daß hier seid einigen Wochen ein Räuberhauptmann gefangen sitzt, ich glaube er trieb sein Wesen im Spessart, das nächste mal vermutlich mehr von ihm. Wäh-

---

1) = Spindler S. 99/100.

2) Einer der fähigsten französischen Generäle, von Napoleon sehr geschätzt, zum Marschall und Herzog von Treviso erhoben und auch später in Spanien, Rußland und Deutschland auf allen Schlachtfeldern bewährt.

rend ich ihnen jetzt schrieb, lief das Eichkätzchen oft auf meinem Arm und auf diesem Brief herum, es befindet sich sehr wohl, ist auch sehr munter, dabei trug es mir auf, ihnen, lieber Pfarrer, viel Schönes zu sagen.

Der Frau und dem Herr von Herding [1]) viel complimente, sagen sie auch diesem Letztern, daß mich sein avancement recht freuete, grüßen desgleichen von mir vielmals die Geheimräthe Rheinwald[2]) und Käser.[3]) Schreiben sie mir, lieber Pfarrer, ob der Stein wirklich bei Sigmaringen fiel, von welchem sie mir in einem der vorhergehenden Briefe Nachricht gaben. Mache ich ihnen keine langen declarationen, so wissen sie doch, daß ich bin ihr sie in Wahrheit liebender

Ludwig Churprinz.

Diese letzte Seite ihrer Metaphisik ist 218, die letzte Zeile lautet wie folgt „sind, und etwas von seiner Beschaffenheit bezeichnen." [4])

(9.) Göttingen, den 16ten März 1804.

Schon einige Zeit schrieb ich ihnen nicht, lieber Pfarrer und dieser Brief ist auch klein, aber schreiben sie es ja nicht einer Veränderung von meinen Gesinnungen gegen ihnen her, lieber Pfarrer! Da würden sie sich sehr irren, denn in Wahrheit sie sind mir sehr lieb und wert. Schon vor beinahe 2 Wochen erhielt ich das Büchelchen für die h. Communion, sie wissen daß ich dasselbe sehr gern habe, auch ihr Schreiben von 28t Februar erhielt (ich). Noch hier werde ich das h. Abendmal empfangen, und mich auch bestreben es würdig zu empfangen. Schiken sie mir doch eine ziemliche Menge Federn, denn die Göttinger sind im physischen nichts nutz. Aber in anderer Hinsicht giebt es viele Guten hier. Oft denke ich an ihnen, lieber Pfarrer! und daß mit wahrer Freude, das auch an mich der ich sie liebe erinnern sie sich und sind sie sowohl wie es die ganze Zeit war und noch ist ihr sie hochschätzender

Ludwig Chpz.

(10.) [5]) 16. Mai 1804.

Wenn sie ein gutes Gedächtniß haben, lieber Pfarrer! so werden sie sich der Sache erinnern, die ich ihnen vorigen Herbst von hier zu schicken versprach. Diese Sache werden sie in dem Verschlag finden, den ich dem Carl gestern auf dem Postwagen schickte, ihren Namen schrieb ich aber nicht auf die Sache. [6]) Sie sehen lieber Pfarrer, daß mich mein gutes Gedächtniß nicht verlassen hat, auch die Anhänglichkeit an ihre Person, auch diese hat mich nicht verlassen, nicht im mindesten ist sie geschwächt.

---

1) Oberstkämmerer in München.
2) Kabinettssekretär in München.
3) Nachfolger Rheinwalds.
4) Sambuga hatte eine Abhandlung über Metaphysik, vielleicht ein altes Kollegheft aus seiner eignen Studienzeit für den Prinzen abschreiben lassen. Ein Teil dieser Abschrift befand sich schon in dessen Händen. Vgl. Spindler S. 100.
5) Nach Spindler S. 88, Anm. 367, anscheinend nicht vollständig.
6) Das Geschenk des Prinzen war ein Angelgerät. In seinem Antwortbriefe vom 29. Mai versprach Sambuga, zum Dank dem ersten Fisch, den er finge, die Freiheit wieder zu schenken.

(11.)¹) Göttingen, den 25. Juni 1804.

Sie schreiben, mir, lieber Pfarrer! daß mein Brief ihnen viel Vergnügen gewährte, dieses, lieber Pfarrer, ist mir sehr angenehm, desto angenehmer ist es mir, weil sie es gerade sind, die mir dieses schreiben; von vielen anderen Personen, würde es mir nicht so lieb sein, bei weitem nicht so. Der Gespaß von dem Fischfang, den sie mir schreiben ²), unterhielt mich recht sehr und daß sie naß wurden, war die gerechte Strafe, ich gratuliere von Herzen zu diesem Baade, doch nur mit der Klausel, wenn es ihnen nicht schadete. Die Hitze ist heute fast neapolitanisch, wenn sie nicht gar den Grad derselben erreicht hat. Das Heu ist vortrefflich geraten und der größte Teil eingebracht. Die Frucht wie überhaupt die ganze hiesige Gegend lechzet nach Regen und schlimm ist es noch, daß die Winterfrucht diesen Winter über Schaden gelitten hat. In einiger Entfernung von hier gibt es Gegenden die wahrhaft reizend sind; schon das hiesige Tal hat Stellen, die recht angenehm sind. Beinahe schon vor dem Tore erhebt sich ein kahler Berg, zum Teil ist er es, zum Teil aber auch bebaut, auf diesem Berg sage ich bauete man vor Zeiten Wein. Schade, daß man es nicht mehr tut, sonst könnte ich ihnen doch sagen, welcher mir besser schmeckt der hiesige oder der Landshuter. Weil ich doch einmal von hiesiger Gegend rede, so will ich ihnen auch was von den Bauern oder besser von ihrer Kleidung sagen. Das männliche Geschlecht ist vollkommen bis auf die größte Kleinigkeit wie die Rheinpfälzer gekleidet, die würden sie in dieser Hinsicht beide nicht von einander unterscheiden können, nicht so das Weibliche Geschlecht. Dieses ist sehr verschieden von den rheinpfälzischen Bäuerinnen angezogen. Eine Sache die sie mir den 11. Juni schrieben und die mich sehr freute ist, daß das Getreide in Baiern sehr gut stünde, in diesem von mir wahrhaft geliebten Lande, ich wiederhole ihnen noch einmal, daß es mich von Herzen freut, daß diese von jeher biedere Nation eine gute Ernte erhalten wird.

Ludwig Churprinz.

Der Geheimrat läßt ihnen einstweilen viele Empfehlungen machen, nächstens wird er ihnen antworten, lieber Pfarrer.

(12.) Göttingen, den 30ᵗ Juli 1804.

Vieles Vergnügen machten sie mir lieber Pfarrer mit ihrem Schreiben vom 17ᵗᵉⁿ dieses. Mit ihnen theile ich das Gefühl über den transparenten Anzug der Jungfrauen vermuthlich nicht, aber auch das Wohlgefallen daß sie an den guten Eigenschaften meines Vetters George von Mecklenburg haben theile ich mit ihnen lieber Pfarrer, so wie ihre Freude über diesen tugendhaften Prinz, wenn die meinige ihre nicht noch übersteigt, und freuen solls mich wenn sie dasselbe Urtheil sowol was den Geist als den Körper angeht über mich, wenn ich nach München zurückkomme, fällen werden. Der Pfarrer urtheilt nicht leichtsinnig. In den Zeitungen las ich schon öfters, daß mein Vetter von Mecklenburg die Schwester Auguste ³) heirathen

---

1) = Spindler S. 100/101.
2) Abgedruckt bei Spindler S. 88 (Brief Sambugas vom 11. Juni 1804).
3) Sie stand Ludwig im Alter am nächsten und ward später die Gemahlin des Prinzen Eugen Beauharnais, Vizekönigs von Italien und Herzogs von Leuchtenberg.

würde. Schreiben sie mir Pfarrer was meine liebe Auguste davon hält, wenn es wirklich war ist daß sie seine Frau wird und sollte es auch nicht wahr sein, wie meine Schwester gegen meinen lieben Vetter gestimmt ist. Sie schreiben mir ich möchte an sie denken, und ich antworte ihnen lieber Pfarrer, daß sie rein aus meinem Gedächtniß verschwunden sind, daß das Scherz ist wissen sie, aber wiederhohlen thue ich auch und das im Ernste, daß sie sehr von mir geschäzt werden. Jezt einiges wie es mir durch den Kopf fährt. Nicht sehr weit von hier entfernt und noch weniger von der Landstraße die nach Kassel führt, befindet sich der Galgen, um diesen herum der Schindanger, auf welchem NB! das Aas ganz frei liegt, und noch bei diesem der Judenkirchhof der nicht einmal völlig mit Bretter eingeschlossen ist, und just auf der Seite gegen den Schindanger ist er beinahe offen. Nichtwahr eine nicht gar feine Zusammenstellung; aber das kann ich auch versichern, daß nicht Intoleranz der Grund davon ist, sondern eine nicht lobenswerthe Unaufmerksamkeit. Hier zirkulieren in großer Münzsorte nichts als Baierische, Sächsische Thaler und die Französischen von Ludwig XIV., da doch in München nur Brabanter und Französische von Ludwig XV. u. XVI. Die Baierischen komen glaube ich hier aus Sachsen großentheils, wohin so viele nach dem Tod Max III. Joseph bezahlt worden. Waren ihnen diese Kleinigkeiten, die ich ihnen schrieb lieb, so freut es

                                                Ludwig Chpz.

In ihrem vorlezten Brief fragen sie mich von einem Buch, ob sie mir es schicken sollten. Antw. Behalten sie es auf, denn zum ? (unleserliches Datum) habe ich das Vergnügen sie zu sehen.

Ein Faszikel lose ineinandergelegter Foliobogen „Übungen im Teutschen Stil, 1804" überschrieben[1]) enthält 14 ganz verschiedene Thematas, wohl vom Professor (Kirschbaum?) gestellt und von ihm auch mit Korrekturen versehen. Diese Stilübungen sind in sehr schlanken Zügen geschrieben, welche noch nicht die schöne charaktervolle Festigkeit aufweisen, die sich bei Ludwig erst während der schweren Jahre der Befreiungskriege ausgebildet hat, und deren klare Züge bis ins hohe Alter in schöner Gleichmäßigkeit von ihm dann festgehalten worden sind. Das erste dieser Stücke „Lustfahrt nach Harvestehude" berichtet von einem gelegentlich des Besuches in Hamburg gemeinsam mit dem Domherrn Meier, Carl von Seinsheim und zwei baltischen Baronen unternommenen Ausflug[2]). Es folgen Briefentwürfe verschiedensten Inhalts, eine heitere Lustspielszene, „Pegasus im Joche, ein Gedicht von Schiller, in Prosa durch mich gesagt," und endlich ernste Stücke politisch-militärischen Inhalts. So ein Gesuch an einen Feldmarschall, die „Deklaration eines siegenden Feldherrn in Feindesland",

---

      1) Kurz erwähnt mit andren Übungsheften bei Reidelbach S. 14 ff. und Schmidt S. 552. In der Wittelsbachischen Fideikommißbibliothek zu München.

      2) Abgedruckt unten im Anhang.

wie Reidelbach (S. 18) hervorhebt, ganz von jener hochherzigen Milde durchzogen, die Ludwig bald darauf, 1809, Andreas Hofer innerlich zugetan im Tiroler Krieg aufs rühmlichste betätigt hat, und zuletzt das Wichtigste: nr. XIV.

Nur dieses für Ludwigs warme Vaterlandsliebe bedeutsame Dokument mag hier im Wortlaut folgen. Es zeigt, wie lebendig und intensiv der Göttinger Studio aus dem süddeutschen Fürstenhause sich hier in die spezifisch hannöverschen Sorgen und Angelegenheiten, die er als gemeinsame d e u t s c h e Angelegenheiten empfand, hineingedacht hat. Wiewohl gerade Göttingen selbst am wenigsten über den Druck französischer Besatzung damals zu klagen hatte, im Gegenteil sich weitgehend geübter Rücksichtnahme erfreuen konnte, schlägt bei Ludwig der bittere Ingrimm über den französischen Gegner, der ringsum das Land schonungslos aussog, überall durch. Und das nicht nur in Erinnerung an die schweren Erfahrungen seiner eigenen Kinderjahre. Denn woran er hier rührt, das glühte damals als eine brennende Schmach in dem Herzen eines jeden Hannoveraners von altem Schrot und Korn.

Die Verbundenheit Hannovers mit England durch Personalunion des Fürsten rächte sich jetzt schwer[1]). Um England von der Weser- und Elbemündung her zu bedrohen, hatte Bonaparte, das unschlüssige Preußen höflich, die matte Neutralitätserklärung, welche Georg II. für seine deutschen Lande von London aus erließ, energisch bei Seite schiebend, durch General Mortier (s. oben S. 51) das Kurfürstentum Hannover kurzer Hand besetzen lassen. Die hannoverschen Truppen waren gut; aber ihr Führer, der alte Feldmarschall v. Wallmoden-Gimborn, zaghaft und ängstlich. So kam es zum Einzug der französischen Truppen in der hannoverschen Residenz am 5. Juni 1803 und zu den beiden schmachvollen Konventionen von Sulingen und Catlenburg. Ohne daß ein Schuß gefallen wäre, ohne Schwertstreich mußte die hinter die Elbe zurückgezogene hannoversche Armee sich auflösen und alles ausliefern. Über das hannoversche Land breitete sich tötliche Kirchhofsruhe aus, mit steigender Schwere des eisernen Druckes. Die Einquartierungen erreichten eine nie gekannte Höhe, zu den drückendsten Steuern kamen fortwährende außerordentliche Kontributionen, in deren Erfindung die französischen Intendanten unerschöpflich schienen. Die Gesamtkosten, die Hannover während der zwei Jahre französischer Besatzung (1803—1805) für diese damals hat aufbringen müssen, betrugen 26 Millionen Taler. Die

---

[1]) Vgl. dazu die drastischen Worte des Turnvaters Jahn in seinem „Deutschen Volkstum" S. 62.

Bürgerschaft kam aufs Traurigste herunter, jedes gesellschaftliche Leben hörte auf.

An diesem Zusammenbruch Hannovers gab man in erster Linie Preußen die Schuld, das infolge der unschlüssigen, kleinmütigen Haltung seines Königs sein Ansehen als Schutzmacht des deutschen Nordens durch diese schwächliche Zurückhaltung in der Stunde der Gefahr vorerst gründlichst einbüßte.

Dies alles schwingt mit in Ludwigs „Votum". Hätten sich die hannöverschen Minister damals wirklich so mannhaft erhoben, wie hier von dem bayerischen Prinzen ausgedacht und seinerzeit von ihren militärischen Führern (wie General von Hammerstein) selbst vorgeschlagen worden war, so wären sie der hannoverschen Truppen sicher gewesen, dem Land wäre unendlicher Jammer erspart worden und Hannover wäre damals deutsch geblieben.

Denn auch den nicht mehr zurückzuhaltenden Kampfesmut jener hannoverschen Offiziere spiegelt das Votum wieder, das verfaßt ist ganz im Geiste jener Tapfren, welche nach der schmachvollen Auflösung der kurhannoverschen Armee nun in England sich gegen Napoleon anwerben ließen und dort jene ruhmreiche „deutsche Legion" bildeten, die im Offizier- und Unteroffizierkorps fast ausschließlich aus solchen Hannoveranern bestehend und auf 70 Schlachtfeldern ihren alten Ruhm bewahrend ganz zuletzt noch bei Waterloo aufs tapferste ihren Mann gestanden hat[1]).

Ludwigs Darlegung selbst lautet:

„Votum eines Hannöverschen Ministers, als die Franzosen ihre Absicht das Churfürstenthum Hannover zu besetzen, merken ließen.
(Es hätte in diesem Falle ausfallen sollen, wenn die Hannoveraner einer gehörig schnellen und kräftigen Unterstützung von den Engländern wären versichert gewesen.)

Meine Stimme soll ich jetzt geben, ob wir lieber Hannoveraner bleiben, lieber unter der Herrschaft eines gerechten, eines milden Regenten stehen wollen oder ob wir die Herrschaft eines raubgierigen Franzosen, der Usurpator seines eigenen Vaterlandes ist, vorziehen sollen. Nach meiner Meinung, ja ich kann sagen nach der Meinung eines jeden Hannoveraners der nur seinen eigenen Werth zu erkennen weis, kann es keine Frage sein über das, was wir wählen sollen, nur über die Mittel, wie wir dem Feinde wiederstehen sollen, einzig nur darüber kann von Berathschlagung die Rede

---

1) Vgl. zu diesem Abschnitt: Erich Rosendahl, Geschichte Niedersachsens im Spiegel der Reichsgeschichte. Hannover 1927, S. 610 ff. und 656 ff. Dazu im Jahrbuch des Geschichtsvereins für Göttingen und Umgebung Bd. III (1910) den Aufsatz von P. Giesecke S. 50 ff.: „Vor hundert Jahren, 1803—1813. Streiflichter auf die Zeit der Fremdherrschaft in Dransfeld."

sein. Sie meine werthesten Herrn Kollegen sind gewiß auch dieser Meinung, denn Sie sind ächte Hannoveraner, die ihren König, die das Land lieben. Wir müssen als Stellvertretter unsers von der ganzen Nation mit Recht angebetheten Königs, in allem Guten, so auch in der Vertheitigung des Vaterlandes Beispiel dem Volke sein; wir seine·Väter müssen uns vor Aufopferungen nicht scheuen, wenn sie dienen, uns von fremder Herrschaft frei, uns selbständig zu erhalten. Sind es nicht die Abkömmlinge derselben Franzosen, die bei Minden und Crevelt von den Hannoveranern überwunden, ja selbst die größten Niederlagen haben sie da von den tapfern Hannoveranern erlitten. Und wir Söhne dieser Helden, die zur Rettung des Vaterlandes ihr Blut vergossen, wir sollen uns, ohne auch nur einen Versuch zu wagen, uns diesem Feind, der nur nach Raub dürstet, entgegen zu stellen, Herr von unserm Vaterland von dem Land werden lassen, in welchem ein jeder Stein noch Zeichen der schimpflichen Demüthigungen, seines aufgeblasenen Stolzes ist[1])? Man kann mir entgegen setzen, die Zeiten hätten sich geändert, Frankreich wäre um Vieles mächtiger gegenwärtig als es zur Zeit des 7jährigen Kriegs war, und wir hätten die Alliierten nicht mehr die wir damals hatten, denn Preußen, Hessen, Braunschweig, würden gewiß neutral bleiben, und sich wegen Hannover in keinen Krieg begeben; dieses werden viele Leute, denen es mehr um Schreien als um ihr Vaterland zu thun ist, meinem Plan, unser Vaterland mit (angestrengten) allen Kräften zu vertheitigen, entgegen setzen. Nun gesetzt auch, gegen alles das, was diese gewisse Classe von Menschen da angeführt hat, wäre nichts einzuwenden, alles wäre so in dem gegenwärtigen Augenblick; so setzt dieses aber doch nicht voraus, daß es immer so bleiben wird, und daß nicht, wenn ein Krieg zwischen uns und den Franzosen entstünde, Preußen sich unser annehmen würde; denn offenbar wäre es gegen Preußens Vortheil wenn die Franzosen Herrn des Hannöverschen Landes, mithin sehr nahe Nachbarn von Berlin selbst würden. Doch dieses setzt voraus daß der Krieg zu unserm Unglück ausfallen würde; eine Sache die nichts weniger als entschieden ist, sogar ist es nicht einmal gewiß, ob die Franzosen uns angreifen werden, wenn sie uns ernstlich gerüstet und fest entschlossen zu siegen oder zu sterben sehen. Mein Votum, wertheste Herrn Kollegen, wäre, also fest und unabänderlich, daß wir einen Aufruf an das ganze Land ergehen lassen, worinn wir ihnen die Gefahr ans Herz legen, worinn wir uns befinden würden, von einem der raubgierigsten unersättlichsten Völker unterjocht, ausgesogen zu werden, wenn wir uns nicht mit ganzer Kraft demselben, wie es unsere würdigen Vorfahren thaten, entgegen stämmten. Zugleich muß die nöthige Mannschaft ausgehoben werden, um die Armee zum wenigsten auf 40 000 Mann zu bringen. Desgleichen müssen auch die dazu nöthigen Pferde aus den Aemtern und Städten geliefert werden, doch gegen gleich bare Bezahlung, und um dieses zu können, müssen wir Stände verhältnismäßig nach unserm Vermögen, nicht weniger, wol aber eher mehr als der Bürger und Bauer zu den Staatsausgaben beitragen. Nach Wien und Berlin müssen Curiere abgesendet werden, die um Vermittlung oder, hilft diese nichts, um gewaffnete Hülfe nachsuchen. Was uns am meisten helfen kann ist, wenn wir den Feind überraschen; ja mit 40 000 Mann müssen wir in unsere Westphälischen Besitzungen vorrücken und sobald der Feind das erste Dorf von uns besetzt hat, ihn

---

1) Im Original steht versehentlich *sind*.

gleich angreifen und gewiß ist der Sieg unser, denn der Feind erwartet sich dies nicht. Nach dem Sieg müssen wir ihn verfolgen, in Holland müssen wir eindringen, wo uns alle Einwohner mit offenen Armen empfangen und sich mit uns gegen den Feind, der unter dem Namen eines Alliierten ebensogut ihr als unser Feind ist, *verbünden*[1]). Die gewisse Nachricht habe ich auch, daß in den Englischen Häfen eine Expedition gegen Holland ausgerüstet wird, eine Expedition, die durch eine sehr beträchtliche Armee ausgeführt werden wird, um Holland der tyrannischen Herrschaft seines Alliierten, der blutsaugenden Franzosen zu befreien.

Ehrwürdige Kollegen, Väter des Vaterlandes, überzeugt bin ich, ihr werdet trachten das Vaterland frei, selbständig zu erhalten, und dieses wird bezweckt, wenn mein Plan befolgt wird, wir den Feind angreifen; die Mitwelt wird erstaunt sein, uns bewundern, und unsere Enkel werden unser Andenken segnen, wenn wir schon lange in ein besseres Leben übergegangen sind, indem sie die Früchte unserer Anstrengungen genießen. Und soll unsere Erwartung die gerechte Erwartung, die wir von der Wirkung des Muth(es) der Hannoveraner haben, nicht in Erfüllung gehen, soll ihre Tapferkeit nicht mit einem glücklichen Erfolg gekrönt werden, sollen wir selbst besiegt, unterjocht werden, so wird unser Schicksal dasselbe sein, als wenn wir uns wie Feige ohne Schwertschlag ergeben; in beiden Fällen werden wir vom Feind ausgesogen; doch, in diesem Fall wird man uns mit Verachtung ... (Verbum fehlt) und sagen, sie haben ihr Loos verdient; wehren wir uns aber und fallen als Helden, so nehmen wir die Achtung der Völker selbst des Feindes mit ins Grab, und so lange Europa steht, wird es nicht verlöschen, unser Beispiel von Heroismus wird größere Nationen aus der Schlafsucht erwecken; sie gegen Frankreich gegen Europens seinwollenden Alleinherrscher bewaffnen, und machen, daß unser Vaterland, wie so viele andere Länder, von der Tyranney dieses Volkes befreit werden."

Man begreift es, daß ein in Ernst und Scherz so für alles Leben empfänglicher, für jedermann umgänglicher, so geweckter und so fleißiger Student, der keine Langeweile kannte, bald allgemein beliebt war in Göttingen, in dessen mit München verglichen kleine Verhältnisse er sich so rasch, anspruchslos und liebenswürdig zu finden gewußt hatte. Ludwig selbst, voll Betätigungstrieb und kluger, tiefer Aufnahmefähigkeit allem ihm hier Gebotenen gegenüber war auch wirklich gern in Göttingen und hat Hannover's Universität treueste Anhänglichkeit und Dankbarkeit sein ganzes Leben lang bewahrt. Die Georgia Augusta blieb ihm das Ideal einer deutschen Hochschule; seine junge Münchener Universität nach diesem von ihm herzlich verehrten Vorbild zu gestalten, hat er sich zweiundzwanzig Jahre später mit dem ganzen Gewicht seiner überragenden Stellung und Persönlichkeit erfolgreich eingesetzt. Davon wird nachher zu berichten sein.

Das Zeugnis des wenn auch nicht tiefgründigen, so doch im

---

1) Dies oder ein ähnliches Verbum ist im Original ausgefallen.

praktischen Leben erfahrenen Hofrats Chr. Meiners über den Kurprinzen 14 Tage nach seinem Einzug hier und unmittelbar nach seinem Weggang von Göttingen mag den Abschluß der Schilderung dieser seiner beiden Semester an der Leine bilden¹). Meiners schreibt an seinen Freund Professor Oberthür in Würzburg am 13. November 1803: „Der Churprinz von Bayern gefällt mir, gefällt überhaupt sehr wohl. Er ist gesprächig, fleißig, unterrichtet und, wie es scheint, gutmütig. Er ist, wie ich höre, sehr zufrieden mit Göttingen. Auch der Geheimrat Kirschbaum hat alle Stimmen für sich." Und am 12. August 1804: „Der Churprinz hat nicht gemeine Fähigkeiten und Kenntnisse, sehr gute Gesinnungen und war bis jetzt in guten Händen. Bleibt er so, wenn er nach München kommt, so läßt sich viel Gutes von ihm erwarten."

Er blieb nicht nur so, sondern übertraf im Laufe seiner weiteren Entwicklung immer mehr aller Erwartungen, je weiter sein königlicher Sinn sich entfalten konnte.

Schon drei Monate nach dem Abschied von Göttingen, am 12. Nov. 1804, ist Ludwig, nun großjährig geworden, auf dem Wege nach Italien, wieder wie dort begleitet von Kirschbaum und Karl von Seinsheim. Aber nun will er auch ganz selbständig und frei sich bewegen können und sich nicht mehr „hofmeistern" lassen. Die in Landshut noch straffe Aufsicht durch den Geheimrat hatte sich schon in Göttingen dem eigenwilligen, immer mehr zur Selbständigkeit erwachenden Prinzen gegenüber lockern müssen. Das Verhältnis von Zögling und Gouverneur trübte sich in Italien immer mehr. Dieser hatte es versäumt, zur rechten Zeit sich zurückzuziehen, und zu wenig Verständnis dafür, daß Ludwig wie ein andrer Sterblicher endlich die langersehnte Freiheit in vollen Zügen genießen wollte. Anfang Mai 1805 kam es in Tagliacozzo im Beisein der übrigen Reisegesellschaft zu einer heftigen Auseinandersetzung zwischen den Beiden, bald darauf zur Abberufung v. Kirschbaums²).

Nun wird der Neunzehnjährige immer mehr der begeisterte und bezaubernde Mittelpunkt der deutschen Künstlerkolonie in Rom, schon damals faßte er den Plan zur Sammlung und Erbauung der Glyptothek in München. Es war, als ob hier doch ein geistiges Göttinger Erbe, Heyne's Verehrung für die antike Kunst, und das erweckende Vorbild seiner Abgüsse antiker

---

1) Mitgeteilt von S. Hausmann a. a. O.
2) Das Material jetzt bei Spindler, S. 89—91 Anm. 369.

Skulpturen in der Göttinger Bibliothek, lebendig zu werden beginnen wollte. „An Zahl werden die großen Museen das Meinige übertreffen; in der Quantität kann sich nicht, an Qualität soll sich meine Sammlung auszeichnen. Das schönste Kaufbare in Rom zu erwerben ist mein Wille. Statuen will ich vorzüglich, und daß durch ihre Güte meine Sammlung glänze"[1]. Damals plante Ludwig auch für Schiller, den er wie wenige verehrte, den Ankauf eines Bauplatzes auf dem Palatin, um dem kranken Dichter auf dieser romantischen Höhe zwischen den herrlichen Gärten ein Haus zu seiner Erholung zu bauen, als der Arme eben starb[2].

Damals auch, im Jahre 1805, hat Angelica Kauffmann nicht nur das seit Ludwigs Tode in der Neuen Pinakothek zu München ausgestellte Brustbild[3] des Kronprinzen gemalt, sondern 1806 mit Benutzung dieser Studie auch jenes lebensgroße Porträt in ganzer Figur, das, in der feierlich schwarzen Ordenstracht der Hubertusritter ihn darstellend, bis vor zehn Jahren in der Schleißheimer Gallerie (nr. 3427) hing und heute im Bureau der Neuen Pinakothek zu München sich befindet[4]. Die Farben sind, besonders im unteren Teil des Gemäldes etwas eingeschlagen, aber der repräsentative Gesamteindruck ist auch heute noch von prächtiger Wirkung (Tafel I). Das Bild ist bisher nur ganz kurz erwähnt bei Fr. Schmidt, Erziehung der Pfälzischen Wittelsbacher S. CLXXXV, Anm. 3, infolgedessen kaum bekannt und bisher nicht veröffentlicht. Mehr wie irgend etwas andres zeigt es, wenn man das kurz vor den Göttinger Semestern entstandene Gemälde J. H. Hauber's damit vergleicht, welches nach einem Stich von Rauschmayr jetzt M. Spindler[5] bekannt gemacht hat, wie sich Ludwig vom scheuen Knaben zum stattlichen, seiner hohen Stellung sich bewußten Jüngling während des Göttinger Aufenthaltes entwickelt hat. Ein solch adliger, hübscher junger Mann war nun auch freilich ganz etwas für Angelicas Pinsel! Und wieviele Fürstlichkeiten hatten ihr nicht in jenen anderthalb römischen Jahrzehnten schon gesessen! Zu ihren letzten Porträtbildern gehört unser Gemälde. Sie hat es 64jährig, ein Jahr vor ihrem Tode (1807), gemalt mit derselben liebenswürdigen Geistigkeit, eleganten Auffassung und

---

1) Vgl. Heigel, S. 18.
2) Ringseis, Erinnerungen I, 483.
3) Katalog der Gemäldesammlung der Kgl. Neuen Pinakothek in München. 13. Aufl. Vollständige amtliche Ausgabe, S. 81, nr. 369.
4) Nach dem 1914 ausgegeben amtlichen Katalog der K. Gemäldegallerie zu Schleißheim (S. 128) erworben 1808.
5) a. a. O. gegenüber S. 62. Erwähnt auch bei Schmidt p. CLXXXV Anm. 3.

feinen Farbengebung, die sie, „in der Mitte stehend zwischen Spätrokoko und Klassizismus," immer ausgezeichnet hat.

Ludwig trägt hier dieselben beiden spezifisch bayerischen Ordenssterne, die auch sein Wappen im Göttinger Matrikelalbum zieren, das lockige Haar dunkelblond über dem rosigen Gesicht. Er lehnt sich leicht auf den Untersatz einer Nachbildung des Kraters Medici, der sich früher noch in Rom befand, und dessen dekorative Reliefs, wie man damals glaubte, Iphigeniens Opferung darstellen. Ein roter Vorhang bildet die Folie, den kanellierten Schaft einer jonischen Schule fast ganz verdeckend. Auch der Hintergrund rechts ist ganz auf die Antike, zu der der Prinz eine so tiefe Liebe gefaßt hatte, eingestellt: mit Ausblick auf die Ruine des Colosseums, die römische Campagna mit den Albaner-Bergen dahinter, auf deren blauen Höhen weiße Ortschaften aufleuchten. Ganz vorne rechts ein in antiken Formen gehaltener vergoldeter Tronsessel mit Löwenköpfen und Füllhörnern verziert und mit rotem Sitzkissen.

Angelica's Bild gibt etwas von dem jugendlichen Zauber der Persönlichkeit wieder, von der damals der Schwede Atterbom, Bettina von Arnim und Henriette Herz berichten: „Er ist eine Blüte, auf welcher der Morgentau noch ruht" [1]).

Ein volles glückliches Jahr Italien, ganz der Kunst und den Künstlern geweiht. Dann ein volles Jahrzehnt ernstester Feuerprobe für Ludwig in den großen napoleonischen Kriegen, endend schließlich mit der erlösenden Befreiung von dem fremden Bedrücker. Das Verhältnis des bayrischen Kronprinzen zu Napoleon äußerlich korrekt war innerlich umso gespannter und kritischer geworden. Im Felde militärisch sich auszeichnend bald da bald dort, dazwischen sich wieder sammelnd und vorarbeitend für seine beiden großen idealen Projekte, die Walhalla und die Glyptothek, bewährt sich Ludwig als einer der deutschesten, vaterländischsten und ideal gesinntesten [2]) in diesen Jahren. Den „Teutschesten der Teutschen" hat ihn Treitschke genannt.

---

1) Die verschiedenen Zitate zusammengestellt bei Reidelbach (gr. Ausg.) S. 25/6.
2) Vgl. besonders Heigel, S. 19—45. Auch Sepp, S. 12—67.

KAPITEL II.

Spätere Beziehungen Ludwigs I. zu Göttingen.

1. Schenkung einer lithographischen Inkunabel an die Göttinger Universitätsbibliothek.

Schon gegen das Ende dieser Zeit fällt die erste neue Berührung mit Göttingen nach Abschluß von Ludwigs Studienzeit. Bei den Akten des akademischen Senates hier befindet sich ein Schreiben des damaligen Universitäts-Vicesyndikus Willich vom 24. März 1814 an den Senat, das folgendermaßen beginnt: „Ihre Magnificenz der Herr Prorektor haben mir mit andren expediendis das Schreiben des Kronprinzen von Bayern, ohne Zweifel in der Absicht zugesandt, um darauf die Antwort zu verfassen. Dies habe ich aus Achtung und um die Sache nicht aufzuhalten, so gut wie ich konnte, besorgt, finde aber nöthig, in Ansehung der Verpflichtung des Syndicat-Amtes, das ich jetzt vicario vice verwalte, zu dieser und ähnlichen Arbeiten Folgendes zur gefälligen Entscheidung gehorsamst vorzulegen.

Nach meiner geringen Meinung gehören für das Amt des Universitäts-Syndicus nur solche Berichte und Schreiben, welche Justiz und eigentliche Geschäfts-Sachen betreffen, incl. die an Königl. Ministerium in Hannover beschlossen sind. Oder mit andren Worten: die eigentliche Ceremonial-Correspondenz, als Gratulations-, Danksagungs- und überhaupt Compliment-Schreiben, gehören nicht für denselben. Dies scheint aus folgenden Umständen deutlich hervorzugehen...." Willich legt dann dar, wie es vielmehr Sache des „professor eloquentiae" oder doch wenigstens eines Senatsmitgliedes sei, solche Ceremonialschreiben abzufassen, dem Syndikus aber als eine zu ungewohnt schwere Arbeit nicht zugemutet werden dürfe.

Der Prorektor Himly holt nun die schriftlichen Voten sämtlicher Senatsmitglieder darüber ein, die z. T. dem Syndicus recht geben: „Der Professor der Beredsamkeit ist mit zu diesem Zwecke da." (Stäudlin) Früher habe Heyne das gemacht. Dagegen Hugo: „Der Prof. eloquentiae braucht gar nicht gerade ein guter Stylist im Deutschen zu sein, wie man ja an Ernesti gesehen hat!"

Zunächst schien dies Antwortschreiben, das dem Göttinger Senat soviel Kopfzerbrechen gemacht hat, und vor allem die Hauptsache selbst, das Schreiben Ludwigs, nicht wieder auffindbar zu sein. Auch das Geh. Hausarchiv in München, bei dem ich anfragte, besitzt, wie mir Herr Geh. Archivrat Dr. Weiß mitteilt, weder Concept noch Abschrift davon. Das schien umso beklagenswerter, als es sich sicher um ein von warmem Patriotismus und treuer Dankbarkeit getragenes Dokument handeln mußte. Es war damals gerade ein Jahrzehnt verflossen, seit Ludwig in Göttingen studiert hatte. Bei der Treue seiner Gesinnung und der Beharrlichkeit seines Erinnerungsvermögens war zu erwarten, daß er diesen Umstand zum Anlaß genommen, um seiner Alma Mater im Norden einen dankbaren Gruß zu entbieten.

Und in welch großem, welthistorischem Moment! Die Schlacht bei Leipzig war geschlagen, Napoleon entscheidend besiegt, die bayerischen Truppen zogen mit den Verbündeten über den Rhein, unter Ludwigs Bruder Carl siegend bei Bar und Arcis, bald sollte am 30. März 1814 der siegreiche Einzug der Verbündeten in Paris folgen. Ludwig selbst hatte der Vater noch zurückgehalten. Ungeheuer schwer wurde ihm diese schmerzliche Entsagung:

„Mich, den frühe deutscher Sinn begeistert,
Den nicht die Gefahr, nicht Glanz bemeistert,
Seh' ich ausgeschlossen von dem Glück!"

Erst später, nach der Einnahme von Paris, durfte er nachfolgen —, um sofort auch die Gelegenheit zu benutzen durch einen Abstecher nach London der herrlichen „Elgin marbles" ansichtig zu werden.

In jenen Monaten größter nationaler Begeisterung, da ganz Deutschland jauchzend sich erhob, da der lebhaft empfindende Jüngling so vieles, das ihn zersprengen wollte, in sich zurückdämmen mußte —, wie bewegt, wie deutsch, wie aus der Tiefe seiner Seele kommend mag da sein Zuruf an die Georgia Augusta gelautet haben!

Schon hatte ich geglaubt, dies zeitgeschichtlich kostbare Dokument verloren geben zu müssen, als es schließlich doch noch zum Vorschein kam. Zuerst fand sich an ganz andrer, entlegener Aktenstelle nebst der Benachrichtigung des Senates von dem ungewöhnlichen Geschenk durch Himly als Prorektor das Antwortschreiben des Universitätssyndikus, aus dem hervorging, daß das Schreiben des Kronprinzen an den Nachfolger Heyne's als Direktor der Universitätsbibliothek gerichtet gewesen war: an Hofrat J. D. Reuß. Mit solchem Hinweis aber war auch dieses wieder auffindbar, eingebunden in einen Band vieler andrer Briefe die Univ.-Bibliothek betreffend. Mit einer Auswahl aus diesen war es an wenig öffentlicher Stelle sogar schon einmal veröffentlicht worden, in einer kleinen Festschrift der Göttinger Bibliothek für ihren verdienten langjährigen Bibliothekar Wüstenfeld[1]).

Meine Vermutung bestätigte sich. So kurz und sachlich das Schreiben des Kronprinzen ist, so enthält es doch gleich eingangs als eigentlichen Ausgangspunkt das vermutete doppelte Moment: das dankbare Gedächtnis an die vor einem Jahrzehnt in Göttingen genossenen Studien und die vaterländische Freude und stolze Gehobenheit über Deutschlands endliche Befreiung vom französischen Joch. Wenn Ludwig von dessen Druck auch auf Göttingen spricht, so mag er dabei vor allem an dessen westphälische Zeit gedacht haben. Dazu kommt aber noch ein neues Moment: die Anregung zu diesem Geschenk war von Göttingen selbst, von der rührigen Direktion seiner Universitätsbibliothek, ausgegangen, und die Vermittlung war durch einen dankbaren früheren Alumnen der Georgia Augusta, Samuel Thomas Sömmering, erfolgt. Dieser geniale und vielseitige Mediziner hatte nach einem vierjährigen Studium in Göttingen 1778 mit einer glänzenden Dissertation hier promoviert, schon damals eng befreundet mit Blumenbach. Ein halbes Jahr hindurch versorgte er die Göttinger Gelehrten Anzeigen mit Rezensionen aus den anatomischen Fächern. Nach reicher Betätigung in Kassel, Mainz und Frankfurt a. M. war er 1805 nach München übergesiedelt, wo er alsbald auch zum Mitglied der Akademie der Wissenschaften ernannt wurde, 1809 den galvanischen Telegraphen erfand und in höchstem Ansehen bis 1820 verblieb[2]). Der Brief Ludwigs lautet:

Den herrn Professor Reus Wohlgeb. Göttingen. frank.

Herr Hofrat, lebhaften Anteil nehme ich an Georgia's Augusta's endlicher Befreiung des langgewährten Druckes, welchen der Feind über alles verbreitete, der Wissenschaft ins besondere schwer hatte fühlen lassen. Zehn Jahre sind es nun, daß ich auf Deutschlands erhabenster Universität, zu Göttingen, studierte; theuer wird diese Erinnerung immer meinem Herzen bleiben, mit tiefem Gefühle denke ich an jene Zeit zurück, Vergnügen gewährt es mir in die Göttinger Bibliothek Erzeugnisse einer zu München erfundenen Kunst zu legen; solche übernehme demnach ihr ausgezeichnet würdiger Vorsteher. Abbildungen aus Gemälden Königl. Baier. Sammlungen, meistens aber von Zeichnungen (zu welchen sich Steindruck

---

[1] L. Schemann, Einiges aus dem Reuß'schen Briefwechsel. Glückwunsch, Herrn Bibliothekar Prof. Dr. Ferd. Wüstenfeld zur Feier seines 50jährigen Dienst-Jubiläums am 1. Juni 1888 dargebracht von den Beamten der Königl. Univ.-Bibliothek Göttingen. Seite 26.

[2] Vgl. Allg. D. Biogr. XXXIV, 610—615. Später lebte er wieder in Frankfurt.

vorzüglich eignet) enthält dieses Werk, dessen Fortsetzung ich mit Freude gleichfalls senden werde. Verbleibe des Herrn Hofraths
       sehr wohlgeneigter
           Ludwig Kronprinz.

München
 3. März 1814
  An Herrn Hofrath Reuß
   Obersten Vorsteher der Bibliotheke[1])
      zu
     Göttingen.

Die Mitteilung des Prorektors an den Senat und das vom Universitäts-Syndikus entworfene, vom Senat genehmigte und von dem Prorektor Himly unterzeichnete Dankschreiben lauten:

 Amplissimo Senatui.
  Anliegendes sehr dankbare und gnädige Schreiben Sr. Kgl. Hoheit des Kronprinzen von Bayern hat einige 40 schöne Platten von Bayerischen Steindrucken für unsre Bibliothek begleitet. Die Bibliothek verdankt sie einem gegen den GHR Sömmering von Herrn Hofr. Reuß geäußerten Wunsche. Da das Schreiben an Herrn HR Reuß als Bibliothekar gerichtet ist, ein Geschenk an unsre Bibliothek begleitet und Se. Kgl. Hoheit Ihre wohlwollenden Gesinnungen für unsere Universität so allgemein ausgesprochen haben, so scheint mir ein Danksagungsschreiben der Universität an Se. Kgl. Hoheit paßlich und gefordert zu seyn.

 d. 16ten Merz   ghrstst
  1814   Himly.

Das Geschenk des Kronprinsen hat durch sein Schreiben so viel Wehrt erhalten, daß es ja wohl den Dank der Universität selbst verdient.
       (gez.: Unterschriften.)
  Planck, Stäudlin, Pott, G. H. Meister, Hugo, Bauer, Osiander, Blumenbach, Eichhorn, Tychsen, Mitscherlich, Mayer, Bouterwek, Sartorius, Schulze.

Das Dankschreiben:
        Ihrer Königl. Hoheit
       dem Kronprinzen Ludwig
         von Bayern
          zu
      Exp.   München.

Durchlauchtigster Kronprinz
 Gnädigster Fürst und Herr
  Ew. Königl. Hoheit haben geruhet ein gnädigstes Schreiben vom 3. März d. J. an unsern Collegen den Hofrath Reuß hieselbst zu erlassen, demselben Steindrücke für unsere Bibliotheck beyzufügen und dabey die huldreichsten Gesinnungen gegen unsere Universitaet zu äußern.

---
1) Ludwig gebraucht gern diese klassische griechische Form des Wortes.

Diese hohe Gnade verehren wir als einen Beweis höchstgnädiger Huld und können unsern unterthänigsten Dank dafür nicht abstatten, ohne uns die vormahligen glücklichen Zeiten ins Andenken zurückzurufen, da unsere Georgia Augusta des unschätzbaren Glücks sich erfreute Ew. Königl. Hoheit persönlich zu verehren, wodurch der Glanz derselben so herrlich erhoben wurde.

Jenes aus Ew. Königl. Hoheit Händen erhaltene und auf der Universitaets Bibliotheck aufbewahrte Geschenk wird ein unvergeßliches dankbares Andenken an die huldreichen Gesinnungen gegen unsere Universitaet und die erhabenen Gesinnungen zur Vervollkommnung der Wissenschaft unter uns seyn und bleiben. Die lebhaftesten Wünsche für die Erhaltung der theuren Tage Ew. Königl. Hoheit werden unsere dankbaren Empfindungen unablässig begleiten.

Die wir in tiefster Ehrfurcht verharren

Ew. Königl. Hoheit
Göttingen unterthänigst
d. 28. Maerz Pror. u. Prof. der Georg-
1814 August Univers. hieselbst
Himly.

Das Geschenk selbst steht im Accessionsmanual der Universitätsbibliothek von 1814 unter dem 13. März also verzeichnet:

„Von Sr. Königl. Hoheit dem Kronprinzen von Bayern, Ludwig, zum Geschenk erhalten

Les oeuvres lithographiques par Strixner, Piloti et compagnie. Livrais. 1—47, fol.

Acc. fol. m. 6390."

Es handelte sich also, wie auch Ludwig in seinem Briefe selbst mit Stolz hervorhebt, um eine spezifisch Münchenerische Leistung, um eine der frühesten kunstwissenschaftlichen Anwendungen von Senefelders wichtiger, damals noch ganz neuer lithographischer Erfindung[1]). Das Werk umfaßt 72 Hefte mit 432 Blättern in verschiedenen Formaten, vorwiegend alte Handzeichnungen der K. Hofbibliothek, aber auch schon Gemälde der K. Gallerie reproduzierend. Dies war der Vorbote noch viel größerer Publikationen in derselben, sich immer mehr vervollkommnenden neuen Technik, bei denen Joh. Nep. Strixner, der Altbayer (geb. 1782 in Altötting), stets der unübertroffene Hauptzeichner war. Durch seine ungewöhnliche Fähigkeit, sich ganz in die Formgebung der alten Werke einzuleben, war er frühe schon dem Galleriedirektor von Mannlich aufgefallen. 1804 bringt Strixner sein Erstlingswerk „Zeichnungsbuch für Zöglinge der Kunst und für Liebhaber, aus Rafaels Werken

---

1) Vgl. zum Folgenden Naglers Künstlerlexikon Bd. XVII (1847) 479 ff., 488.

gezogen," heraus. Bald folgt die Herausgabe von Kaiser Maximilian's Gebetbuch mit Albrecht Dürer's berühmten Randzeichnungen, von Strixner alles selbst auf Stein gezeichnet, wahre Begeisterung überall erweckend.

So stehen im Anfang dieser Serien, die damals bei allen Kunstverständigen staunende Bewunderung hervorriefen, die Handschriftenschätze der Münchener Hofbibliothek im Vordergrund. Erst in zweiter Linie kamen Reproduktionen auch von Gemälden der staatlichen Sammlungen. Der Direktor der Münchner Hofbibliothek, Frh. von Aretin, stand mit Senefelder, dem genialen Erfinder des lithographischen Verfahrens, an der Spitze dieser Unternehmungen. Darum interessierte sich auch die Göttinger Bibliothek als solche für das neue Unternehmen, darum wollte und sollte sie auch die wichtige Publikation bekommen.

Da keineswegs gleich alles glückte, waren bei den Münchner Unternehmungen deren Unkosten zuerst überaus große. Erst ein Jahrzehnt später war das Spiel gewonnen. Ohne das tatkräftige Interesse des bayerischen Hofes, d. h. eben des Kronprinzen Ludwig, wären auch diese Schwierigkeiten nicht überwunden worden. Trotzdem sind Senefelder wie Strixner arm gestorben, sie waren beide Idealisten, keine Geschäftsleute. Die Lithographie wurde eine Goldgrube für andre. Strixner, über dessen Werk Nagler[1]) die vollständigste Übersicht gibt, zeichnet sich durch eine gewisse Trockenheit und Strenge des Striches aus, die ihn zur stilgetreuen Wiedergabe der älteren Meister besonders befähigte. Ferdinand Piloty d. Ä. aus Homburg hingegen, der Vater des bekannten Münchener Historienmalers, übertraf Strixner durch seine schwungvolle, farbig reichere Wirkung, mit der er den Meistern des 17. Jhs. vor allem Rubens, van Dyk und Snyders gerecht zu werden vermochte[2]). So ergänzten sich die Beiden gegenseitig vortrefflich.

Die „Oeuvres lithographiques", eben das für Göttingen bestimmte Geschenk, hatte Goethe schon 1810 als „das für sich selbst bestehende, reichhaltigste Incunabelwerk des Steindrucks in der Welt" begrüßt[3]).

2. Abguß des Ilioneus.

Auch in der Folgezeit hat Ludwig durch gelegentliche Geschenke seiner alten alma mater immer wieder treulich gedacht.

---

1) Künstlerlexikon XVII (1847), 479 ff.
2) Vgl. Kurt Glaser, Die Graphik der Neuzeit 1922, S. 76 ff.
3) Zitiert bei Sepp S. 171.

So durch Überlassung eines Gipsabgusses des von ihm gelegentlich des Wiener Kongresses 1814 für die Münchner Glyptothek erworbenen herrlichen „Ilioneus" [1]) an Otfried Müllers Abgußsammlung in Göttingen.

3. Schenkungen für Blumenbachs Schädelsammlung.

Vor allem aber galt Ludwigs Anhänglichkeit seinem Lehrer in den Naturwissenschaften: Blumenbach, der ihm ja auch ein erfahrener Reisebegleiter in den Osterferien 1804 gewesen war. Blumenbachs „Golgatha", d. h. seine berühmte Schädelsammlung ist es, die Ludwig nicht aus dem Auge verliert, die er mit immer neuen Sendungen bedenkt.

Zuerst im Jahre 1817. Es war bei Ausgrabungen antiker Gräber in der Nähe von Neapel, wie sie damals zahlreich geöffnet wurden, als der bayerische Kronprinz sich Blumenbachs Wunsch, auch einen echten Hellenenschädel zu besitzen, erinnerte und mit lebhafter Freude eines solchen für Göttingen sich versicherte. Daß die aus Vorsicht unfrankierte Sendung dem Empfänger teuer zu stehen kam, war diesem beim Vorzeigen des Schädels im Colleg alljährlich ein willkommener Anlaß, seinen Humor etwas grimmig spielen zu lassen [2]).

Über die Erwerbung des Schädels berichtet Ludwig selbst in seiner lebhaften Art in einem Briefe, der aus Blumenbachs Nachlaß stammend jetzt in der Göttinger Universitätsbibliothek [3]) aufbewahrt wird. Er stellt dem jungen Fürsten ein glänzendes Zeugnis aus für die vorsichtige Umsicht, mit der er, um auch hier ganz sicher zu gehen und keinem Betrug zum Opfer zu fallen, zu Werke ging. Das Schreiben lautet:

Rom, 14. März 1818.

Vor wenig Tagen, Herr Hofrath, empfing ich Ihre Antwort vom 13^t Februar, und anfangs April wird der in einem Grabe bey Nola gefundene Schädel mit unserm Kurier bis München gehen, von wo er sogleich weiter nach Göttingen befördert werden soll. Mich freut es, daß ich Ihnen

---

1) Ausdrücklich hervorgehoben in dem Dankschreiben des Göttinger Senates vom 2. Febr. 1845 (vgl. unten im Anhang II, nr. 5), der damals im Stillen hoffte, auch Abgüsse der Agineten aus der Münchener Glyptothek als Geschenk des Königs zu erhalten (Schreiben Rud. Wagners an den Senat vom 29. Jan. 1845; ebenda nr. 4). — Zur Erwerbung der vorzüglichen Statue selbst gelegentlich des Wiener Monarchen-Kongresses vgl. Reidelbach (gr. Ausg. S. 35) und Heigel S. 39.

2) Ringseis, Erinnerungen I, 448/9.

3) Kurz erwähnt in „Verzeichnis der Hss. im Preußischen Staate" I (Die Hss. in Göttingen), 3 (1894), S. 78.

hiemit Vergnügen mache, daß derselbe noch gerade für Ihr Werk eintrifft. Lange schon war es mein Wunsch sowohl für Ihnen als für mich einen Hellenen-Schädel zu bekommen, und eben, bevor wir zu der Vasensammlung des Bischofs in Nola uns begaben, sprach ich in dessen Garten davon, und daß wenn ich Aufträge, mir solche Todtenköpfe zu beschaffen gäbe, mir gewiß Schädel gebracht würden, deren Aechtheit zu beweisen aber unmöglich wäre. Hierauf trat ich in die Vasensammlung, und wie wurde ich entzückt als ich meinen Kopf umwendend fünf Griechische nebeneinander erblickte, die weil sie bey Vasen gefunden zu ihnen gestellt wurden. Wäre es ein Gegenstand, auf welchen in diesem Lande ein Werth gelegt würde, könnte an deren Aechtheit vielleicht gezweifelt werden, so aber sind sie so wenig geschätzt daß wir früher schon von einem in einem Grab gefundenen hörten der zerschlagen worden. Ich sandte Graf Carl Sainsheim (der mit mir in Göttingen Student war) zu dem Bischoffe, meinen alten Wunsch in Erfüllung zu bringen. Dieser kam selbst und gewährte sie mir mit Vergnügen, 2 mir gebend. Der ich sonst Abneigung gegen Todtenköpfe habe, faßte nun selbst einen mit beyden Händen an ihn herabnehmend, und so lange ich mich noch in Neapel aufhielt standen diese Schädel in meinem Schlafgemache. Der Bischoff sagte mir, die meisten dieser Gräber befänden sich 40 [1]) palme tief. Ihrer Familie und Allen denen die an mich denken viele freundliche Grüße von mir, dem Blumenbach und Göttingen hochwerthe Namen sind.

gez.: Ludwig Kronprinz.

An den Königl. Hannoverschen
Hofrathe Herrn Professor
Blumenbach
zu
Göttingen.

Ludwig hatte mit Künstleraugen einen besonders edel gebauten Schädel ausgewählt. Blumenbach, der lange nach einem solchen Spezimen vergeblich ausgeschaut hatte, war entzückt von seiner klassischen Form und bekennt, in seiner damals schon 170 Schädel der verschiedensten Völkerrassen umfassende Sammlung nur noch einen einzigen sonst von solch ausnehmender Schönheit, den einer jungen Georgerin — wie so manche andren wertvollen Cranien durch Freiherrn von Asch ihm vermittelt — zu besitzen, den er früher schon mit dem Schädelbau der sog. Klytia verglichen hatte. Er bildet den Nolaner Schädel auf Tafel 51 seines Werkes, in der er die wichtigsten Stücke seiner Sammlung veröffentlichte, ab und stellt im lateinischen Texte die Einzelheiten fest, welche hier ein einst klassisches Gesichtsprofil vermuten lassen.

Blumenbach hat es sich nicht nehmen lassen, die Pracht dieses

---

[1]) Muß auf Mißverständnis beruhen. Nach den sehr genauen Angaben Pietro Vivenzio's, abgedruckt bei Rajola, L'Origine di Nola² (1919) p. 40 könnten es — bei Nola wenigstens — nur etwa halb soviele Handbreiten sein.

Schädels durch einen besonders wirksam gewählten Contrast, einen vom Prinzen von Wied-Neuwied geschenkten orangutang-artigen Botokudenschädel aus Südafrika, alsbald in einer Sitzung der Sozietät der Wissenschaften seinen Göttinger Collegen ad oculos zu demonstrieren [1]).

---

1) Dies Geschenk muß Bl. ganz außerordentlich gefreut und gehoben haben. Er ahnt in solchem Schädelbau die anthropologische Grundlage von Polyklet's Musterschönheit. Schon am 15. Juli 1818 wissen die Göttingischen gelehrten Anzeigen von der denkwürdigen Confrontierung als in der neulich abgehaltenen Sitzung zu berichten, und keine zehn Tage darauf steht es auch schon als kürzerer Vermerk im „Hamburgischen unparteyischen Correspondenten" (Staats- und Gelehrte Zeitung 1818 nr. 117, 24. Juli. Im amtlichen Göttinger Bericht heißt es (GGA. 1818. 119. Stück, den 15. Juli, S. 1113 ff.):

„... Um zum Besitz des Schädels von einem alten Griechen zu gelangen schien Blumenbach die Hoffnung aufgeben zu müssen, die ihm aber nun durch die Aufmerksamkeit des edlen Kronprinzen ebenso unerwartet als aufs vollkommenste erfüllt worden. Der ehrwürdige Schädel, den er demselben verdankt, stammt aus einem Grabe im alten Groß-Griechenland; war zeither nebst den dabey gefundenen vulgo sogenannten Etruskischen Vasen im Cabinet des Ehrwürdigen Bischofs von Nola aufbewahrt; und ist in Rücksicht seiner ganz ausgezeichnet bildschönen Form, namentlich der sanften Wölbung der herrlichen Stirne und der senkrechten Richtung des Oberkiefers als Prototyp des antiken Griechischen Profils anzusehen, als worin ihm auch nicht einer der übrigen 166 Nationalschädel in der Blumenbachschen Sammlung gleichkommt; und dient zugleich zur bündigsten Widerlegung der neuerlich von mehreren Anthropologen und Kunstkennern aufgestellten Behauptung, als ob dieses Profil in den Griechischen Kunstwerken überall nicht nach der Natur gebildet, sondern wie sich z. B. de Pauw darüber ausdrückt, bloß „un style de dessein" sey „adopté dans quelques écoles."

Ähnlich drückt sich Blumenbach selbst aus, 1820 in seinem eigenen Werke: Decas sexta collectionis suae craniorum diversarum gentium illustrata, p. 5—7; Veteres Graeci:

„Unice *veteris Graeci* cranio potiundi spem post multifaria sed frustranea tentamina fere deposueram, cum haud ita pridem inopinanti mihi contigerit esse tam felici ut Serenissimus princeps Bavariae regni heres, quem inter alumnos suos habuisse gloriatur alma nostra Georgia Augusta, in itinere Italico praeceptoris quondam sui in historia naturali memor, huic eius desiderio penitus et plenissime satisfaceret. (Folgt der Bericht über die Auffindung in der Vasensammlung des Bischofs von Nola) ....

Eximia vero pulchritudo huius cranii .... Sufficiat monuisse inter CLXX crania diversarum gentium, ad quem nempe numerum collectio mea dum haec scribo increvit, praeter illud Georgianae feminae (III, tab. 21) ne unum esse quod eximia forma calvariae subglobosae, frontis nobilissime fornicatae, maxillae superioris ossibus sub narium apertura fere ad perpendiculum coadunatis, iugalibus concinne et modice declivibus, verbo universa vultus venustissima conformatione huic aequiparandum sit.

Si enim verum est, ut est verissimum faciei varias formas proxime a cranii quod ipsi pro fundamento est figuratione pendere, haec de qua agimus calvaria

Zum Typus der Gräber, aus denen der Schädel stammt, und die nach Sueton (Caesar c. 81) schon im Altertum mit Erfolg geplündert worden sind, verweist Blumenbach (Decas VI, p. 5 nota a) auf das Titelkupfer des 1. Tafelbandes von Hamilton-Tischbein's „Collection of Engravings from ancient vases" (1791); nach dem, was Ludwig in seinem Briefe an Blumenbach von der Zusammengehörigkeit der bei Nola gefundenen Vasen und Skelette sagt, sicher richtig. Auf jenem Kupfer sieht man eine kleine vornehme Gesellschaft, wie sie der Öffnung eines von einer Quadermauer umgebenen und mit vier großen dachförmig gelegten Steinplatten eingedeckt gewesenen Grabes beiwohnt[1]). In der Längsaxe des Grabes lang ausgestreckt das wohlerhaltene Skelett, rings umgeben von rotfigurigen Tongefäßen, an denen gerade die Gräber aus der Umgebung von Nola so reich sind. Nola ist weitaus der wichtigste und ergiebigste Fundort altgriechischer Vasen in ganz Campanien, wie Otto Jahn schon 1854 in einer Übersicht[2]) über die gesamten Vasenfundorte einmal sehr deutlich gemacht hat. Selbst Cumae, Capua und Neapel treten gegen Nola darin weit zurück. Aber nicht nur quantitativ steht Nola von der archaischen Zeit an an der Spitze, sondern vor allem qualitativ. Die „nolanischen" Amphoren, Kannen und Peliken sind in jeder Hinsicht das Köstlichste, was der italische Boden von antiker Keramik uns überhaupt geschenkt hat[3]). Jeder Archäologe kennt ihre harmonisch elegante Gestalt, ihren unübertreffbar köstlichen schwarzen Firniß, die hohe Schönheit ihres sparsamen Figurenschmuckes, die stimmungsvolle Anmut ihrer edlen Zeichnung. Die „nolanischen"

---

adeo, ut cum Nasone loquar
    artificum laudatis proxima signis
apparebit harum rerum peritis, ut vel hocce insigni exemplo ea ultro ad oculum comprobentur quae alias contra nuperorum quorundam opinionem de vultus forma quam idealem vocant, et linea faciali veterum Graecorum (— Griechisches Profil —) monui, quam nempe non ad ipsam naturae veritatem, sed ut Quinctilianus ait, decore addita supra verum, effictam autumant; cum potius si hoc de quo agitur cranium cum pulcherrimis humani capitis formis contuleris quae in artis priscae Graecanicae omnis generis operibus perfectissimis supersunt, ea utiquae symmetria et proportione perfecte cum hoc ipso convenire, fateri oporteat."

1) Wie Sir und Lady Hamilton bei der Aufdeckung eines sehr ähnlichen Grabes weit oben in abgelegenem Berggelände incognito beiwohnten, ist berichtet bei Justi, Winckelmann[2] III, S. 343. Vgl. die Abbildung bei d'Hancarville, Antiquités étrusques, grecques et romaines II, p. 57.

2) Beschreibung der Vasensammlung K. Ludwigs in München p. LII—LIX; LX.

3) Vgl. Furtwängler, Führer durch die Vasensammlung König Ludwigs I. (1895) S. 33; Walters, History of ancient Pottery I, 42, 46, 82, 162; Pfuhl, Malerei und Zeichnung der Griechen (1923) S. 510.

rotfigurigen Vasen sind zudem das künstlerisch Kostbarste, was uns aus dem zweiten Drittel des 5. Jhrs. vor Chr. von griechischer Vasenmalerei überhaupt erhalten ist. Denn sie sind attischer Import, feinste athenische Ware aus eben der Zeit, da Phidias im Aufsteigen und auf der Höhe seines Wirkens war. Gerade diese herrlichsten aller griechischen Vasen machen die Hauptmasse der nolanischen Funde aus[1]).

Wann die ersten dieser erstaunlichen Vasenfunde auftauchten, ist heute kaum mehr festzustellen. Jedenfalls sind sie schon zu Beginn des 18. Jh.s so zahlreich, daß sie in den vornehmen Häusern Neapels zum allgemeinen Zimmerschmuck wurden, in den Dörfern die Bauernkeramik auffallend veredelten, und daß schon damals die ersten großen Vasensammlungen entstanden, (Valletta, Mastrilli, Porcinari). Als dann Raphael Mengs 1759 sich kurz in Neapel aufhielt, hatte er alsbald ihren hohen künstlerischen Wert erkannt und gleich selbst 300 ausgewählter schöner Vasen (heute im Vatikan) erworben. „Alle Unbefangenen erkannten die griechische Arbeit"[2]). In seiner „Geschichte der Kunst des Altertums" (1763—68) hat dann Winckelmann[3]) den rein griechischen

---

1) Vgl. Otto Jahn a. a. O. Auch die berühmte Vivenziovase (Iliupersis), eine Euthymides-amphora, die weißgrundige Pandoraschale und Vasen mit Goldschmuck stammen von hier. Friedr. Münter, der spätere Bischof von Seeland, der, bei Heyne in Göttingen 1781—83 gründlich geschult, hat vier Jahre lang Italien bereist und auch Nola besucht, als die erfolgreichen Grabungen Nicola Vivenzio's in der ganzen umliegenden waldigen Gegend schon an 200 griechischer Vasen zu Tage gefördert, Hamilton eben angefangen hatte zu sammeln, moderne Fälschungen sich bereits anfingen breit zu machen, und der König von Neapel, angeregt durch die herrlichen Orginale, eine eigene Porzellanfabrik hatte anlegen lassen, die vielfach die antiken Motive wieder verwendete. Münter sagt mit Recht: „Von allen antiken Vasen sind die nolanischen die schönsten und kostbarsten" und von einer speziell: „sowohl Zeichnung als Composition sind bewundernswürdig schön, und Raphael würde sich ihrer gewiß nicht geschämt haben. Er erkannte auch die griechischen Beischriften, ohne sie bei der Kleinheit der Buchstaben lesen zu können. „Es könnte sehr interessant werden nachzuforschen, wo die Fabrikanten, die diese Vasen verfertigten, den Reichtum von Ideen und die vollkommen schönen Compositionen und Zeichnungen, die man auf ihren Arbeiten findet, hergenommen haben. Und vielleicht würde es möglich sein die Vermutung zu einer Gewißheit zu bringen, daß sie berühmte Gemälde großer Meister copiert haben." Die geplante Herausgabe der Sammlung Vivenzio würde gewiß einer der wichtigsten Beiträge zur alten Kunstgeschichte werden.

2) Justi, Winckelmann III[2], 345. Vgl. dort auch den ganzen wichtigen Abschnitt über die Vasen.

3) Sämtliche Werke, Donaueschinger Ausgabe Bd. III, S. 373 ff. und Justi a. a. O. S. 346 ff.

Charakter dieser vollendeten Zeichen- und Pinselkunst mit divinatorischer Sicherheit gepriesen: „Es gibt Figuren, die in einem Disegno Raphaels einen würdigen Platz haben könnten," wie bei dessen Entwürfen mit einem einzigen, unabgesetzten Federstrich gezogen. Auf die Autorität von Mengs und Winckelmann gehen dann die gleich hohen und ähnlich lautenden Lobpreisungen der Nolaner Vasen vom Ende des 18. Jh.s bei Hancarville[1]), Hamilton[2]), und Fr. Münter[3]) zurück, als das Sammeln solcher Vasen weit über Neapel hinaus förmlich Mode geworden war. Längst ist seitdem die Tatsache attischen Ursprungs und attischen Imports dieser schönen Tongefäße allgemein anerkannt.

Es fragt sich nur, ob die Toten selbst, denen diese schönsten aller antiken Tongefäße beigegeben waren, ebenso echt griechisch, ebenso attisch waren wie dieser ihr einstiger Hausrat? Ob Blumenbach und Ludwig I. Recht hatten, jenen Schädel als hellenisch anzusprechen, zu preisen und zu verwerten?

Diese Frage kann heute, d. h. ohne neue größere Grabungen mit gleichartigen Funden[4]), bei denen die bisher versäumte genauere Beobachtung und Vergleichung mit sicher griechischen Skeletten aus Griechenland selbst nachzuholen wäre, kaum beantwortet werden. Möchte die hier notgedrungen kurze Darlegung des Problems als wirksame Anregung dazu sich erweisen!

Der heute beste Kenner des antiken Gräberwesens in Italien, Fr. von Duhn in Heidelberg, den ich darüber befragte, antwortete mir prompt: „Schwerlich ein Grieche und nun gar ein Attiker! Trotz der griechischen Münzaufschriften und der „Nolaner" Vasen fehlt jeder Anhalt zu der Annahme, daß in Nola auch nur ein Grieche gewohnt hätte. Gewiß ebenso wenig wie in Capua, Suessula oder Pompeji. Gewiß alles eingeborene Osker, vielleicht mit einem Substrat von nicht indogermanischen Urbewohnern!" Diese Skepsis steht ganz auf dem Standpunkt J. Beloch's, der schon 1879 (Campanien S. 390) zu der antiken Überlieferung von dem chalkidischen Ursprung Nola's erklärt hatte: „Wir werden dergleichen Angaben auf dieselbe Stufe stellen mit der Erzählung von der spartanischen Abkunft der Samniten oder des trojanischen

---

1) Antiquités étrusques grecques et romaines, 1785—88.
2) Collection of Engravings vol. I (1791), p. 34—40.
3) Nachrichten von Neapel und Sizilien auf einer Reise in den Jahren 1785 und 1786 gesammelt. Aus dem Dänischen. Kopenhagen 1790, S. 58—65. Vgl. vorige Seite.
4) Vgl. über die Funde von 1894—96 Patroni in Notizie degli scavi 1900, 100 ff.

Roms. Das Nola der historischen Zeit ist eine so rein samnitische Stadt gewesen wie nur eine zweite."

Wie schon der oskische Name — Novla = Neustadt — besagt, müssen in der Tat, vor allem in jüngerer Zeit, einheimische Italiker die eigentliche Bevölkerung dort ausgemacht haben[1]. Auch daß diese Osker dort ebenso wie diejenigen in Pompeji der überlegenen griechischen Kultur und Kunst ihre Tore, ihren Markt weit auftaten[2]), ist selbstverständlich; besonders, wenn sie als schwer reiche Besitzer der üppigsten Gefilde in dieser „Campania felix" auch das Allerkostbarste erschwingen und in jedem Luxus[3]) des Lebens es mit dem nahen samnitischen Capua aufnehmen konnten. Aber auffallend bleibt auch dann noch die verblüffende, ganz einzigartige Fülle allerbester attischer Vasen hier im Hinterland[4]). Andrerseits scheint es ebensowenig ratsam, die doch ganz bestimmten antiken Angaben bei Strabo, Silius Italicus und Justinus über griechische Ansiedler in Campanien[5]) und dazu nicht unwichtige archäologische Indizien als bedeutungslos bei Seite zu schieben, wenn es sich darum handelt einen dort gefundenen, ausgesprochen klassisch gebauten Schädel, wie er hier in Frage steht, und wie er dann in der Tat nicht anders zu bestimmen sein würde, einem Nichtgriechen, einem oskischen Italiker zuzuschreiben.

Vor der oskischen Neugründung, welche erst im 4. Jh. (360 —325) mit eigener, teils griechisch teils oskisch beschrifteter Münzprägung einsetzte[6]), muß Nola schon gut drei Jahrhunderte lang[7]) bestanden haben, auch wenn es nicht, wie vielfach angenommen, mit Hyria zu identifizieren ist. Die Gründung dieser einst ebenfalls sehr bedeutenden und jedenfalls nicht weit davon gelegenen Stadt[8]) wird mit einer c. 400—335 verfolgbaren Münzprägung um 470 v. Chr. angesetzt[9]). In Nola selbst setzt, nachdem infolge der etruskischen Okkupation Campaniens der griechische Vasenimport von c. 525—450 vor Chr. völlig ausgeblieben war, nach dem Seesieg der Griechen bei Cumae 474 die schöne

---

1) Vgl. zu Nola: Nissen, Italische Landeskunde II (1902) S. 755 ff.
2) Bei Dionys. v. Halic. XV, 5 werden die Nolaner genannt σφόδρα τοὺς Ἕλληνας ἀσπαζόμενοι.
3) Vgl. Beloch, Campanien S. 399—400.
4) Auch aus Capua und Suessula gibt es feinste attische Vasen, aber doch bei weitem nicht in solcher Fülle wie aus Nola.
5) Vgl. Busolt, Griech. Geschichte Bd. I² (1893) S. 394 ff.
6) Head, Historia Nummorum² (1911) p. 40.
7) Raiola, p. 10, nimmt als Gründungszeit die 2. Hälfte des 7. Jhs. an.
8) Vgl. Beloch, Campanien 409.   9) Nissen, a. a. O. 756.

rotfigurige athenische Keramik alsbald und wie verstärkt wieder ein. Nun wird den Nolanern von Justin (XX, 1, 23) und Silius Italicus XII, 161[1]) ausdrücklich **griechische**, und zwar **chalkidische** Abstammung zugeschrieben. Silius kannte Campanien und seine Geschichte als reicher, vielfacher Villenbesitzer in der dortigen Gegend genau. Chalkidier hatten sich früh schon auf Ischia[2]), dann in Cumae, endlich im 5. Jh. nach eifersüchtiger Vernichtung der rhodischen Anfänge in Parthenope, auch in dessen Neugründung „Neapolis" festgesetzt[3]), und das zusammen mit Siedlern aus **Athen**[4]). Daß dieselben Chalkidier, von denen die italischen Stämme bekanntlich die Schrift erst gelernt haben, ihr Hauptabsatzgebiet gerade in dem durch die Fruchtbarkeit seines Bodens überaus reichen campanischen Hinterland, in den drei den Ausgang der dortigen Bergtäler beherrschenden Städten Capua, Nola, Suessula hatten[5]); daß Nola besonders zu Neapolis, das selbst in römischer Zeit noch als eine griechische Stadt galt, freundnachbarliche Beziehungen unterhielt, ist bekannt. Wenn der behelmte, olivenbekränzte Kopf der attischen Pallas, wie wir ihn genau so von den Münzen der attischen Kolonie Thurii in Unteritalien kennen, ebenso auf den Münzen von Neapolis, von Hyria und selbst noch von dessen jüngerer Nachfolgerin Nola erscheint[6]), so gibt das in Verbindung mit der Notiz bei Strabo V, 246 über den athenischen Volksteil bei der Neubesiedelung Neapels, — wie man annimmt, um die Mitte des 5. Jh.s, also um eben jene Zeit, da die herrlichen attischen Vasen in Nola anzusetzen sind, — doch zu denken. In diesem Sinne haben auch Beloch (Campanien S. 30) und Busolt (a. a. O.) schon die zufällig aus Timaeus (Frgm. 99) erhaltene Notiz herangezogen, wonach — wohl um 432 — der an der sizilischen Expedition beteiligte athenische Admiral Diotimos auf Orakelweisung hin der Parthenope in Neapolis ein nach attischem Ritus, mit einem Fackelfest verbundenes Opfer dargebracht hat. Das ist besonders verständlich, wenn Diotimos sich an ein athenisches Volkskontingent und seine Kulte dort hat anschließen können, um die Gunst der heimischen Götter für das Gelingen der athenischen Expedition zu erbitten. Timaeus, der Geschichtschreiber des Westens und Siziliens, selbst geborner

---

1) Nissen, a. a. O. 756.
2) v. Duhn, Pompeji, eine hellenistische Stadt in Italien (1906) S. 6 ff.
3) Busolt I², 394.   4) Strabo V, 246.
5) Busolt a. a. O. 394; v. Duhn, Italische Gräberkunde I (1924) S. 548/9; Nissen a. a. O. S. 755. Raiola, L'origine di Nola² (1919) p. 15/16.
6) Vgl. Head a. a. O.

Sizilianer wird bei dem Bienenfleiß, mit dem er seinen Vorlagen nachging, auch hier eine gute Quelle gehabt haben¹).

Eine Kolonie griechischer, chalkidisch-attischer Siedler inmitten der in jedem Falle immer überwiegend²) italisch bevölkerten Stadt Nola scheint in diesem weiteren Zusammenhang keineswegs als eine bare Unmöglichkeit, der archäologische Beweis dafür wäre freilich erst noch zu erbringen. Gelingt er, so hätten Ludwig I. und Blumenbach mit den besten ihrer Zeitgenossen instinktmäßig das Rechte gesehen, und der schöne Schädel in Göttingen wäre ein wirklich hellenischer, ja vielleicht ein echt attischer, stammend von einem Zeitgenossen des Phidias und Perikles, aus Athens größter, klassischster Zeit. Es ist doch bedeutsam, wenn die sorgfältige neueste Monographie über Nola bei Behandlung dieser Fragen zu dem Schluß kommt, man könnte sogar vermuten, daß um die Mitte des 5. Jh.s „un discreto numero di Greci di Napoli — per ragioni politiche oltre che commerciali sia effettivamente venuto stabilirsi a Nola." (Raiola p. 15).

Bemerkenswert ist, wie zu einer Zeit, da man noch nichts ahnte von dem attischen Charakter jener Vasenfunde in Nola, gerade ein **attischer** Kern in dessen antiker Besiedelung mit Nachdruck vermutet worden ist. Dies findet sich schon bei Ambrosius Leo, dem Begründer der Nolanischen Lokalforschung, einem geborenen Nolaner, der eine ausführliche Monographie über seine Heimat veröffentlicht hat (Venedig 1514), später abgedruckt in dem „Delectus scriptorum veterum Neapolitanarum" (Neapel 1735). Nach Heranziehung der Stellen bei Strabo, Silius Italicus und Livius heißt es da p. 15: „Quam ob rem ubi haec ita se habent, quis est, qui non videat, censeatque Nolanos etiam Athenienses esse atque ab Athenis oriundos? ... prima ac antiqua Nolanorum origo Graeca et Attica fuit ... natio Nolanorum Graeca et Chalcidica et Attica fuisse comperitur iidem conditores fuisse urbis"³).

Ambrosius Leo stützt sich dabei noch besonders auf eine Stelle des Libanius, der das euböische Chalkis, also die Mutterstadt von Hyria-Nola, eine athenische Kolonie nennt. Diese Aus-

---

1) Auf das Vorkommen des attischen Namens Φάληρος in Neapel weist E. Pais, Italia antica II, 219 hin. — Athenakult in Neapel, ebenda p. 190, 201 ff.

2) Selbst in Thurii betrug der attische Teil nur ein Zehntel der Gesamtbevölkerung. Vgl. Beloch, Griech. Gesch. I² 504.

3) Auf Ambrosius Leo wird sich auch W. Hamilton stützen, wenn er (Collect. of Engr. I, 18) nach Strabo Nola als **athenisch** beansprucht, „because Chalcis was itself an Athenian colony."

sage kann heute nur so verstanden werden, daß jenes schon nicht mehr selbständige Chalkis gemeint ist, das nach seiner Besiegung durch Athen im Jahre 506 durch die Ansiedlung von 4000 attischen Kleruchen, welchen nach einer von Perikles siegreich niedergeschlagenen Revolte im Jahre 446 noch einmal 2000 eben solch attischer Kleruchen gefolgt sind, förmlich ein Ableger Athens geworden war[1]). Jedenfalls herrschte 480, als Athen der Nachbarin Chalkis 20 Schiffe zum Schutz gegen die Perser sandte, ein freundschaftliches Verhältnis zwischen den beiden Städten und noch 427 machten nach Thukyd. III, 86, 3 die chalkidischen Städte Italiens ihre alte ξυμμαχία mit Athen geltend. Wenn also das ganze 5. Jahrhundert hindurch chalkidisch und athenisch in gewissem Sinn synonym waren, so ist das für die gerade damals in Campanien sich erweiternde Ausbreitung des chalkidischen Elementes sicher nicht ohne Bedeutung. Flucht vor dem attischen Druck in der Heimat zum mindesten könnte die Vermehrung der chalkidischen Expansion in Italien veranlaßt haben, athenische Volksteile außerdem und trotzdem mit hineingeflossen sein[2]). Mit Recht hat man Neapolis ein Bollwerk des das Joniertum im Westen führenden **Athen**[3]) und den äußersten Punkt einer weitschauenden und groß angelegten Politik des **attischen** Reiches im Westen[4]) genannt. Der geistige Reiz, der dieser schönen und kulturell durch alle Jahrhunderte reichen Stadt eigen gewesen ist, ginge demnach, wenn auch kaum erkannt, heute noch auf attisches Salz zurück.

---

1) Vgl. Oberhummer's Artikel „Chalkis" in Pauly-Wissowa's Realencyclopädie Bd. III (1897) Sp. 2079—2083.

2) Zur Ausbreitung des hellenischen Kulturgutes in Campanien im allgemeinen vgl. auch den Vortrag v. Duhn's auf der 34. Philologenversammlung in Trier, Verhandlungen S. 141ff.: Grundzüge einer Geschichte Campaniens. — Wer im Verfechten der These einer attischen Enklave in Nola sehr kühn vordringen wollte, der könnte noch die ebenfalls schon von Ambrosius Leo angemerkte, auffallende Regelmäßigkeit der Straßenzüge des heutigen Nola anführen. Raiola vermutet etruskische, andre denken an römische Grundlage. Beloch forderte mit Recht den Nachweis des antiken Ursprungs durch Grabungen. An das hippodamische System des attischen Phaleron und Thurii dabei zu denken, scheint noch niemand gewagt zu haben. Die Regelmäßigkeit des heutigen Stadtplanes von Neapel ist doch auch vorrömisch. — Selbst für die Tuffplattengräber Nolas, eben mit den schönen attischen Vasen, hat schon Pietro Vivenzio eine ganz auffallend regelmäßige Anlage des antiken Friedhofs festgestellt. (Raiola p. 43 u. 53).

3) Pais, Italia antica (1922) II, mit der schönen, 1899 in der großen Aula der Universität zu Neapel gehaltenen Rede: „La missione politica e civile di Napoli nell' antichità." Besonders S. 206 ff.

4) Beloch, Campanien S. 30.

Die Originalfederzeichnung zu jenem Stich in Hamiltons Prachtwerk[1]) befindet sich heute noch unter Glas und Rahmen im Amtszimmer des Prosektors der Göttinger Anatomie, vermutlich durch Wilhelm Tischbein dorthin gekommen[2]). Dieser hatte gerade in den ersten Jahren seines Neapler Aufenthaltes — er kam 1787 dorthin und war 1790—97 Hofmaler und Akademiedirektor dort — Kniep in seinem Hause wohnen. Tischbein nahm damals, wie aus seiner Selbstbiographie und Briefen an die Herzogin Amalia von Sachsen-Weimar hervorgeht, lebhaftesten Anteil an der Auffindung jener Vasen, ließ sie für sein großes Vasenwerk zeichnen, über dessen Herausgabe später auch mit Dieterich in Göttingen verhandelt wurde[3]), und legte sich selbst eine kleine Vasensammlung an. Tischbein war mit den beiden Männern, welche damals nicht nur die kostbarsten und größten Sammlungen dieser Vasen besaßen, sondern auch ihre Ausgrabung am meisten förderten, mit Hamilton und Nicola Vivenzio, dem schöngeistigen Präfekten des Tribunals in Neapel, eng befreundet. Er wohnte zeitweise bei Hamilton[4]), und in der unruhigen Zeit der französischen Bedrängnis lädt ihn Vivenzio zu sich aufs Land nach Nola und zeigt ihm dort den genauen Fundort der herrlichen Iliupersisvase[5]). Man glaubte in die Nähe einer antiken Vasenfabrik gekommen zu sein, so massenhaft traten die alten Tongefäße zu Tage[6]); dazu auch feinster Goldschmuck[7]). „Man findet sie nur, wo die Griechen wohnen"[8]). — „Diese Sachen muß man nur als Skizzen betrachten, welche die Töpfer machten, aber es sind Zeichnungen nach den großen Malern, und denen gehört die Erfindung und die zierliche Stellung der Figuren"[9]). — „Ich lebe und schwebe jetzt im alten Griechenlande. Unter diesen Bildern sind gewiß einige Kopien

---

1) Hamilton selbst sagt 1791 von dieser Darstellung im zugehörigen Text p. 24, sie gebe „an ordinary sepulchre found lately at Nola" wieder."

2) Briefe Blumenbachs an Tischbein, der ein vorzüglicher Tierzeichner und -beobachter war, und den er um eine Zeichnung für seine Schädelsammlung bittet, bei Fr. v. Alten S. 144—150. (Aus den Jahren 1799—1801.)

3) Böttiger aus Dresden führte die vergeblichen Verhandlungen: „Hr. Dietrich in Göttingen scheint eben auch nicht sehr begierig auf die Beschleunigung des Unternehmens zu sein, da er mir nicht einmal auf einen Brief, den ich ihm schon zu Weihnachten schrieb, bis jetzt mit einer Silbe geantwortet hat." (Fr. v. Alten S. 81, Brief an Tischbein vom 14. Febr. 1801).

4) Selbstbiographie II, S. 100, vgl. 175.

5) Ebenda II, 174. — v. Alten, S. 60—61.

6) Ebenda S. 170. — Fr. v. Alten, Aus Tischbeins Leben und Briefwechsel (1872) S. 50.

7) v. Alten S. 62.   8) v. Alten S. 83.   9) v. Alten S. 77.

von Bildern der großen griechischen Künstler" ¹). „Die edle griechische Einfalt der Darstellung" wieder zu erwecken, das sei „das große und vorzüglichste Verdienst dieser Vasen" ²). Tag und Nacht mit Geist und Händen sei an der Wiedergabe der Vasenbilder durch seine Schüler gearbeitet werden, versichert er die Herzogin ³). Für die große Vasenpublikation hatte er vor, selbst ein Bild zu zeichnen, das die Aufdeckung der Gräber mit ihrem reichen Inhalt anschaulich machen sollte ⁴). Tischbein scheint es dann aber aus irgend einem Grunde seinem Freunde Kniep überlassen zu haben, dies zu tun. Der lieferte dann die Göttinger Federzeichnung. Auf der Rückseite ihrer Holzunterlage ist ein von Blumenbachs Hand geschriebener Zettel aufgeklebt mit folgenden Zeilen: „Diese meisterhafte Federzeichnung von C. H. Kniep stellt ein altes etrurisches Grab vor, das 1790 im Walde bey Nola unter Sr. William Hamilton's Aufsicht aufgegraben worden."

Die zart gezeichnete Darstellung selbst trägt unten links die Signatur „C. H. Kniep delin. Napoli 1790." Damit sind wir wieder bei einer für den niedersächsischen Kulturkreis nicht uninteressanten Persönlichkeit angelangt.

Christoph Heinrich Kniep⁵) stammte aus Hildesheim, wo er 1755 als Kind unbemittelter Eltern, aber mit dem Maler Ziesenis verwandt, geboren wurde. Ein Theatermaler in Hamburg führte ihn in die Kunst ein. Die Armut, mit der er lebenslänglich zu kämpfen hatte, ließ ihn nie über den Zeichner hinauskommen, zum Malen in Öl fehlten die Mittel. Kniep ist vom Leben wenig begünstigt gewesen. Kaum war er in Rom angekommen, als sein Gönner, der Fürstbischof Kraschinsky, den er in Berlin kennengelernt und der ihn nach Italien hatte reisen lassen, starb. Ebenso unvermutet verlor er seinen andren hohen Gönner, den Fürsten Lichtenstein in Wien. Von Rom zieht Kniep, um als Landschafter sein Brot mit Veduten zu verdienen, 1786 in das Paradies der Landschafter, nach Neapel, wo er bis an sein Lebensende 1825 verbleibt und kümmerlich sein Leben fristet, mildtätig gegen die Armen

---

1) v. Alten S. 71 (Brief an Ramdohr).   2) Selbstbiographie II, 180.
3) v. Alten S. 77.
4) „Ich habe mir vorgenommen, ein schönes Titelblatt zu machen, mit einer Landschaft, wo man in Gräbern die Vasen findet." (Fr. v. Alten S. 83. Ähnlich auch S. 76.)
5) Nekrolog Hallers (Neuer deutscher Nekrolog III, 1827), übereinstimmend mit dem in Schorn's Kunstblatt 1825. Darauf fußt auch Naglers Künstlerlexikon (VII). Ausführlicher der Aufsatz Peltzers im Goethe-Jahrbuch 26. Bd. (1905) und ganz neuerdings Preusgen im Allgemeinen Künstlerlexikon Bd. XX, 1927.

noch bei all seiner eignen Armut. Tischbein, den Kniep schon in Cassel kennen gelernt, und Hackert, damals neapolitanischer Hofmaler, nehmen sich des überbescheidenen Landsmanns an und verschaffen ihm Aufträge, bis beide durch die politischen Stürme von ihren einträglichen Posten nach Deutschland vertrieben werden, während er arm und einsam zurückbleibt. Eine sinnige, sanfte, liebenswürdige und selten lautere Natur war Kniep schon in jungen Jahren dem Hamburger Dichterkreis Klopstock, Claudius, Voß nahe getreten, selbst ein vorzüglicher Unterhalter und Gesellschafter. So schätzte ihn auch Thorvaldsen, mit dem zusammen er eine herrliche Mondscheinnacht in Paestum und 1794 einen grandiosen Vesuvsausbruch erlebt hat. Das größte Erlebnis seines bescheidenen Lebens aber war 1787 seine zweimonatliche Reise mit Goethe in Sizilien. Tischbein hatte ihn dem Dichter als Zeichner und Reisebegleiter empfohlen[1]), Goethe gewann die ehrlich-kindlich ihm vertrauende Seele lieb, und noch als altes völlig vereinsamtes Männchen[2]) zehrte Kniep von dem hohen Glück jenes himmlischen Frühlings. Auch nach Deutschland zurückgekehrt hat Goethe Kniep's treulich gedacht. Als er daran geht den Weimarer Hof mehr in die Sphäre der Kunst zu heben, gehört Kniep zu den Mitgliedern der Künstlerrepublik, die er dazu ausersehen hat. Er interessiert seinen eigenen Herzog und den Herzog Ernst II. von Sachsen-Gotha-Altenburg für ihn; noch sind seine Briefe erhalten, auch umfangreiche Bestellungen südlicher Landschaftsbilder, die heute noch in den Museen von Weimar und Gotha liegen. Vgl. Otto Harnack, Zur Nachgeschichte der italienischen Reise (Schriften der Goethe-Gesellschaft 5. Band) 1890, Seite XVIII, XXIII, 77 ff., 135 ff., 234, 241. Kniep war alles andere als ein Geschäftsmann. Die Neapler Akademie hat ihn zwar zuletzt noch mit einem Professortitel, doch ohne Gehalt ausgezeichnet. Die jungen Eleven verehrten und liebten den gütigen Greis, der ihnen mit deutscher Treue und Gründlichkeit wirklich etwas zu geben wußte. Seine Landschaften, auch die frühen in Sepia getuschten, im Stile Reinharts und Hackert's sind alle sehr sauber und korrekt; manches bewahren auch die Museen von Hildesheim, Halle und Berlin. Von Tischbein zur Mitarbeit an Hamiltons großem Vasenwerk herangezogen, das als Anregung für die Künstler bedeutsamer war als

---

1) Tischbein selbst berichtet hierüber in seinem von C. G. W. Schiller herausgegebenem „Aus meinem Leben" (1861) S. 94/5.
2) Vgl. die von Ludwig Richter, Selbstbiographie (5. Aufl. 1887) S. 157 erzählte Anekdote.

für die Archäologen, und das in der vornehmen internationalen Welt die Liebhaberei für antike Vasen erst populär machte[1]), hatte Kniep sich in den antiken Figurenstil so eingelebt, daß auch die Staffage seiner Landschaften vielfach antikisierend ausgefallen ist. Gute Porträts aus seiner Frühzeit besitzt Hamburg, sein Selbstporträt das Römermuseum in Hildesheim[2]).

Als Staffage, aber eine ganz individuell gemeinte und zeitgenössisch mit erlebte ist auch jene Reisegesellschaft auf der Zeichnung in Göttingen zu verstehen, welche so lebhaften Anteil am Öffnen der Gräber bei Nola nimmt: es sind nach Blumenbachs Notiz, die auf Aussagen von Tischbein oder Kniep selbst beruhen wird, der englische Gesandte selbst und offenbar seine Freundin, die schöne Miß Harte. Sie lassen sich die herrlichen rotfigurig attischen Vasen, die als Grabbeigaben neben den langausgestreckten Skeletten zu Tage kamen, reichen und betrachten sie voll freudiger Bewunderung. Das klassische Profil der Lady und die leichtgebogene Nase Lord Hamiltons zeigen in der Originalzeichnung deutlich, daß hier diese Porträts gemeint sind. Vermutlich ist auch der andre, unmittelbar neben ihm stehende Mann mit der erstaunt-bewundernden Handbewegung als eine ganz bestimmte Persönlichkeit gedacht. Ist es der Bischof von Nola, den man hier von Rechts wegen erwarten müßte? Der lange faltenreiche Mantel als Soutane und die rund umgebogene Hutkrempe könnten dazu passen.

Auch aus Eichstätt, d. h. einem in seinem Bereich freigelegten prähistorischen Tumulus des Frankenlandes übersandte Ludwig im Jahre 1835 seinem alten Lehrer noch einmal einen wohlerhaltenen Schädel nach Göttingen. Das hier aufbewahrte Begleitschreiben des Kabinettsrats v. Kreutzer lautet:

    Hochwohlgeborner Herr
       hoch zu verehrender Herr Geh. Hofrath!

S^e Maj. der König haben sich aus einem in dem Fürstenthum Eichstädt jüngst entdeckten altteutschen Familiengrabhügel einen altteutschen Schädel zusenden lassen, in der Absicht um damit Euer Hochwohlgeborn ein Geschenk als Beytrag für Ihre Sammlung zu machen. Ich übermache denselben, nach Allerhöchstem Auftrage, mitfolgend, und indem ich mir eine gefällige Empfangsanzeige erbitte, benutze ich diesen Anlaß jene aus-

---

1) Vgl. Otto Jahn, a. a. O. p. IX, XI.
2) Abgebildet bei Biermann, Deutsches Barock und Rokoko (1913) I, p. 263 nr. 429; vgl. II, p. XXVI.

gezeichnete Hochachtung auszudrücken, mit welcher ich zu seyn die Ehre habe

        Euer Hochwohlgeborn
München   gehorsamster Diener
d. 25. Juny 1835   gez.: v. Kreutzer
          O. Ghmrth und
          Kabinetssekr.

Dem Herrn Geh. Hofrath
Blumenbach in Göttingen.

Ein drittes mal, 1836 in Athen, hat sich Ludwig seines alten Göttinger Lehrers und seiner Craniensammlung erinnert. Er schickt ihm aus frischen Ausgrabungen dort einen türkischen Schädel aus einem auf der Akropolis zu Athen geöffneten Türkengrabe und einen antiken Hellenenschädel aus einem beim Graben der Fundamente für den neuen Königspalast in der Unterstadt gefundenen Grabe. So stehen die Bezeichnungen auf besonderen, der Sendung beigelegten Zetteln; der Begleitbrief (in der Göttinger Univ.-Bibliothek) lautet wie folgt:

  Hochwohlgeborner
    hoch zu verehrender Herr!

S⁰ Maj. der König haben bey allerhöchst ihrer jüngsten Anwesenheit in Hellas auch wieder Ihrer gedacht, und für Ihre Sammlung zwey Schädel mitgebracht, einen antik-griechischen aus Athen und einen Türkenschädel von der Akropolis allda. S⁰ Maj. tragen mir auf, Euer Hochwohlgeboren, nebst vielem Freundlichem, dieses vorläufig zu melden. Die beyden Schädel, jeden in ein besonderes Kistchen gepackt, mit Aufschrift des Inhaltes, gehen mit dem nächsten Postwagen an Euer Hochwohlgeboren Adresse nach Göttingen — portofrey — ab. Nach Empfang bitte ich um gefällige Anzeige davon, der ich mit ausgezeichneter Hochachtung zu verharren die Ehre habe

        Euer Hochwohlgeboren
München   gehorsamster Diener
d. 25ⁿ April 1836   gez.: v. Kreutzer
          O. Ghmrth und
          Kabinetssekr.

Sʳ Hochwohlgeboren
  dem Herrn Geh. Hofrath
    und Professor Blumenbach
      in Göttingen.

Endlich überweist der König von Bayern im Jahre 1844 nicht weniger als sieben Schädel (nr. 245—251) aus den wichtigen, zu Nordendorf bei Augsburg gefundenen zahlreichen germanischen Reihengräbern vom Beginn der Völkerwanderungszeit der Sammlung in Göttingen. Damals war Blumenbach schon vier Jahre tot, das Begleitschreiben ist an seinen Nachfolger in der allgemeinen

Naturgeschichtsprofessur, Rudolph Wagner gerichtet. So bewährte sich des Fürsten Treue noch über das Grab hinaus.

4. Schenkung des Bayerischen Galeriewerkes[1]).

Großartig war auch die Schenkung des umfangreichen Galeriewerkes, welches wieder in Lithographien, gleichfalls unter der Direktion von Strixner in Stuttgart und München hergestellt[2]), die Gemälde der Münchener Pinakothek und des Schleißheimer Schlosses in damals mustergiltiger, heute freilich durch die vollkommenere photographische Reproduktion völlig überholter Weise wiedergab. Die erste Hälfte war 1831 abgeschlossen worden. Des Königs Kabinettssekretär v. Kreutzer schrieb am 15. Dezember 1844 an den Oberbibliothekar in Göttingen Reuß: „Die seit jener Epoche dazwischengetretenen Zeitereignisse haben die Sendung einstweilen unterbleiben, Seine Majestät aber das Versprechen nicht vergessen lassen. Der Unterzeichnete erhielt demnach den Allerhöchsten Auftrag, die bisher erschienenen Lieferungen von 1—65 der Universitätsbibliothek zu übermachen." Die weiteren Lieferungen sollten alljährlich folgen.

Als im Januar 1845 die stattliche Sendung in Göttingen eingetroffen war, erläßt der akademische Senat am 2. Febr. ein von Rudolf Wagner verfaßtes Dankschreiben, in welchem auch der gerade damals sich vollziehenden völligen Neuordnung der Kunstsammlungen der Universität im neuen Aulagebäude gedacht und dankbar bekannt wird:

„Bis in die jüngsten Tage sind Ew. Königliche Majestät uns in Huld und Gnade gewogen gewesen und haben nicht aufgehört, uns Beweise davon zu geben und uns Teil nehmen zu lassen an den mächtigen Fortschritten der bildenden Künste, denen Ew. Königliche Majestät ein glänzendes Asyl bereitet haben, wie seit den Tagen Leos X. und Julius II. kein andres gefunden ward. ... Möge der Georgia Augusta Ew. Königlichen Majestät Gnade und Teilnahme niemals fehlen!"

Ein großes Galeriewerk für Göttingen[3])! Ein Prachtwerk über Malerei in ein Zentrum streng wissenschaftlicher Studien!

---

1) Die Akten darüber vollständig abgedruckt unten im Anhang II.
2) Vgl. Nagler's Künstlerlexikon a. a. O.
3) Es wurde, wie auch die „Oeuvres lithographiques" (vgl. oben S. 66), am 4. Jan. 1859 von der Universitätsbibliothek dem Kupferstichkabinett des Kunsthistorischen Seminars überwiesen, entgegen dem ursprünglichen Vorhaben, aber durchaus zweckmäßig und im Sinne der fortschreitenden Entwicklung der kunsthistorischen Studien an der Universität.

Wer mag sagen, ob nicht der Königliche Stifter dabei auch jener frühen malerischen Anregungen gedacht hat, die er einst in eben diesem sonst so vielfach anders gerichteten Göttingen, wenn auch nur in bescheidenem Maße, gefunden, und die für ihn mit dem Namen des unterdessen verstorbenen Eberlein wenn auch nur leise, doch treu verknüpft waren!

Der Tatsache, daß die Entwicklung der neuen lithographischen Kunst in München ganz wesentlich durch Ludwigs lebhafte Anteilnahme über die schwierigen ersten Anfänge hinausgehoben wurde, ist oben S. 67 schon gedacht worden. Sepp[1]) sagt nicht mit Unrecht: „Unter den Auspizien des Kronprinzen und Königs Ludwig entwickelte sich auch die Lithographie, zu deren Erfindung Bayern gleichsam praedestiniert war durch seine Solnhofer Steinplatten. Dieser Lithographienstein hat auf Erden nicht seinesgleichen." Alsbald wurde Senefelder zum Direktor einer „Kgl. Lithographie" ernannt, nachdem schon 1804 an der polytechnischen Zentralanstalt in München durch Mitterer eine „Kurfürstliche Druckerei für Kunstgegenstände" eingerichtet worden war. Die neue Kunst, die viermal soviel Abdrücke lieferte als eine Kupferplatte, wurde rasch eine vielgesuchte Sehenswürdigkeit Münchens auch für hohe und höchste auswärtige Gäste. Am 17. Mai 1818 besuchte Kronprinz Ludwig mit seiner Schwester Charlotte (s. o. S. 38) die Anstalt und schrieb eigenhändig auf den Stein. Senefelders wie seines Vorgängers Simon Schmid's Büsten wurden sogleich für die Walhalla in Auftrag gegeben. Die 1817 erschienene „Sammlung von Originalzeichnungen der vorzüglichsten lebenden bayerischen Künstler in dem hiezu einzig geeigneten Steindruck" war dem Kronprinzen Ludwig gewidmet. Unter denen, die sich am frühesten (1806) mit der neuen Steindruckkunst abgaben, war auch Graf August von Seinsheim[2]), der jüngere Bruder von Ludwigs Göttinger Studiengenossen Karl von Seinsheim, der gleich nach dem Staatsexamen von der Jurisprudenz ganz zur Kunst übergehend von Ludwig bis an sein Ende mit ehrender Auszeichnung bedacht worden ist. Das bayerische Katasterbureau aber formte sich mehr und mehr um in eine riesige steinerne Bibliothek um, die auf zwei Quadratfuß großen Platten die Detailvermessung des ganzen Landes in sich barg. Die Generalstabskarte auch für den 70er Krieg wurde hier hergestellt[3]). Der Begründer der

---

1) König Ludwig Augustus S. 168 ff.
2) Sepp, a. a. O. S. 169. Allg. D. Biogr. Bd. 33, 649.
3) Sepp S. 172.

Photographie in München, Fr. Hanfstängl, der in seiner Jugend noch Bauerntruhen, Himmelbettstellen, Türen, Fenster und Grabkreuze bemalt hat, ist von der Lithographie ausgegangen, die ihm den großen Fortschritt, bis zu 10000 gute Abdrücke von einem Stein abziehen zu können, verdankt[1]).

Die Bedeutung der frühen Münchener Lithographie ist auch heute nicht zu unterschätzen. Die von ihr direkt und indirekt ausgegangenen Anregungen sind äußerst fruchtbar gewesen. Durch Strixners lithographierte Ausgabe des Gebetbuches Kaiser Maximilians 1808 (s. o. S. 67) ist dieses Kleinod überhaupt erst in weiteren Kreisen bekannter geworden und hat mit der getreuen Nachbildung der herrlichen Randzeichnungen Albrecht Dürers die feinen spielerischen Rankenillustrationen der Romantiker Neureuther, Schwind, L. Richter u. a. hervorgerufen[2]). Die großen Münchener Galleriewerke aber zogen bald ähnliche Veröffentlichungen in andren Kunststädten nach sich[3]). München hatte hier wirklich den Vortritt, wenn auch es in der feinsten Auswertung der künstlerischen Möglichkeiten bald durch Paris (von Delacroix bis Daumier) und Berlin (Rink, Schadow, Schinkel, Blecher, Krüger, Menzel 1830) überholt worden ist. Es zeugt von des bayerischen Kronprinzen sicherem Blick, daß er nicht nur so früh schon, sondern auch so stetig seine Georgia Augusta an diesen wichtigen kunsttechnischen Errungenschaften wollte teilnehmen lassen.

5. Die Georgia Augusta als Vorbild für die Universität München.

Was sind aber all diese einzelnen kostbaren Geschenke, mit denen Ludwig seine alte alma mater immer wieder aus der Ferne grüßte, gegenüber dem einzigartigen und entscheidenden Einfluß, den er ihrem hohen Vorbild einräumte bei der Neugestaltung der 1826 von Landshut nach München verpflanzten vornehmsten bayerischen Universität! M. Döberl, in seiner schönen Münchener Festrede „König Ludwig I., der zweite Gründer der Ludwig-Maximilians-Universität" (1926), hat es vor kurzem erst ausführlich dargetan. So genügt es hier, nur an die Göttingen in besondrem Sinne berührenden Momente zu erinnern.

Auf einer einsamen langen Fußtour in Sizilien, zwischen Girgenti und Syrakus, noch am 1. Dezember 1817 war es gewesen,

---

1) Ebenda S. 174.
2) Elfride Bock, Die deutsche Graphik, 1922, S. 68.
3) Vgl. Curt Glaser, Die Graphik der Neuzeit 1922, S. 76 ff.

als der Kronprinz seinen Reisebegleiter, den fast gleichaltrigen, klugen und originellen, treuen Leibarzt Ringseis, der Ludwigs unbedingtes Vertrauen besaß, mit der plötzlichen Frage überfiel, was er tun würde, wenn er König von Bayern wäre. Ringseis in seiner Bestürzung sich lebhaft in die Schwierigkeit solcher Lage hineindenkend und sogleich, aber ganz im Sinne des Prinzen auf den innersten Kern losgehend und vor allem tägliches inbrünstiges Flehen zu Gott um die rechten Ratgeber mit Nachdruck fordernd, kam dann auf das Universitätswesen zu sprechen, das er wenigstens einigermaßen kenne. Er hatte wie Ludwig in Landshut, doch nicht in Göttingen, studiert. Ringseis erklärte, er sei überzeugt, daß die bayerische Hochschule mit Wien, Göttingen und Berlin in gleiche Linie treten könne nur dann, wenn sie nach München verlegt werde[1]). Der Gedanke zündete in Ludwig und ließ ihn nicht mehr los, bis 9 Jahre darauf dies Ziel wirklich erreicht war. Von da an hat er selbst die Initiative in dieser geistigen Lebensfrage für Bayern fest in der Hand.

Wieder ist es Ringseis, der dann im Frühjahr 1826 in München von neuem die Aufmerksamkeit auf das Vorbild von Göttingen lenkt, angeregt offenbar durch die eben damals erschienene Schrift Friedrich Thiersch's „Über gelehrte Schulen" Bd. I, der Göttingen aus eigenstem Erleben kannte und liebte. In Ringseis' Gutachten[2]), das mit den drastischen Sätzen beginnt „1. Die drei bayerischen Universitäten sind gesunken, das ist bekannt. 2. Ihre Wiederbelebung oder Erhebung wird unabweislich gefordert," heißt es unter 5.: „In München sind die meisten nötigen Professoren schon vorhanden, teils in, teils außer der Akademie. Alle Mitglieder der Akademie müßten öffentlich lesen, wie die Mitglieder der Göttinger Sozietät. Eine Akademie ohne Universität ist ohne rechte Bedeutung, ohne wirksames Leben; denn selbst wenn die Mitglieder lesen, so fehlen den Lesenden die rechten Zuhörer, hier die Studenten." Und unter 8.: „Es ist nicht einzusehen, wie Bayerns Universitäten, ohne Errichtung einer Universität in München, mit den trefflich besetzten und königlich begabten Universitäten in Göttingen, Berlin und Bonn nur von ferne wetteifern und also in geistiger Entwicklung gleichen Schritt halten können." — So wurde denn gleichzeitig mit der Neugestaltung der Universität auch die Akademie der Wissenschaften in München nach dem Vorbilde von Göttingen und Berlin

---

1) Ringseis, Erinnerungen I, 419 ff.
2) Abgedruckt bei Döberl S. 53 ff.

mit der Münchner Universität durch Königliche Verordnung vom 21. März 1827 in Verbindung gesetzt[1]).

Die Erwartungen sind in München damals aufs höchste gespannt. Man hofft die auch im Ausland mit Bevorzugung aufgesuchte Georgia Augusta[2]) in jedem Sinne einzuholen. In dem Antrag des Staatsministeriums des Innern vom 13. April 1826[3]) steht zu lesen unter § 8: „Ein großer Vorzug, den sich die Universität in München vor jener zu Landshut erringen wird, besteht endlich in dem Besuch derselben durch Ausländer. Es ist nicht zu zweifeln, daß in München eine Hochschule errichtet werden kann, die an Glanz und Gediegenheit, an Reichtum der äußeren Hilfsmittel, vorzüglich aber durch die in solchem Grade nur hier erreichbare Verbindung der Wissenschaft mit der Kunst alle Universitäten Deutschlands, — selbst nicht mit Ausnahme Göttingens, hinter sich zurückläßt ..."

Ein Königliches Dekret vom 3. Oktober desselben Jahres[4]) ordnet dann die Revision der 1814 gegebenen Universitätsstatuten an: mit steter Rücksicht auf die Göttinger Satzungen. Thierschs Schrift bricht sich immer mehr Bahn. Am 25. Mai 1827 schreibt Ludwig von Colombella aus an den Chef des Unterrichtswesens in München: „Die mir seyende Muße benützend habe ich nebst anderem auch Thiersch über die Universitäten gelesen, ein Heft; das folgende wird es gleichfalls von mir werden. Viel Gutes fand ich darinnen und ungesäumt, was bereits von mir ausgesprochen, soll sich die Münchener Universität daran machen, ihre Statuten durchzusehen und die nützlichen Abänderungen vorzuschlagen. Dabey soll sie jene der Georgia Augusta in Erwägung ziehen, namentlich was die Studenten betrifft, denen dort nicht vorgeschrieben ist, welche Collegien sie hören müssen. Diese in Göttingen bestehenden Satzungen, sowohl was das Verhältnis zwischen der Hochschule und der Regierung betrifft, als die Einrichtung von ersterer, sowohl der Lehranstalt, als was die Studierenden betrifft, sollen mir alsdann zugleich vorgelegt werden; und, wenn es nicht in München, sie kommen zu lassen. Es wäre sehr traurig, wenn nicht vor Beginn des nächsten Semesters die erforderlichen Veränderungen bereits ausgesprochen wären, um mit denselben zu-

---

1) Döberl S. 18.
2) Göttingen zählte (nach Brandes a. a. O. Sp. 220) z. B. im Jahre 1801 unter seinen 701 Studierenden nicht weniger als 456 Ausländer, Halle zur selben Zeit unter 702 Studierenden nur 76 Ausländer.
3) Abgedruckt bei Döberl S. 55 ff.   4) Ebenda S. 33.

gleich einzutreten"¹). Diesen seinen Befehl bringt der König am 12. September nochmals in Erinnerung mit der ausdrücklichen Hinzufügung: er müsse noch vor Beginn des Wintersemesters verwirklicht werden!

Endlich Anfang Oktober wird der Entwurf der neuen Satzungen vorgelegt. Aber der König ist damit keineswegs zufrieden: „Verbesserungen enthält der mir von Ihnen zugekommene Entwurf," schreibt er am 10. Oktober 1827 an Schenk, „aber keine Hebung des Übels; gewährt nicht das, was ich will. **Den Weg, auf welchem die Georgia Augusta im Gebiete der Wissenschaften so ruhmvoll vorgeschritten, finde ich in diesem Entwurfe nicht ..."** ²) „**Viel einengender als es bei der Georgia Augusta der Fall, zu welcher gehört zu haben ich mich immer mit Freuden erinnern werde**, finde ich diesen Entwurf" ²). Er schickt ihn zu Abänderungsvorschlägen an Thiersch, der dem König am 6. Oktober erst geschrieben hatte: „Als ich mein Werk über die Universitäten herausgab, war ich nicht der Meinung, daß ich gegenüber Ew. Majestät etwas Neues zu sagen hätte, was die Hauptsachen beträfe. **Allerhöchst dieselben kennen die Georgia Augusta, und haben in Allerhöchstdero Schreiben vom 3. Oktober in Bezug auf jene große Mutter und Pflegerin der Wissenschaften** dem genannten Entwurfe sein Urteil gesprochen ..." ³) Thiersch hält mit scharfer Kritik nicht zurück und appelliert am 22. Oktober „an die erhabene Gesinnung und Einsicht Seiner Majestät, der die Erinnerung an die Georgia Augusta und in ihr der Genius der Wissenschaft zur Seite stehe" ⁴). Der Appell war nicht vergeblich. In der Schlußberatung vom 4. und 5. November im Kabinett des Königs, zu der nur Schenk, Schelling und Thiersch zugezogen waren, und in der Göttinger Erinnerungen eine entscheidende Rolle spielten, errang die Göttinger Richtung den vollkommenen Sieg ⁵).

Das veraltete Bollwerk „Ingolstadt—Landshut" war damit gefallen. Aber noch nicht genug damit. Man plante von da aus auch noch eine Revision der gesamten Universitätsverfassung, um für sämtliche bayerischen Landesuniversitäten eine einheitliche organische Einrichtung zu schaffen — wiederum nach dem Muster und Vorbild der Georgia Augusta ⁶). Trotz Thierschs, des Münch-

---

1) Heigel, S. 394.   2) Döberl S. 34.   3) Ebenda S. 70.
4) S. 35 und 72.   5) Döberl S. 36.
6) Fr. Thiersch's Leben I, 342 ff. (Brief an Lange).

ner Rektors von 1830, beweglichen Vorstellungen ist es niemals zu dieser von vielen als unerläßlich ersehnten Verbesserung in Bayern gekommen. Über den politischen Unruhen der Zeit hatte der König das bisherige schöne Vertrauen zur Jugend verloren[1]). Wenn es also in Bayern auch nicht mehr zur allerletzten wohltätigen Auswirkung des freien Göttinger Vorbildes gekommen ist, so war doch der Segen, der von der Georgia Augusta durch ihren fürstlichen Zögling auf das Bildungswesen des größten süddeutschen Staates und damit auf dessen edelsten Organismus übergegangen ist, ein kaum zu ermessender.

Er war jedenfalls ein wesentlich nachhaltigerer und weitgehenderer als in den Fällen, in denen bisher Göttingen zum unmittelbaren Vorbild genommen worden war: als in Moskau[2]) und in Wien. Wie sehr die reaktionären Kräfte in Rußland die frohen Hoffnungen vom Anfang des 19. Jhs. zunichte machten, ist oben schon gestreift worden. Auch in Österreich drang die freiere Richtung nicht durch. Schon ein Jahrzehnt bevor man in Wien ein Auge auf Schlözer geworfen hatte, schon 1772, war in Göttingen als Abgesandter des Fürsten Kaunitz in Wien, ein ehemaliger Zögling der Georgia Augusta, Birkenbach aus Heiligenstadt erschienen, „um die Universitätsverhältnisse zu studieren und sich unter den Professoren umzusehen, ob nicht der eine oder der andre geneigt und geeignet sei, der Universität Wien, die man nach dem Muster der deutschen zu reformieren dachte, seine Dienste zu widmen"[3]). Aber schon 1774 hatte Schlözers „Briefwechsel" zu melden, Martini, der mit der akademischen Reform wie mit der Gesetzgebung in Österreich betraut war, und der für die Umgestaltung der Wiener Universität Göttingen zum Muster habe nehmen wollen, finde Widerstand bei der Geistlichkeit[4]).

6. Göttingen und „die Kieler Acht".

In Göttingen, wo die Tat und das Schicksal der mannhaften „Sieben" lebendig in aller Erinnerung blieb, herrschte natürlich auch die wärmste Anteilnahme an dem Los der „Kieler Acht"[5]), als diese Professoren der nordischen Hochschule um Dahlmann'scher Treue zum deutschen Lande willen nach dem Scheitern der 48er Erhebung durch Dänemark ihres Amtes entsetzt wurden. Schon

---

1) Döberl S. 38 und 40.   2) Siehe oben S. 16.
3) Frensdorff, Von und über Schlözer S. 58.   4) Ebenda S. 61/2.
5) Vgl. A. O. Meyer, Die Universität Kiel und Schleswig-Holstein in Vergangenheit und Gegenwart. Rede von 1919, S. 18.

1850 auf der damals in Berlin tagenden Philologen- und Schulmännerversammlung hatte Jakob Grimm, der ehemalige Göttinger Leidensgefährte Dahlmanns, in ergreifender Rede den Antrag gestellt, „die Versammlung möge erklären, daß die Sache Schleswig-Holsteins eine gerechte, heilige, unverbrüchliche des ganzen Deutschlands sei"[1]). Mitte Juni 1852 bildete sich dann unter den Göttinger Professoren ein zentrales Hilfskomitee, um an allen deutschen Universitäten Mittel zu sammeln, zur Deckung der in Kiel nun ausfallenden Gehalte, und um die Anstellung der Abgesetzten an anderen Universitäten zu erwirken. Solches sei Ehrenpflicht der deutschen Universitäten. „Jeder Professor muß sich sagen", schrieb damals Hanssen in Göttingen an Olshausen in Kiel, „daß, wenn er zufällig in Kiel statt in Göttingen, Tübingen etc. säße, ihn dasselbe Loos hätte treffen können"[2]). So entspann sich damals eine lebhafte Korrespondenz gerade zwischen den Göttingern (Ewald, Hermann, Hanssen) und den Kielern (Chalybaeus, Olshausen). Um der Not in Kiel möglichst bald und wirksam begegnen zu können, ging man in Göttingen mit seinem Appell auch über die Universitätskreise im engeren Sinne hinaus. So wandte sich Rudolph Wagner, der Nachfolger Blumenbachs, in der sicheren Hoffnung bei dem deutsch gesinnten Fürsten keine Fehlbitte zu tun, auch an König Ludwig von Bayern. Daß er sich in seiner Erwartung nicht getäuscht hat, zeigt die folgende Antwort des Königs, deren Kenntnis mit der Erlaubnis zur Veröffentlichung ich der besonderen Güte Hermann Wagners, des Sohnes, des derzeitigen Nestors unserer Geographen und Seniors unsrer philosophischen Fakultät, verdanke.

„Herr Hofrath Wagner, einem vormaligen Göttinger Studenten (im nächsten Jahr wird es ein Halbjahrhundert, daß ich diese ruhmvollste und verdienstreichste unserer Hochschulen bezog) schrieben Sie zu Gunsten der ihre Stellen verlohren habenden Kieler Professoren. Mit Freude schicke ich hiemit eine Gabe von fünfhundert Gulden, freylich nur ein Tropfen, aber ich bin mit Ausgaben überhäuft. Was mein teutsches Herz fühlt bey dem, wie es jezo in Nordalbanien zugeht, wie es ihm schmerzlich, daß in Schleswig Entteutschung versucht wird, wäre zu versichern überflüssig. Löblich ist es von Ihnen, ein ausgezeichneter Gelehrter selbsten, daß Sie sich der in's Unglück gestürzten annehmen. Mit dieser Gesinnung,

   München 1. July   Ihr Ihnen wohlgewogener
     1852   gez.: Ludwig.
Dem Herrn Hofrath u. Professor
  Rudolph Wagner
     in
      Göttingen."

---

1) Verhandlungen der 11. Vers. d. Phil. u. Schulmänner S. 28—31.
2) M. Liepmann, Von Kieler Professoren. Briefe aus drei Jahrhunderten. 1916. S. 280 ff.

7. Das Göttinger Ehrendekret von 1853.

Als der November 1853 kam, da gedachte man in Göttingen, erinnert wohl auch durch die Bemerkung im Briefe des Königs in der Kieler Angelegenheit vom vergangenen Jahre, wie es nun ein halbes Jahrhundert her war, daß der junge bayerische Kurprinz unter die hiesigen Studierenden sich hatte eintragen lassen. Es war natürlich, daß ein Vertreter des von Ludwig so hoch gehaltenen klassischen Altertums es war, der zuerst darauf hinwies, zumal er in demselben Hause wohnte, welches damals Ludwig mit seinem Hofmeister bewohnt hatte: Karl Friedrich Hermann, der klassische Philologe. Wie hätte gerade er eines solchen Mäcens vergessen können?! Wie die Universitätsbibliothek?!

So findet sich denn folgender Schriftwechsel in den Akten des Göttinger Senates:

(1.)   Ordini Amplissimo

habe ich die Ehre Folgendes vorzutragen. Der König Ludwig von Baiern ist vor 50 Jahren als akademischer Bürger hier inscribiert. Seine treue Anhänglichkeit an die hiesige Universität ist eben so bekannt, wie seine Liberalität gegen unsere Institute, namentlich die Universitäts-Bibliothek. Die Bibliothek verdankt ihm die großartigsten Geschenke. Es ist nun die Absicht der Universität, von dem fünfzigjährigen Jubiläum der Aufnahme des Königs unter die hiesigen Studierenden der Anlaß zu nehmen, um demselben ihre Verehrung und Dankbarkeit zu erkennen zu geben. Von mehreren Seiten wird, außer anderm, gewünscht, daß Seiner Majestät das Ehrendoktordiplom der philosophischen Fakultät erteilt werden möge. Die classische Bildung des Königs verbunden mit seinem Kunstenthusiasmus, wodurch derselbe soviele Werke der schönen Künste und Wissenschaften förderte und ins Leben rief, dürfte wohl neben dem speziellen Anlaß als bedeutendes Motiv zu dem Beschluß der Ertheilung des Ehrendoktordiploms erscheinen.

Um die Vota der Herren Kollegen und zugleich um möglichst schleunige Beförderung dieser Missive bittend

                         hochachtungsvoll und gehorsamst

Göttingen, den 10. November 1853.   Hoeck.

Daran schließen sich folgende Bemerkungen:

(2.) Einverstanden: Mitscherlich, Gauß, Ritter, Ewald, Hausmann.

Ich habe mir erlaubt Seine Magnificenz den Herrn Prorektor auf diesen Weg, die unvergänglichen Verdienste des Königs Ludwig um Kunst und Wissenschaft zu ehren, aufmerksam zu machen; ich freue mich, daß der Gedanke sich des Beifalls des Herrn Dekans und der verehrten Herren Kollegen werth gezeigt hat, und erneuere ihn hier in meinem beistimmenden Votum.

                                       Hermann.

Wenn es ein präcedens hat, daß gekrönte Häupter zu Ehrendoktoren ernannt, finde ich diesen Fall gewiß vor andern geeignet. Und da die

andern verehrten Herren Kollegen die Sache für angemessen halten, habe ich auch keine Bedenken. Sonst würde ich allerdings meinen, man müsste vergewissert sein, wie eben diese Art der Anerkennung aufgenommen werde.
Waitz. Weber.

Der Herr Kollege Hermann hat die Güte gehabt, wofür besonders ich ihm zu großem Dank verpflichtet bin, das Elogium für das Diplom Sr. Majestät des Königs von Bayern abzufassen. Indem ich dasselbe jetzt den Herren Kollegen vorlege, erlaube ich mir die gehorsamste Anfrage, ob Ampl. Ordo der Ansicht ist, daß, abgesehen von den Aenderungen, welche durch das Elogium bedingt werden, im übrigen die Formeln eines gewöhnlichen Diploms beibehalten werden?

Hochachtungsvoll und gehorsamst

Göttingen, den 20. November 1853.   Hoeck.

Ganz einverstanden: Mitscherlich, Gauß, Ewald, Ritter, Hausmann, Waitz, Weber.

Die Ehrenpromotion wird also beschlossen und das Diplom in Druck gegeben.

(3.)   Ordini Amplissimo

beehre ich mich, den beifolgenden Probedruck vorzulegen, und, im Auftrage des Herrn Kollegen Hermann, zu bitten, etwaige Bedenken oder Wünsche in Bezug auf Form und Fassung des Diploms gefälligst mitteilen zu wollen.

Zugleich erlaube ich mir, gehorsamst anzufragen, ob die Herren Kollegen damit einverstanden sind, daß das Diplom (wie es schon bei dem des Herrn von Savigny und Eichhorn der Fall war in der Jur. Fakultät) auf Pergament gedruckt und mit einem silbernen Kapsel versehen werde, welche das Siegel enthält.

Endlich erlaube ich mir den Vorschlag, die erwachsenden Kosten, in soweit sie nicht durch den Fiskus gedeckt werden, durch einen Abzug von der nächsten, zur Vertheilung kommenden „Quarta inscriptionum" bestreiten zu dürfen.

Um die Voten der verehrten Herren Kollegen bittend
hochachtungsvoll und gehorsamst

Göttingen, den 27. Nov. 1853.   Hoeck.

Dem Vorschlag des Herrn Dekans beistimmend:
Gauß, Ewald, Hermann, Waitz, Weber, Ritter, Hausmann. Mitscherlich.

(4.)   Es folgt die genaue Kostenberechnung (21. 4. 4).

Das umfangreiche, z. T mit Gold auf Pergament und in blauer Umrahmung geschriebene Ehrendekret, dessen mit in goldener Kapsel angehängtem Siegel versehenes Original das Bayerische Nationalmuseum in München verwahrt[1]), enthält als wichtigstes Kernstück folgendes von Hermann verfaßtes Elogium:

---

1) Nach Fr. Schmidt p. CXC; Allgemeine Zeitung 1853, 20. Dezember; Hausmann a. a. O.

„Augustissimum Bavariae regem seniorem
eundemque Bavariae ac Graeciae regum patrem beatissimum
Ludovicum.
quo nemo unquam regii nominis maiestatem maiore in literas artesque liberalitate illustravit | cumque ingenio doctrina iudicio vel inter privatos excelleret | affluentissimini regni instrumenta non ad suam tantum gloriam sed ad communis patriae splendorem | monumentorumque perennitatem contulit | neque inter gravissimorum negotiorum strepitus musarum sacerdotio ipse fungi detrectavit | omnis denique antiquitatis amantissimus pariter atque intelligentissimus | aeterna elegantiae exemplaria suis sumptibus comparata et collecta | posteris et admiranda et imitanda proposuit."

In dem langen, vom 9. Dezember 1853 datierten Begleitschreiben von Prorektor und Senat aber heißt es:

„Wir vergessen es nicht, daß ein Schritt wie der gegenwärtige unter den Augen des ganzen Vaterlandes geschieht, die nie aufhören mit Stolz und Dank auf einen seiner edelsten Söhne gerichtet zu seyn; geneigen aber nun Allerhöchst dieselben das offene Bekenntnis unsrer ehrerbietigen Anhänglichkeit und Bewunderung nicht zu verschmähen, so wird es ein Grund gerechten Selbstgefühles mehr für unsre Universität seyn, einen Fürsten, in dessen jugendliches Gemüth sie die ersten Samenkörner der Wissenschaft gestreut hat, am Abende seines mühe- und erfolgreichen Tagewerkes den wohlverdienten Ärndtekranz haben reichen dürfen."

Weiter heißt es mit langem feierlichem Atem in einem aus Göttingen, vielleicht wieder von K. Fr. Hermann, stammenden Artikel der Beilage der Augsburger Allgemeinen Zeitung vom 20. Dezember 1853:

„Wenn es sonst nur üblich ist, der Erteilung von akademischen Graden nach fünfzig Jahren ein erneuertes Gedächtnis zu widmen, so glaubte die Universität in diesem seltenen Fall eine Ausnahme machen und einem König, welcher unsrer Hochschule bei jeder Gelegenheit eine huldvolle Erinnerung gewidmet hat, durch ein besonderes, von allen Mitgliedern des akademischen Senates unterzeichnetes Schreiben ihre ehrfurchtsvollsten Wünsche darbringen zu müssen. Zugleich hat es die philosophische Fakultät, im Hinblick auf eine altehrwürdige, früher öfter und noch neuerdings auf den englischen Hochschulen geübte Sitte, gewagt, dem gekrönten Zögling, der vor 100 Semestern seine philosophischen Studien dahier begonnen und seitdem als ein wahrer Hochmeister der freien Künste diesen einen Impuls und eine Entwicklung gegeben hat, wie sie seit den

Perikleischen und Mediceischen Zeitaltern nicht mehr stattfand, das Ehrendiplom eines Doctors der Philosophie und Magisters der freien Künste in tiefempfundener Ehrfurcht zuzusenden. . . ."

„Wir Glieder der Georgia Augusta hoffen, daß der König in dieser ehrfurchtsvollen Rückerinnerung an ein schönes Wechselverhältnis nicht das Zeichen einer eitlen Schmeichelei erblicken werde, wie es von gelehrten Corporationen in ähnlichen Fällen zuweilen dargebracht wurde, sondern darin sehen möge den Ausdruck wahrer Ehrerbietung, Dankbarkeit und Pietät gegen einen deutschen Fürsten von Seiten einer deutschen Hochschule, die, gleich ihren Schwestern, vor und nach dem verhängnisvollen Jahre 1848 in ihrem ganzen Verhalten gezeigt hat, daß sie von der tiefen Überzeugung durchdrungen ist, wie das Heil unsres Vaterlandes und insbesondre die Erhaltung seiner geistigen Güter, sowie die Befestigung geordneter monarchischer Institutionen, nur auf dem Boden der Liebe gedeihen kann, die in völlig gleichem Maaße von den Fürsten den Völkern, wie jenen von diesen, wenn auch in Folge eines göttlichen Gebotes, doch immer als freies Geschenk dargebracht und lauter geübt werden muß."

Ganz herrlich ist des greisen Königs Antwort, ein ergreifendes Dokument deutscher Treue und Dankbarkeit. Den zierlichen Quartbogen mit Goldschnitt, wie er für die Kanzlei Ludwigs sein ganzes Leben hindurch der schlichte Schmuck ist, in seiner schönen gleichmäßig zügigen Handschrift hier in getreuem Facsimile wiedergeben zu dürfen, ist uns eine ganz besondre Freude. Wohl keine andre deutsche Universität besitzt ein solch einzigartiges Testimonium königlicher Anhänglichkeit und unveränderlich dankbarer Zuneigung. Das Schreiben lautet:

(Nr. 216.   praes. 25. Dec. 53.)

Herr Prorector und sämtliche Herrn Mitglieder des academischen Senats, recht freudig überrascht wurde ich durch das mir ertheilte Doctor-Diplom (was so schön ausgestellt ist) und durch Ihr, dasselbe begleitende, Schreiben; für beide meinen innigen Dank. Die ausgedrückten Gefühle sind mir umso schätzbarer, weil ich keine Krone mehr trage. Ein halbes Jahrhundert ist vorüber gezogen, seit ich Ihre Universität bezog; doch, als wäre erst wenig Zeit verflossen, steht in lebender Frische mein Aufenthalt in Göttingen vor mir, einem großen Anhänger der Georgia Augusta, die, wie keine ihrer teutschen Schwestern, um Förderung und Verbreitung der Wissenschaft verdiente. Ich war von Herzen Student, und noch bewahre ich die Mappe auf, mit welcher unter dem Arme, in die Collegien ich ging. Die letzte Feder, derer ich mich da bediente, befindet sich darinn. Nie werde ich verschmerzen nicht am Jubelfeste der Gründung der

Universität nach Göttingen gekommen zu seyn[1]); der Landtag war Schuld daran. Nicht als König wäre ich da gewesen, als vormaliger Student hätte ich mich angereiht. Noch manchen, mir bekannten, hochgeschätzten Lehrer würde ich wieder gesehen haben; jetzt lebt keiner mehr. Daß Sie, meine Herren, obgleich ich nicht das Vergnügen habe, einen von Ihnen zu kennen, an mich denken, ist mir darum um so werther. Mit diesem Gefühle

München 23. December 1853.   Ihr Ihnen wiederhohlt dankender Ludwig.

8. Ausklang.

Im Jahre 1859 war es, als die Bayerische Akademie der Wissenschaften in München ihr hundertjähriges Bestehen feierte. Da gab es auch einen geselligen Abend, zu dem mit den Einheimischen die auswärtigen Ehrengäste, unter ihnen die Vertreter Göttingens, Rudolph Wagner u. a., erschienen. Um dieser Göttinger willen fand sich auch Ludwig ein, auf Jos. Sepps besondre Einladung hin. Die Rede kam auf jenes urkräftige Pereat, das Ludwig vor damals 50 Jahren auf die Gesundheit der armen Tiroler trinkend auf Napoleon ausgebracht, so temperamentvoll, daß der Fuß des Glases, das er zum Andenken Bettina v. Arnim dann schenkte, beim Aufstoßen auf den Tisch zersprungen war. Der König verlangte das bewußte Glas zu sehen und rief: „Was ich damals getan, will ich heute (— der österreichisch-italienische Krieg hatte eben begonnen —) wieder tun!" Dann aber sich besinnend: „Nein doch! ich bin um fünfzig Jahre älter geworden, ich will es lieber unterlassen. Aber die Gesinnung ist die gleiche geblieben!" Und so trank er, nicht sprechend, aber das Seinige denkend[2]).

Diese Treue rostete nicht. Hyazinth Holland in München[3]) hat einmal erzählt, wie König Ludwig I. als Gast bei einem Künstlerfest noch in den sechziger Jahren, also kurz vor seinem Tode — er starb achzigjährig — mit großer Begeisterung von seiner Universitätszeit gesprochen und dabei namentlich bekannt habe, wie sich durch den Besuch einer auswärtigen Universität — eben Göttingens — sein geistiger Gesichtskreis erheblich erweitert habe; er habe deshalb auch seinen Sohn Max, den nachmaligen König Maximilian II. auf die Universitäten Göttingen und Berlin geschickt, und am liebsten hätte er die Bestimmung getroffen, daß

---

[1]) Man hatte im September 1837 in Göttingen bis zuletzt mit dem Kommen des Königs gerechnet und in den Begrüßungen schon einen besonderen Passus für ihn vorgesehen. Vgl. meine Rektoratsrede „Göttingen und die Antike" (1926), Seite 28.

[2]) Ringseis, Erinnerungen I, 83; Heigel, S. 29.   [3]) Nach Hausmann a. a. O.

jeder bayerische Universitätsstudent mindestens auch 1 Semester an einer nicht bayerischen Universität studieren müsse. Hausmann bemerkt dazu mit Recht: „Das ist umso bedeutsamer, als früher in Bayern kein Student vor Vollendung und regelrechtem Abschluß seines Universitätsstudiums eine nichtbayerische Universität besuchen durfte."

Brandes hatte auch in diesem Sinne seine große Denkschrift über die Göttinger Universität nicht vergeblich geschrieben. Dort hatte es (Sp. 227) geheißen: „Zur Abreibung der recht spitzigen Ecken von Nationalvorurteilen, von Gewohnheiten aus der Eltern Hause oder der Vaterstadt tut diese Mischung von Menschen aus so sehr verschiedenen Ländern in dem Alter herrliche Dienste."

KAPITEL III.

Maximilian II. von Bayern als Göttinger Student.

Damit kommen wir zu Max II. und Göttingen, zu den Semestern Winter 1829/30 und Sommer 1830. Auch diese Studienzeit steht noch ganz unter der unmittelbaren Direktive Ludwigs I. Wie dieser schon für die früheste Erziehung seiner Kinder, besonders seines Erstgeborenen, bis ins kleinste hinein genaueste Anweisung gegeben hatte, so entläßt er seinen Maximilian zur Universität auch nicht ohne sehr präzise Instruktionen für dort und hält auf deren strikteste Einhaltung, umso mehr als er die Göttinger Verhältnisse noch in genauer Erinnerung hatte.

Im Übrigen war alles verschieden genug. Für Max war die Reise nach Göttingen der erste Ausflug in die Fremde. Er war vorher auch auf keiner andren Universität gewesen. Nicht hin und her geworfen durch die Schrecken des Krieges wie der Vater, sondern wohlbehütet an idyllischen Stätten war der gutherzige Knabe im Elternhause herangewachsen. Er selbst eine weiche, liebenswürdige Natur von größter seelischer Reinheit, Herzensgüte und kindlicher Anhänglichkeit, aber ohne den großen kühnen, unternehmenden, kraftvoll heroischen Geist des Vaters.

Jene für Max eigenhändig niedergeschriebene väterliche Ermahnung, die bisher nur nach einigen ihrer Hauptpunkte auszugsweise und summarisch bekannt geworden[1]), ist ein erzieherisch

---

[1]) z. B. bei Fr. Schmidt, p. CCV.

derart bedeutsames Dokument und für Ludwigs eigene, so genaue Gewissenhaftigkeit und doch auch wieder wahrhaft große freie Art so charakteristisch, daß ich es wieder als ein besonderes Glück erachte, sie hier in extenso veröffentlichen zu dürfen. Sie lautet:

An meinen nach Göttingen abgehenden
Sohn Max.

1. Bis Du nicht 18 Jahre alt bist, darfst Du nicht ohne den Grafen von Fugger oder im Falle daß er daran verhindert ohne den von ihm Dir Mitgegebenen ausgehen. Mit dem Tage, an dem Du 18 Jahre alt bist, darfst Du allein ausgehen. Du darfst es, aber ich rathe Dir es nicht. Gerade weil Du Kronprinz bist, dürften manche Studenten sich bemühen Dich zu beleidigen, da von allen in Göttingen blos die äußerst wenigen Bayern Rücksicht auf Dich zu nehmen haben.

2. Kein Heyrathsversprechen darfst Du geben, auch bedingnißweis keines.

3. Nie darfst Du Dich in einen Zweykampf einlassen.

4. In keine geheime Gesellschaft darfst Du treten, sie heise wie sie wolle.

5. Täglich, und sollte es auch nur zehn Minuten lang seyn, lese in Sailers Christlichem Monat, bevor Du Dein Tagwerk beginnest. In dem Alter in welchem Sinnlichkeit laut spricht, thut es vorzüglich Noth durch Seelennahrung das Geistige zu stärken, an den Willen Gottes sich immer zu erinnern.

6. Die Vorschriften unserer heiligen Religion, auch die das Aeußere betreffenden, halte. „Liebe Gott über alles und Deinen Nächsten wie Dich selbst", das sey Dir beständig gegenwärtig.

7. Die Zeit benütze, vertrödele sie ja nicht.

8. Habe Ordnung in Deinen Ausgaben, überschreite keinen von Dir für das Jahr gemacht werdenden Ansatz Deines Budgets; vergeße nicht nachzusehen, ob solcher die Ausgabe welche Du zu machen Lust hast gestattet. Der für Unterstützungen werde nicht karg bedacht; an des Hülfsbedürftigen Stelle solle sich der Mensch versetzen und an ihm handeln wie. er möchte, daß in gleicher Lage an ihm gehandelt würde.

Haushälterisch sey, nicht geitzig; einigen Ueberschuß habe immer.

9. Im Wintersemester höre folgende öffentliche Vorlesungen: **a.** Nationalökonomie bey Saalfeld **b.** Statistik bey Heeren **c.** Naturgeschichte bey Blumenbach **d.** Geschichte seit der Völkerwanderung bey Heeren; im Sommersemester **a.** Allgemeine Völkerkunde bey Heeren **b.** Neuere Geschichte bey demselben **c.** Politik bey Dahlmann und **d.** privatissimum Völkerrecht und practische Uebungen in Franzößischer Sprache bey Saalfeld. Solltest Du jedoch von diesen Sommercolegien wegzulassen, andere dafür zu hören wünschen, so schreibe mir es während dem Winter, die Gründe angebend, damit ich entscheide. Drey Stunden jede Woche nehme Du Unterricht im Lateinischen bey Mitscherlich (dem derzeitigen Prorector) und drey Stunden im Englischen bey Banfield. Fürs Italienische ist leider kein gute Aussprache besitzender Lehrer in Göttingen, darum besser es für

Kapitel III.

Dich nur zu lesen und in München zurüke eifrig Dich damit abzugeben, denn obgleich dann bald der Landtag beginnen wird, bleibt Dir während demselben hinlänglich Zeit dafür. Wünschenswerth daß Du täglich die Allgemeine Zeitung lesest und das Klavier nicht vernachläßigest.

10. Jede Woche schreibe einen Brief einem Deiner Aeltern. Die an mich numeriere und abwechselnd sey der eine Teutsch, der andere Franzößisch (letzeres um Dich darinnen zu üben).

11. Den 1ten jeden Monats lese dieses an Dich Geschriebene und beherzige es.

12. Lüderlichkeit ist etwas gemeines, macht die Achtung verlieren; einem rein sich erhaltenden Jüngling wird sie dagegen in hohem Grade.

Und nun, geliebter Sohn, begleite dich des Himmels bester Segen, sey Du immer mein aufrichtiger Max, nie lasse einen Zwischenmann aufkommen zwischen Dir und

München 13. Oktober 1829.
Deinem Dir treuen Vater
Ludwig.

Wohl vorbereitet kam Max kurz vor seiner Großjährigkeitserklärung mit 18 Jahren nach Göttingen [1]). Seine geistlichen Erzieher waren, von Vater Ludwig auf Bischof Sailers Rat hin bestellt, der Regensburger Mönch Mac Iver und der Priester Öttl, der spätere Bischof von Eichstätt, gewesen. Die Schulausbildung hatte der Vater seinem alten Vertrauten, der ihn selbst nachträglich noch in Latein und Griechisch geübt, dem Hofbibliothekar Lichtenthaler übergeben. Im Turnen hatte Max den vortrefflichen Maassmann, in der Geschichte, die mehr und mehr sein Lieblingsstudium werden sollte, den 1828 nach München berufenen Joseph von Hormayer zum Lehrer, in Naturgeschichte den gemütvollen Gotthilf Heinrich Schubert. Sieben Jahre besuchte der Kronprinz auch das Kgl. Erziehungsinstitut in München, wo der Unterricht täglich früh 7 Uhr begann [2]).

Man muß die von Würzburg aus 1817 gegebene Instruktion Ludwigs an Mac Iver, den Erzieher seines damaligen 6jährigen Erstgeborenen, selbst nachlesen, ein ebenfalls wohl einzigartiges Dokument in der Erziehungsgeschichte, um auch hier die ganze Originalität Ludwigs in der äußerst präzisen und folgerichtigen Verwertung seiner eigenen Lebenserfahrungen einerseits, seine königlich großzügige Art und seinen glühenden Patriotismus andrerseits voll würdigen zu können [3]). Aus denselben Monaten stammt ein von Nymphenburg aus an Lichtenthaler von Ludwig wieder eigenhändig geschriebener Stundenplan für Max von der-

---

1) Vgl. zum Folgenden besonders F. Schmidt p. CXIX ff.
2) Vgl. F. Schmidt p. 419 ff.
3) Vollständig mitgeteilt von Fr. Schmidt, S. 245 ff.

selben kategorischen Festigkeit und einfachen Klarheit¹). Der Vormittagsunterricht beginnt da stets um ¹/₂8 Uhr mit 1¹/₂ Stunden Latein, worauf regelmäßig abwechselnd 1 Stunde Deutsch und 1 Stunde Erdbeschreibung folgt; Nachmittags 4 Uhr 4 mal Rechnen und 2 mal Naturgeschichte, jeweils eine halbe Stunde, als Abschluß aber darnach stets ¹/₂ Stunde Klavier.

Im gleichen Maße erfrischend ist das Schreiben Ludwigs an Lichtenthaler vom 30. Dezember 1821, ebenfalls die Erziehung Maximilians betreffend. Für Krankheitsfälle sieht hier die zärtliche Fürsorge des Vaters die lieblichsten Erholungsorte (Veitshöchheim, Aschaffenburg, Rotenburg o. T.) vor und schließt mit dem prachtvoll freiheitlichen Nachtrag: „Wenn meine Kinder mir oder ihrer Mutter schreiben, hat das außer den Lehrstunden nur zu geschehen. Zum Briefschreiben sind sie nicht anzuhalten, ja nicht einmal zu ermahnen, aber was sie schreiben ihren Ältern, haben sie niemand, auch ihrem Erzieher (Erzieherin) nicht, zu zeigen."

Als Max dann am 28. Oktober 1829 in Göttingen mit dem Grafen Fugger-Kirchheim im „Prinzenhaus" ²) Quartier bezog und sich in die Matrikel der Georgia Augusta³) eintrug, hatte auch er genau wie sein Vater auf der Herreise Frankfurt a. M. besucht,

---

1) Ebenda p. CXCIX und CC.

2) Es stand in der nach ihm benannten Prinzenstraße an der Stelle, wo sich nun, seit 1910, das große moderne Gebäude der Commerz- und Privatbank erhebt und war, wie unsere Tafel VI zeigt, ein schlichtes großes dreigeschossiges Fachwerkhaus mit 39 Fenstern an der Front und später mit Schieferbekleidung an der westlichen Schmalseite. Es war eines der eigens für die Universitätszwecke noch in der ersten Hälfte des 18. Jhs. erbauten größeren Häuser, typisch für Göttingen in seiner anspruchslosen Schmucklosigkeit, ausgezeichnet aber durch seine Lage unmittelbar neben dem Concilienplatz, dem Mittelplatz des akademischen Lebens der Stadt. Rückwärts schloß ein großer Garten an, der bis an die im Hintergrund liegenden Häuser an der Paulinerstraße reichte, in denen Schlözer und Heeren wohnten. Zu der Eingangstür in der Mitte der Front führte ein Stufenpodest hinauf, das später, wie unsere Tafel zeigt, entfernt worden war. In diesem Hause haben, wie auch die große Erinnerungstafel am Bankgebäude heute noch besagt, 1786—91 die drei englischen Prinzen als Zöglinge der Georgia Augusta mit ihrem Hofmeister v. Malortie und Gefolge 4¹/₂ Jahre lang gewohnt. Vor ihnen schon (1747—1755) kein geringerer als der edle und einzige Kanzler der Georgia Augusta: Johann Lorenz von Mosheim; später, aber noch vor dem bayerischen Besuch, Maximilian Prinz zu Wied (1811—12) und Herzog Wilhelm von Braunschweig-Lüneburg (1822—23). Über die Geschichte des Hauses und des Platzes, auf dem es steht, gibt Frensdorff's Aufsatz „Die englischen Prinzen in Göttingen" (Zeitschr. des Histor. Vereins für Niedersachsen Bd. V (1905), S. 437 ff. sowie im Anhang unten die Anlage IV nähere Auskunft.

3) Die Eintragung scheint nicht von seiner eigenen Hand zu stammen.

um alles Sehenswerte dort zu sehen, und ebenfalls wie der Vater benützte er die Osterferien zu einer Reise nach den Hansastädten. Als Graf Werdenfels, genau wie der Vater, ist er eingetragen in dem Paukbuche der Göttinger Verbindung, welche die „Paukwix" gestellt hatte; dabei wieder das bayerische Wappen gemalt[1]). Das Fechten („Schwadronieren") betrieb Max eifrig. Genau wie der Vater unternimmt dann auch der Sohn nach Beendigung der Universitätsjahre in Deutschland als erste Auslandsfahrt eine Reise nach Italien, d. h. nun im Herbst 1831, nach Beendigung der Studien in Berlin. Auch in Italien hält er sich als (Maximilian) Graf Werdenfels auf, und wieder ist der Göttinger Studiengenosse der unzertrennliche Begleiter des Kronprinzen: diesmal Graf Fugger.

Die Kolleghefte Maximilians II., aus seiner Göttinger Zeit, die ebenso wie diejenigen seiner beiden unmittelbar darauffolgenden Berliner Semester in der Wittelsbacher Familienbibliothek in der Residenz zu München (vgl. oben S. 2) aufbewahrt werden, sind vielleicht noch nicht vollständig wieder zum Vorschein gekommen — müßten es nicht mehr sein? — aber auch das bisher Bekannte ist instruktiv. Besonders der Vergleich zwischen Vater und Sohn ist hierin lehrreich. Dr. Spindler, der die Hefte auch Max' II. in München für mich einsehen durfte, schreibt darüber: „Ihre Anlage ist gleichmäßiger, ernster, unpersönlicher, uninteressanter. Aus Ludwigs Heften hingegen quillt die Jugend immer wieder hervor. Da schreibt er ein Wort, um es hervorzuheben, mit mächtigen, doppelt so großen Buchstaben wie die nebenstehenden Worte; er unterstreicht, streicht zügig durch, er flicht übermütige, vorwitzige und doch verständige Bemerkungen ein. Hier nichts von dem. Eine wenig originelle, mehr aufnehmende, nach Kenntnissen hungernde Sammelnatur gibt sich hier kund." Spindler fügt aber noch hinzu: „Die Hefte von Max wie die von Ludwig bringen den Beweis für ein selten ernstes Bildungsstreben. Es dürfte nicht leicht ein Student von heute seine Kolleghefte so führen, wie diese beiden Fürstensöhne es getan."

Ich lasse auch hier Spindlers Bemerkungen zu den einzelnen Nachschriften folgen und setze in Klammern wieder das Semester hinzu, so wie es sich nach den alten gedruckten Göttinger Vorlesungsverzeichnissen noch hat feststellen lassen.

---

1) Vgl. Venanz Müller, Maximilian II. von Bayern, 1864, S. 64.

Practisches Diplomatikum bei **Saalfeld**
4½ Seiten, mit Tinte korrigiert, französisch.

Inhalt: Die Arten des diplomatischen Verkehrs (lettres de chancellerie, de
cabinet, d'autographe; les actes publiques: proclamations, traités, ratifications etc.), ziemlich viel Schreibfehler. (W. S. 1829/30)

Politik von **Dahlmann**.

Auf der ersten Seite: Politik, Privatissimum bey Dahlmann.
33 Seiten.

Inhalt: I. Charakteristik der verschiedenen Regierungsformen, Gesetzgebung, Exekutive, Justiz, Verwaltung.
II. Staatswirtschaft, nur 6½ Seiten.

Im ganzen 64 Paragraphen, sehr sauber, doch sehr flüchtig geschrieben. Am Rand öfters Beispiele aus der Geschichte. Die einzelnen Paragraphen zählen nicht mehr als 10 Zeilen, vermuthlich von Dahlmann diktiert, da nirgends der Satzbau und Gedankengang unterbrochen ist.

(W S. 1829/30)

Bemerkungen aus der Ethnographie von **Heeren**.

26 Seiten. Kurze, unzusammenhängende, 1—3 Zeilen lange Bemerkungen über allerlei Interessantes aus dem Leben fremder Völker. Nach Ländern eingeteilt; z. B. in Malta noch Ruinen als Wasserleitung, in Neuseeland Menschenfresser etc.

Es ist möglich, wie der Titel u. die Art der Aufzeichnungen schließen lassen, daß die „Bemerkungen" aus dem eigentlichen Kollegheft nachgeschrieben sind.

(S S. 1830 „Allgemeine Länder- u. Völkerkunde")

Bemerkungen aus der **Weltgeschichte**.

Dozent nicht angegeben; da im gleichen Band eine Vorlesung von Dahlmann enthalten ist, vermutlich auch Göttingen.

(S S. 1830, wohl Heeren)

I. Drei Hefte: Bemerkungen aus der Weltgeschichte:
1) Bemerkungen über China, Indien, Aegypten, Persien, Griechen Römer; 24 Seiten. Nach der letzten Zeile in weiterer Schrift: „Religion und Staatsverfassung ist das erste."
2) Römische Kaiserzeit, das Christentum in den ersten Jahrhunderten, Konstantin der Große, Theodosius der Große, Eroberung des Römerreiches, Völkerwanderung.

Neuer Abschnitt: Mittlere Geschichte. Von der Auflösung des weströmischen Reiches bis auf Karl den Großen (814). 24 Seiten, schließt mit der Eroberung des Langobardenreiches.
3) Mohammed, die Franken seit Clotar, Araber, das Byzantinische Reich, Ludwig der Fromme — Heinrich IV., Englische Geschichte bis 1066. 24 Seiten.

II. Bemerkungen aus der **deutschen Geschichte**
von **Dahlmann**.

5 Folioseiten, die unten eingebogen sind.

Enthält lauter kurze Notizen von Urteilen u. Aussprüchen seines Lehrers, die ihm auffallen, von Ereignissen, die ihm besonders bedeutsam und merkwürdig erscheinen.

z. B. Teutschland hat immer mehr für die Welt als für sich selbst gethan. In Teutschland hat das Universitätswesen weniger Staatsunterstützung als in anderen Ländern, jedoch die Freyheit gedeiht desto mehr. Man darf niemals seine Gegner verachten, wie Wallenstein nicht Gustav Adolf. Bemerkungen über Philipp den Schönen, Rudolf v. Habsburg, Karl V. etc. Eine chronologische Folge macht sich bemerkbar, von Karl dem Großen bis zum 30jährigen Krieg.

(SS. 1830)

Ganz wesentlich mehr als diese Kollegnachschriften geben die Briefe, die Max von Göttingen aus an seinen Vater schrieb, und die zusammen mit dessen Antworten im Geh. Hausarchiv zu München noch vollständig erhalten sind. Nach des Vaters strenger Weisung abwechselnd deutsch und französisch[1]) geschrieben, geben sie Zeugnis von der zarten Gewissenhaftigkeit des streng gehaltenen, kindlich gehorsamen Königssohnes. Es hat etwas Rührendes, wie er den zu Unrecht mißtrauisch gewordenen Vater demütig zu begütigen sucht, für unvorhergesehene Auslagen seine nachträgliche Genehmigung, für Ausflüge, ja auch für den Wechsel einzelner Vorlesungen gehorsam die vom Vater ausdrücklich verlangte Zustimmung erbittet. Dazu fühlt sich Max auch nicht froh und glücklich in Göttingen. Seiner Umgebung sich zwanglos einzufügen war ihm nicht gegeben. Schon die im Vergleich zum Vater noch verstärkte Schwerhörigkeit lastet auf ihm. Auch war seine gesamte Konstitution zart, so daß der Vater ihn auch nach Göttingen nicht ohne den Leibarzt Mediz.-Rat Distelbrunner hatte reisen lassen. Nach seinen eigenen Erfahrungen schien Ludwig I. ein treuer Leibarzt wichtiger als ein Hofmeister zu sein.

So fühlt sich Max II. bei aller wissenschaftlichen Anregung, durch die er sich bereichert fühlt, und nachdem man ihm das harmlose Vergnügen der Fahrten nach Cassel verargt, mehr und mehr einsam in Göttingen, das Heimweh wächst. Dazu kam die bedenklich zunehmende Unruhe in der gesamten politischen Welt, die weithin spürbare Erschütterung der Pariser Julirevolution. Da treibt es ihn im August 1830, gerade gegen Ende seiner Göttinger Zeit, rasch nach Bad Brückenau zu den königlichen Eltern. Endlich kann er zu ihnen wieder nach Berchtesgaden.

Schon zu Beginn des Göttinger Studiums am 28. November 1829, als Max volljährig geworden war, hatte die Heimat höchste

---

1) Max selbst empfindet die Mangelhaftigkeit seiner französischen Kenntnisse so stark, daß er den Vater dringend darum bat (s. u. S. 112), seine Lücken auf diesem Gebiet durch besondre Stunden bei dem Lektor Artaud noch ausfüllen zu dürfen. In dem von Ludwig entworfenen Stundenplan war solches nicht vorgesehen gewesen.

wissenschaftliche Ehrung ihm verliehen: in einer Festsitzung der Bayerischen Akademie der Wissenschaften wurde er zu ihrem Ehrenmitglied ernannt; zum ersten mal, daß solches geschah. Als welch wichtigen Ansporn der junge Fürst dies empfinden mußte, ist zu verstehen. Er hat es auch wahrlich nicht an Eifer und ernstester Hingebung in seinem Studium fehlen lassen und suchte zu lernen, wo er konnte. In einem Brief bald darauf, den er seinem früheren militärischen Erzieher, Freiherrn von Hohenhausen, am 31. Jan. 1830 von Göttingen aus schrieb, heißt es ernst: „Die hiesige Einsamkeit will ich benutzen zum Lernen. Die kommende Zeit fordert Vorbereitung, ungerüstet darf man ihr nicht entgegengehen!" [1]

Blumenbach, obwohl damals schon bejahrt, gesehen und gehört zu haben, galt immer noch als unerläßlich für jeden Göttinger Studenten. Max war zudem vom Vater her besonders an ihn empfohlen. In der Biographie des damals gleichzeitig mit ihm studierenden Dichters Fr. W. Rogge [2] heißt es:

„Blumenbach war eine kleine, vom Alter gebeugte Gestalt mit einem pikanten, aber nichts weniger als schönen Gesicht, das er unaufhörlich verzog, während er gleichzeitig mit den starken, buschichten Augenbrauen manövrierte und so nicht selten eine höchst komische Figur spielte, die schon an sich zum Lachen reizte. Seine Vorträge waren mit Anekdoten gewürzt, die sich über sein ganzes langes Leben erstreckten, und die er höchst originell anzubringen verstand, offenbar in der Absicht, auf die Lachlust seiner Zuhörer zu wirken, die dann auch nicht selten in ein homerisches Gelächter ausbrachen, über welches der alte Herr sich aber sehr ungehalten zu zeigen für gut fand. Da jedoch in der Regel seinen Vorlesungen fürstliche Personen beiwohnten, und das ganze Auditorium aus gebildeten jungen Leuten bestand, für welche der Träger eines europäischen Namens eine geheiligte Person war, so lief alles immer sehr glatt und dezent ab. Der Kronprinz Maximilian von Bayern und sein Gouverneur, Graf Fugger, besuchten diese Vorlesungen im Auftrage des Königs Ludwig sehr gewissenhaft, und unser Dichter befand sich so täglich in fürstlicher Gesellschaft. Maximilian von Bayern war als Student eine frische, blühende Erscheinung mit großen leuchtenden Augen, in denen sich jedoch mehr Seele als Geist zu offenbaren schien. ... Rogge überraschte den Kronprinzen zu seinem Geburtstage mit einer alcäischen Ode, für welche ihm Graf Fugger einen Taler als königliche Gegengabe zustellte."

Wie knapp der Prinz gehalten war, ahnte der enttäuschte junge Dichter freilich nicht.

Unsere Tafel IV gibt Blumenbach nach der einen der beiden schönen Radierungen wieder, die Ludwig E. Grimm, der Bruder

---

[1] Mitgeteilt bei Ven. Müller S. 63/4.

[2] Unter dem Titel „Ein seltenes Leben" 1877 in Zürich herausgegeben von Paul Wolf. Den Hinweis (S. 28/9) verdanke ich, wie so manchen anderen, wiederum der unermüdlichen Hilfsbereitschaft Herrn Dr. G. von Selle's.

von Jakob und Wilhelm, sechs Jahre vorher (1823) ebenso wie die Bildnisse von elf anderen Göttinger Professoren gezeichnet hat. Das Blatt ist eines der besten Leistungen Ludwig Grimms, dessen Stärke gerade im gezeichneten Bildnis zu liegen scheint. Diese 1823—26 in zwei Heften erschienenen Göttinger Professorenporträts hatten auch Goethes Wohlgefallen gefunden. Des Künstlers saubere, sorgsam die einzelnen Züge sammelnde und doch, wie Wilhelm Grimm richtig sagte, nicht ungeistige Art tritt gerade bei diesem Blumenbachbild aufs günstigste hervor[1]). Der helle, wache Blick der klaren, großen Augen, die herrlich gewölbte, bedeutende Stirn des schön geformten Schädels beherrschen den Eindruck. Das Beiwerk ist sinnig gewählt: ein Blumenstöckchen und ein Abguß des Schädels von Robert Bruce, wie auf der Rolle dabei eigens geschrieben steht: „Robert Bruce, King of Scotland". Die Signatur rechts unter dem Bild lautet: L. E. Grimm fec: ad vivum Cassel 1823.

Immerhin war Blumenbach für den Kronprinzen Max wie für so viele damals mehr eine Sehenswürdigkeit und Merkwürdigkeit denn ein in der Tiefe ihn berührender Lehrer. Die entscheidenden, sein weiteres Leben mit bestimmenden Eindrücke kamen ihm von anderer Seite. So wie für Ludwig I. unter den Göttinger Dozenten einst L. A. Schlözer von größtem Einfluß gewesen war, so empfing jetzt Max II. von **Heeren** und vor allem von **Dahlmann** die stärksten und nachhaltigsten Impulse. Diese beiden in hohem Maße anregenden Geschichtslehrer haben bei Max II. das vom Vater her ererbte und gerne geförderte[2]) starke historische Interesse zur vollen Bewußtheit entwickelt: **Heeren**, dessen in drei Göttinger Jahrzehnten erprobte Lehrtätigkeit das Wesentliche so klar herauszuheben, die Menge der Tatsachen unter allgemeinen Gesichtspunkten mit jener künstlerischen Anmut, die seiner Vaterstadt Bremen eigen zu sein scheint, zusammenzufassen wußte, und von dessen Hauptwerk „Ideen über die Politik, den Verkehr und den Handel des vornehmsten Volkes der alten Welt" man gesagt hat, es habe namentlich im Auslande dazu beigetragen, die Meinung zu erschüttern, als vermöchten die Deutschen nur Werke ungenießbarer Gelehrsamkeit zu liefern[3]).

Wichtiger noch Fr. Chr. **Dahlmann**[4]), der eben damals

---

[1]) Über Ludwig Emil Grimm siehe jetzt Gronau im Allg. Künstlerlexikon (1922).

[2]) Vgl. oben (Seite 97) die Instruktion Ludwigs für Max II. und unten den 13. Brief Ludwigs an diesen.

[3]) Vgl. G. Waitz in „Göttinger Professoren" S. 248/9.

[4]) Ebenda S. 251 ff.

(1829) als Nachfolger von G. Sartorius nach siebzehnjähriger, ganz dem Deutschtum in Schleswig-Holstein gewidmeter Tätigkeit von Kiel, wo ihm die „Idee eines geeinten Deutschlands visionartig erschienen" und von ihm seither als reales Ziel nicht mehr aus den Augen gelassen ward[1]), nach Göttingen berufen worden war. Mit der Verpflichtung außer Politik und Nationalökonomie auch deutsche Geschichte zu lehren. Zum erstenmal wurde diese durch Dahlmann wieder selbstständig neben deutscher Staats- und Rechtsgeschichte behandelt. Göttingen gehörten Dahlmanns fruchtbarste wissenschaftliche Jahre. Eben damals 1830, stellte er seine „Quellenkunde der deutschen Geschichte" zusammen; dieser deutschen Geschichte, die nicht in bloßes Antiquitätenstudium ausarten dürfe, sondern gerade jetzt in die Gegenwart ausmünden müsse „womöglich mit vollerem Strom als unser Rhein"! Sein wacher Sinn für das deutsche Altertum erfuhr eben damals in Göttingen durch die enge Freundschaft mit den Brüdern Grimm neue Vertiefung und Erweiterung. So war die Wirkung seiner Vorlesungen eine mächtige, sein charaktervoller Ernst wie seine anziehende Liebenswürdigkeit sammelte, wie einst in Kiel, um seinen Katheder, was nun Göttingen an geistesfrischen jugendlichen Kräften besaß. So gewann er bald ein Ansehen auch in Hannover, wie es seit Heyne kein Göttinger Professor dort mehr besessen hatte, und damit jenen entscheidenden Einfluß auf die Feststellung des Staatsgrundgesetzes von 1833, dessen gewaltsamer Bruch 1837 ihn um so tiefer verletzen und ihm Hannover für immer entfremden mußte. Er war das eigentliche Haupt unter den Göttinger „Sieben".

Am Sylvestertag des Jahres 1829 hatte Dahlmann von Göttingen aus an Pertz geschrieben: „Ich habe alle Ursache hier wohl zufrieden zu sein und hoffe mich hier nach nicht lange eingewohnt zu haben. Wahrscheinlich lese ich, weil manche es wünschen, deutsche Geschichte und Politik im nächsten Sommer wieder, zugleich aber als drittes Collegium die Staatswissenschaft in ihrem ganzen Umfange... So soll mich das erste Jahr mit meinen Hauptvorlesungen in die gehörige Ordnung bringen." Als es zur Ausführung kam, schien ihm dies Unternehmen von drei großen, gleichzeitig nebeneinander herlaufenden Vorlesungen aber doch zu weit gespannt zu sein, und er befürchtete, das gewichtige Kolleg über Staatswissenschaft könnte darunter leiden. Dahlmann wollte deswegen die „Politik" fallen lassen. Sein Biograph[2]) berichtet darüber:

---

[1]) Vgl. die prächtige Abhandlung von Otto Scheel, Der junge Dahlmann (Schriften der Schleswig-Holsteinschen Universitätsgesellschaft Nr. 4 S. 67/8).

[2]) Anton Springer, Friedrich Christoph Dahlmann Bd. I (1870), S. 268.

„Doch sollte er von der Verpflichtung, auch im Sommersemester 1830 Politik vorzutragen, nicht vollkommen frei werden. In Göttingen studierte seit einem halben Jahr der Kronprinz Maximilian von Bayern. Er hatte zwar schon im Winter auf Heeren's Empfehlung bei Professor Saalfeld Politik gehört, war aber von dem seichten Geschwätze dieses Mannes so wenig erbaut, daß er sich zu einer Wiederholung desselben Kollegiums bei Dahlmann entschloß, und diesen durch seinen Begleiter, den Grafen Fugger, um ein Privatissimum ersuchen ließ[1]). Außerdem hörte er auch Dahlmann's Vorlesungen über deutsche Geschichte. Der junge Prinz gewann durch sein offenes, unverdorbenes Wesen auch Dahlmann's Achtung; er gab, wohl wissend, was ein Lehrer von einem vornehmen Schüler besonders fürchte, die Zusicherung aufmerksamen Eifers, erbat sich dagegen wegen seiner Unbehilflichkeit im Lernen Nachsicht. Dieser Mangel verlor sich, jener Eifer blieb. Oft unterbrach der Prinz den Vortrag Dahlmanns durch laute Ausbrüche der Freude über die Schönheit und Wahrheit des Gesagten, durch Beteuerungen, wie er die empfangenen Lehren stark festhalten wolle. Er schenkte allmählig Dahlmann volles Vertrauen und besprach mit ihm, wie mit einem Gewissensrate, selbst die zartesten Angelegenheiten."

„Mein Verhältniss zum Kronprinzen", schrieb Dahlmann an Hegewisch (13. August 1830[2])), „ist das beste und von seiner Seite das vertrauendste. Er weiß, daß ich ihn ohne Rückhalt berathe, und so reden wir häufig mit einander von seinen jetzigen nicht ganz leichten Verhältnissen und von denen, die bevorstehen. Mit der Oesterreichischen Vermählung ist es nichts, obwohl sie in allen Zeitungen steht. Auch von kirchlichen Verhältnissen ist sehr oft die Rede. Er ist von dem Kunstkatholicismus und den mönchischen Tollheiten so weit entfernt, daß eher zu wünschen bleibt, daß er nicht mehr heraustrete, als jetzt an der Stunde ist. Es ist wirklich ein eigener Anblick, wie mir noch kürzlich der Schwager der Grimms, der Obergerichtsrath Hassenpflug aus Cassel, der oft bei mir hospitirt, sagte, einen künftigen katholischen König zu sehen, der bei einem protestantischen Professor die Geschichte der deutschen Reformation hört, die ich ihm natürlich ohne ein Haar abzulassen vortrage. Inzwischen kennst du mich wohl genug, um zu glauben, daß ich nicht darauf ausgehe einen Proselyten zu machen,

---

1) Auch des Vaters geradezu als strenge Vorschrift ausgesprochener Wunsch trieb ihn dazu. Vgl. oben S. 97.
2) Mitgeteilt bei A. Springer S. 268/9.

gerade im Gegentheil. Ich habe mich ihm darüber neulich, als wir vom Uebertritt seiner Tante, der preußischen Kronprinzessin[1]), sprachen, sehr bestimmt erklärt. Ich halte mich bloß an die eine Seite der Sache: die Geistlichkeit darf durchaus keine Herrschaft im Staate haben und das mache ich ihm von allen Seiten eindringlich, wie das die Religion zu Grunde richte und den Staat, und wie weit hierin unsere Kirche vor der seinigen voraus sei."

Was Dahlmann hier vorsichtig andeutet, konnte A. Springer nach mündlichen Mitteilungen ergänzen[2]). Man sieht daraus, wie ungeahnt tief der edle Charakter, die Weisheit, die sittliche Würde und die Kraft der Persönlichkeit dieses einen akademischen Lehrers, der schon in Kiel die ganze Studentenschaft für sich gewonnen, der von sich sagen durfte, daß er die Wissenschaft in Verbindung mit dem Leben erhalten habe, und der mit seiner Waterloo-Rede — „Päan und Prophetie zugleich" — von Kiel aus sich Bahn gebrochen[3]), den jungen bayerischen Thronfolger bis ins Innerste gepackt hatte. Kein anderer Dozent ist diesem jemals so nahe gekommen oder hat ihm jemals so viel bedeutet. Nicht viel hätte gefehlt, so wäre Maximilian von Bayern damals Protestant geworden. „Der Kronprinz, leicht entzündlich wie die Jugend ist, überdies mit seinem Vater gespannt, über den Gang, welchen die Dinge in Bayern nahmen, mit Recht unzufrieden, trug sich mit dem Gedanken eines gänzlichen Bruches mit seiner Kirche. Es war Dahlmann's Aufgabe ihn zu beschwichtigen, wie sehr er dadurch der guten Sache des bayerischen Volkes schaden würde, nachzuweisen; es war sein Verdienst, daß der Kronprinz seine Neigung niederkämpfte." — Auch nachdem der Prinz Göttingen verlassen hatte, blieb er mit Dahlmann noch in Verkehr. Zunächst bat er sich noch den Schluß der Vorträge über Politik, welche er wegen seiner schleunigen Abreise nicht mehr zu Ende hatten hören können, von Dahlmann aus. Auch später als reifer Mann nahm er noch oft Gelegenheit über die wichtigsten vaterländischen Fragen die Meinung und den Rat seines ehemaligen Göttinger Lehrers einzuholen.

Was diese beiden Männer, Heeren und Dahlmann zu geben hatten, war sicher der Hauptgewinn der Göttinger Zeit für Maximilian. Als er dann im Oktober 1830 von Berchtesgaden aus nach Berlin weiterzieht, baut er auf diesem festen Grunde vor allem fort und hört bei v. Raumer, Ritter und Ranke. Die Geschichts-

---

1) Prinzessin Elisabeth von Bayern, Stiefschwester Ludwig's I., Gemahlin König Friedrich Wilhelm's IV.
2) a. a. O. S. 269.   3) Vgl. O. Scheel a. a. O., S. 69—72.

wissenschaft, die Maximilian später als König in erster Linie zu fördern wußte, war gerade in der für ihn entscheidensten Göttinger Zeit seine starke Liebe geworden. Nach seinen eignen Worten (s. u. S. 135) hat er sie damals, besonders die deutsche Geschichte, „zu seiner Geliebten erkoren". Seine ganze Zeit gehöre ihr. Bei der ausgesprochen historischen Richtung großen freien Stils an der Georgia Augusta[1]) konnte es auch kaum anders sein: sie hat den in Max schlummernden königlichen Schirmherrn der Historiker geweckt. So gewiß wie die durch Gesner und Heyne in Göttingen geschaffene Atmosphäre der Verehrung des klassischen Altertums neben den andersartigen großen Anregungen der Schlözer-Zeit dazu beigetragen hat, Ludwig's I. Mäcenatentum so stark auf das klassische Altertum und gerade dessen Kunstwerke hin zu lenken.

Mit gleich tiefem Ernste, mit gleich steter Arbeitsamkeit und gleich klarer Bewußtheit haben beide bayerischen Prinzen, Ludwig I. wie Maximilian II. nicht zum wenigstens hier in Göttingen sich das Rüstzeug für ihre spätere, verantwortliche, hohe Stellung als Könige geholt, auf diese hier sich nachhaltigst vorbereitet.

Das sind zwei Fernwirkungen königlicher Art, auf welche die Georgia Augusta stolz sein darf. Ebenso wie darauf, daß Schlözers staatswissenschaftliche Vorlesungen nicht nur die großen Reformatoren Preußens, Stein, Hardenberg und Altenstein in ihrer Jugend gestaltet haben. Auch das großartig liberale Regiment des genialsten Königs von Bayern wie des historisch gerichtetsten unter seinen Monarchen ist, wenn irgendwo, so hier in Göttingen vorbereitet worden. Niemals vorher ist bei Fürsten aus dem Hause Wittelsbach die wissenschaftliche Ausbildung eine so sorgfältige und umfassend vielseitige gewesen wie bei diesen beiden.

Wiederum bewährten sich Brandes' weise Worte, der lebhaftes wissenschaftliches Interesse gerade Jünglingen hohen Standes besonders gewünscht hatte (Sp. 426/7): „So bleibt es (solch wissenschaftliches Interesse) darum besonders wichtig für die Jünglinge in den höhern Ständen, weil sie sonst entweder in die Armseligkeiten des gewöhnlichen geselligen Lebens, in die Sucht zu glänzen, in die Spielsucht versinken werden oder in die sehr eingeschränkte Behandlungsart der Berufsgeschäfte, in welchen sie nur immer einzelne Fälle bearbeiten, sich so äußerst selten zu vernünftigen allgemeinen Ideen erheben werden, die gerade viele von ihnen in spätern, künftigen Bestimmungen so sehr gebrauchen."

---

1) Vgl. meine Festrede, Göttingen und die Antike, S. 14.

Ich lasse nun die Briefe Maximilians aus seiner Göttinger Zeit an seinen Vater und dessen Antworten darauf, wieder freilich mit etwas vervollständigter Interpunktion[1]) und alternierend, wie sie zwischen Sohn und Vater einhergingen, in annähernd chronologischer Reihe folgen. Aus Ludwigs Briefen spricht die alte Vitalität und unverwüstliche Lebensfreude. Auch auf dem langen Krankenlager hat er seine natürliche Heiterkeit nicht eingebüßt, weiß sich immer zu beschäftigen und ist voll lebendigen Interesses für des Sohnes Erleben bis ins Einzelnste. Er hat die Göttinger nicht vergessen, er erinnert sich an seinen Fechtlehrer von damals und selbst an seinen Hausknecht und läßt beide grüßen. Und er weiß, daß der italienische Lektor in Göttingen auch jetzt nichts taugt. Auch sein großes Interesse für die Witterung ist immer noch dasselbe. Das väterliche Autoritätsgefühl dem Sohne gegenüber, in dem er stets mit Strenge sich den Nachfolger, wenn möglich ganz nach seinem Sinne, erziehen will, ist aufs allerstärkste ausgeprägt; daneben aber auch eine so väterliche Güte und wirkliche Liebe, daß dies patriarchalische Verhältnis von Vater und Sohn in menschlich freundlichem Lichte erscheint. So werden mit mir gewiß viele dankbar sein, daß gerade auch dieser Briefwechsel[1]) vollständig hier wiedergegeben werden darf. Manches wird aus ihm noch zu gewinnen sein, was hier nicht ausgeschöpft werden kann. Ich muß mich auf wenige, das Notwendigste erläuternde Anmerkungen beschränken.

Was den Sohn am tiefsten bewegt, die Schwankungen seines Empfindens auf kirchlichem Gebiet, erfährt hier der Vater freilich nicht. Die Klagen über die Steifheit der Göttinger Geselligkeit von damals stehen keineswegs vereinzelt. Bemerkenswert ist, wie selbst ein Mann wie Brandes (a. a. O. Sp. 408 ff.) dieser kühlen Zurückhaltung bei den Professorenfamilien Göttingens durchaus das Wort redet. Zu Gesellschaften sei die Zeit der Professoren zu kostbar. „Unter denjenigen Studierenden, welche an einen leichten hohen Weltton gewöhnt sind, wollen sich manche das steife Ceremoniöse in dem Umgange nicht gefallen lassen, und doch muß ja dieses im Umgange bleiben, denn sonst würde der leichte Ton dort bald in einen gar zu leichten Ton herabsinken..."

---

1) Nur der leichteren Lesbarkeit halber hier mehrfach gebessert.

(N. 1.)

Geliebter Vater!

Mit Freuden beeile ich mich meine Pflicht zu erfüllen und Sie von meiner Ankunft zu benachrichtigen. — Gestern, das heißt eigentlich heute, erreichte ich das Ziel meiner Reise, eine Stunde nach Mitternacht; ich hatte das Vergnügen vor Kassel den Wagen zu brechen, doch geschah dabey nicht das Geringste, in Kassel wechselte ich den Wagen mit Distelbrunner[1]), er kam dann später in meinem Wagen nach, sonst fiel während den fünf Tagen meiner Reise nichts Besonderes vor. Graf Lerchenfeld zeigte mir in Frankfurt alle Merkwürdigkeiten, das Rathhaus, die goldene Bulle, die Kirche, in der die Kaiser gekrönt wurden. Die Ariadne von Dannecker, welche sich im Bettmannischen Garten befindet, sprach mich in hohem Grade an. Theater war leider an dem Tage nicht; Grafen Lerchenfeld und seine Söhne lud ich zu Tisch. — So eben komme ich vom Besuche der Professoren. Dem Obermedizinalrath Blumenbach überreichte ich den Orten und Ihren Brief lieber Vater, er war innig erfreut und gerührt, er sprach mir mit treuer Verehrung und Liebe von Ihnen, sogleich erzählte er mir, wie Sie ihm den griechischen Schedel zum Geschenk gemacht hätten[2]). Ich kann Ihnen nicht sagen wie ich mich zu ihm hingezogen fühle, es war mir nicht, als ob ich zu einem Fremden käme; er nahm mich mit einer solchen Herzlichkeit auf, als wenn ich ein alter Bekannter von ihm wäre. — Der hiesige Kommandant war eben bey mir, morgen werden die Professoren kommen. — Darf ich bitten der lieben Mutter zu sagen, daß ich ihr die Hand küsse, in Kürze werde ich derselben schreiben. — Die Post geht, leider muß ich schließen. Von ganzem Herzen danke ich Ihnen für die **viele, so große** Liebe und Güte, die Sie immer für mich gehabt haben. Sich derselben würdig zu machen wird das rege Bestreben seyn

Ihres

Sie herzlich liebenden und Ihnen
gehorsamen Sohnes Max.

Göttingen, den 23. Oktober 1829.

N. 1 auf *N. 1.* München, 1. November 1829.

Offen und herzlich bist Du geschieden, so bleibe, so komme wieder, geliebter Max. Aus deinem vorgestern erhaltenen Brief sehe ich mit Vergnügen, daß Du heiter bist, Dich von Blumenbach angesprochen fühlst. Wie gefällt dem jungen Fuchs das Studentenleben? Nur durch Fleiß zeichnet man sich in Göttingen aus, nicht um sich zu unterhalten, sondern um zu lernen wird man hingeschickt. In den colegia puplica nachzuschreiben, das unterlasse nicht. Heute haben wir den 1ten. Wirst Du auch meine Ermahnungen wie ich Dir aufgetragen, an jedem ersten Monats zu thun, gelesen haben? Dein Morgen- und Abendgebeth zu verrichten unterlasse nie, nie einige Minutenlang täglich in Sailers von mir Dir mitgegebenen Buche zu lesen[3]). Ich befinde mich an derselbe Stelle wo Du mich verlassen hast, obgleich es täglich besser geht, ich mich auch schröpfen

---

1) Der dem Kronprinzen beigegebene Leibarzt. Vgl. oben S. 102.
2) Vgl. oben S. 68 ff.
3) Es ist der „Christliche Monat" (vgl. oben S. 97).

und abschröpfen ließ, habe ich doch noch leicht geraume Zeit auf dem Ruhebette gebannt zu seyn, aber die Geduld wird mich nicht verlassen, ich weiß mich zu beschäftigen uud heiter ist mein Sinn. Seit Du weg bist, regnete es äußerst wenig, Sonnentage, doch mehr graue, gab's, rauh meistens. Mutter und Geschwister sind wohl und sagen unserm lieben Max viel Liebes. Heute, wo Luitpold's [1]) Namensfest begangen wird, ist Familienfrühstück im Cabinette neben dem, in welchem ich liege. Freundliches von mir Gfen v. Fugger [2]), auch Distelbrunner. An sein für Dich schlagendes Herz drückt Dich

Dein Dir treuer Vater
Ludwig.

So wie ich des Briefes Nummer gesetzt habe, setze und schreibe Du gleichfalls die Deinem Briefe [3]).

N. 2 auf N. 1.

Père bien aimé,

Ce matin revenant du college j'ai trouvé sur ma table Votre lettre, je ne puis Voux exprimer ma joie, je ne pus l'ouvrire assez vite. J'ai entendu avec chagrin, que Vous Vous trouvez encore sur la même place, où je Vous avois quitté, j'espère de tout mon coeur qu'en peux de tems tout sera passé. — La vie d'étudiant me plait très bien. Mais cependant il faut que je Vous avoue quelque chose, les premières jours ici je ne me trouvois pas du tout à mon aise, ma lettre n'en portoit naturellement pas l'empreinte, j'écrivois dans la première matiné après mon arrivé, je n'avais, pas eu le tems de venire à moi même, mais peux de tems après les choses les plus pressantes etoient faites. Surtout dans la première soiré je pensois toujours à la maison, à tout ce qu'y m'est cher, et que j'avois quitté, j'y pensois avec regrêt, je me sentois seul et j'éprouvois quelque chose, que je ne connoissois pas encore — j'ai fallu employer de la force pour m'en defaire. Jeudi passé le vingt-neuf, les colleges ont commancé, et tout alloit mieux, comme fier renard (pour traduire le mot verbalement) [4]) je me mêlois dans la foule, qui entroit dans l'auditoir, mon portfeuil sous le bras. Je suits bien diligemment le recit des professeurs, par écrit. Au commencement j'y trouvois quelque difficulté, mais ce va toujours plus facilement. Nul jour est passé, ou je ne me repettois pas Vos dernières parolles, je ne manque jamais de faire ma prière le matin et le soir, et de lire au moins quelques pages dans le livre de l'évéque Sailer. Dimanche passé comme premier du mois j'ai relu Vos exhortations et je les ai prit au coeur! j'ai bien pansé ce jour la à la maison, ce m'a fait de la peîne de ne pas avoir pu être témoin de la joie de Luitpold, du **grand** Luitpold. Dans son enchantement il Vous aura sans doute plusieures fois tiré par le bras, sur-

---

1) Des Kronprinzen Göttinger Studiengefährte. Vgl. oben S. 69.

2) Max' jüngerer Bruder, der spätere Prinzregent von Bayern.

3) Der Deutlichkeit wegen ist hier die Nummerierung der Briefe des Sohnes von derjenigen der väterlichen Briefe durch schrägen Druck unterschieden. Nicht immer aber haben die beiden Briefschreiber ihre peinlich genaue Ordnung in der Nummerierung der Briefe auch wirklich eingehalten.

4) Soll heißen: krasser Fuchs.

tout si Vous n' aurez pas tout de suite fait attention à lui; à dix heure je Vous ai tous vu rassamblés au déjeuner — c'etoit la premiere fois que j'y ai manqué, aux — je Vous prier (sic!) cher père de lui dire, que je lui felicite, ainsi qu'a maman que je lui baisse les mains. — Le proracteur Mitcherlich et Blumenbach ont dinné chez moi, il y a quelque jours, le premier ne peut me donner que deux leçons par semaine, j'ai dejàs commencé l'Anglois chez Banfield[1]). Ne voudriez Vous pas avoire la bonté de me permettre à prandre aussi deux fois la semaine leçon de François auprès de Mr. Artaud[2]), B. Tanne me l'a beaucoup loué, ce serait pour les règles et les finesses de la langue que je ne pourrois apprendre seul: je ne puis Vou dire mon pere comment j'en sents le bésoin. — Le duc de Cambridge a eu l'attention de laisser passer mon brancard et tous mes moyens sans payer la douance.

Avec la prière de me conserver toujours Votre coeur, qui me fait si heureux, je suis

Votre
Vous très obeissant fils
Max.

Göttingen, le 5. de Nov. 1829.

N. 3 auf N. 1.

Lieber, guter Vater

Von Herzen hoffe ich, diese Zeilen werden Sie nicht mehr auf derselben Stelle treffen wie meine vorigen; meinem lezten Brief bitte ich besonders gütige Nachsicht zu schenken. Sie wissen selbst wie wenig ich noch in französßischer Sprache geschrieben, mit öfterer Uebung werden sie hoffentlich besser ausfallen, vielmals danke ich Ihnen für die Gewährung meiner Bitte, Unterricht bey Mr. Artaud nehmen zu dürfen. — Vor einiger Zeit erhielt ich ein Schreiben, das mich einigermaßen in Verlegenheit sezte, ich wußte nicht, ob ich es zurücksenden, mit Stillschweigen übergehen oder was ich thuen sollte, doch halte ich es für **das Beste** es Ihnen selbst zu überschicken; es ist nehmlich wie Sie sehen ein Schreiben vom Landrichter Götz aus Landshut, der mich ersucht, eine Fürbitte für seinen ältesten Sohn bey Ihnen lieber Vater zu thun, dessen Begnadigung betreffend. Ich kann in dieser Sache keine Bitte wagen, da sie mir selbst nicht genau bekannt ist und mich überhaupt nicht in dergleichen Dinge mischen kann, ich glaube daher am Besten zu thuen, Ihnen die Bittschrift selbst zur eigenen Einsicht zu übersenden; sie Ihrer Gnade zu empfehlen wäre überflüßig. Verdient sie Gnade, so findet sie diese ohne meine Bitte. — Un-

---

1) Thomas Colin **Banfield**, vorher am Carolinum in Braunschweig, war eben damals, Ostern 1829, zum Lektor der englischen Sprache in Göttingen bestellt worden.

2) Franz Soulange **Artaud**, ein geborner Pariser, hatte 1794—98 in Göttingen studirt und war dann hier vom Lektor (1799) zum Ordinarius (1819) für französische Sprache und Literatur aufgestiegen. Für sein Ansehen spricht, daß er 1803 zum Assessor der Göttinger Sozietät der Wissenschaften gewählt und 1821 Ritter der französischen Ehrenlegion wurde. Werke Blumenbach's, Spittler's und von Meiners hat er ins Französische übertragen. Vgl. Pütter III, S. 376, IV, 295 u. 502.

begreiflich ist es mir, daß ich von Baron von Hormayr[1]), noch keine Zeile erhielt, besonders da er mir schon in der ersten Woche schreiben wollte, ich kann es mir nicht erklären. — Ein junger Prinz von Hohenzollern-Sigmaringen studiert hier, Enkel des regierenden Herzogs, wir sitzen im Kollegium von Heeren an einem Tische; bey Blumenbach geht es oft stürmisch zu, er bringt, wie Sie mir schon erzählt hatten, lieber Vater, oft in seinem Vortrag so komische und lächerliche Geschichten vor, daß das ganze Auditorium in ein lautes Gelächter ausbricht; ich kann wohl sagen keine Stunde vergieng wo dieses nicht wenigstens zweymal der Fall war. So oft gelacht wird, so oft stellt er sich auch es übel zu nehmen, schließt aber immer seinen Tadel auf eine so spaßhafte Art, daß der Lärm von Neuem angeht; in dieser Vorlesung wird nicht nachgeschrieben, sonst in allen: drey Hefte habe ich schon gefüllt. — Mein Geburtstag rückt nun heran; wie glücklich wäre ich, diesen Tag bey Ihnen lieber Vater feyern zu können. — Sie wünschten, daß ich die allgemeine Zeitung lesen und das Klavier nicht vernachläßigen sollte. Beydes geschieht täglich, meinen Briefwechsel trage ich auch in ein nach Ihrem Musterblatt verfertigten Buche ein. Vorigen Mittwoch wohnt ich einer Gesellschaft bey, die Frau v. Worloff, wie ich höre, alle 14 Tage wiederholen wird; es war eine Art von Ball, schade nur, daß im Verhältniß mit den Herrn zu wenig Damen dort waren; mehrere, die gerne getanzt hätten, konnten nicht. — Heute Abend ist Gesellschaft bey dem Grafen Winzingrode[2]). Ich bin eingeladen, kann aber nicht hingehen, da mich eine lästige Zahngeschwulst nöthigt das Zimmer zu hüten, zum Glück ließ sie mich noch kein Kolleg versäumen, da ich gestern ausgehen konnte. Heute und Morgen sind keine, und bis Mondtag hoffe ich ist Alles vorüber, die beyden Tage will ich mich recht halten. — Die Stunden bey Prorektor Mitscherlich sprechen mich sehr an; ich lese die Aeneide von Virgil. — Ich weiß nicht, ob ich diesen Brief recht numerierte, er folgt wohl auf N. 1 von Ihnen, ist aber keine Antwort darauf. — Im Geiste küßt Ihnen die Hand

Ihr

Ihnen gehorsamer und Sie herzlich liebender Sohn
Max.

Göttingen, den 21ᵗ Nov. 1829.

Ich mußte beyliegendes Blatt zertheilen, um es leichter einschließen zu können.

(Nr. 2.) München, 22. November 1829.

Geliebter Max, meines Herzens beste Wünsche zu dem achtzehnten Jahrtag Deiner Geburt, diesem wichtigen. Dich volljährig wissend bin

---

1) Joseph Frh. v. Hormayr (1782—1848), ein geborner Tiroler, hatte im Tiroler Aufstand von 1809 eine führende Rolle gespielt; ein aggressiver, unruhiger Geist. Nachdem er sich in Wien als österreichischer Reichshistoriograph mit Metternich überworfen, hatte ihn Ludwig I. nach München berufen (1828/29). Hier hatte er u. a. den Kronprinzen Maximilian auf die Universität in Geschichte vorzubereiten (Schmidt p. CCV). 1832 als bayerischer Gesandter nach Hannover, 1837 nach Bremen gesandt, stiftete er im Verein mit dem Grafen von der Decken den Historischen Verein für Niedersachsen. — Vgl. Heigel in Allg. D. Biogr. XIII (1881), 531.   2) Siehe Nachträge.

ich ruhiger, denn sollte Gott über mich verfügen, habe ich die Gewißheit daß was ich mit Mühe unb Anstrengung aufgeführt habe nicht zerstört wird. Lieber Sohn mißbrauche Deine Freyheit nicht. Die ich Dir gestatte, hatte in Deinem Alter weder der Kronprinz von Preußen noch wohl irgend einer. Obgleich es bey mir nicht gebräuchlich, daß wenn ein Kind außerhalb dem Vaterhause, es Gaben am Geburts- oder Namens-Feste oder Weihnachts-Vorabend beköммt, so mache ich doch an diesem Deinem Geburtstag eine Ausnahme davon und schenke Dir mein Bildniß in Oelfarben, welches Du zurückkehrend finden sollst. Wenn Du es ansiehst, kannst Du in Wahrheit denken, daß derjenige den es vorstellt der seinen Max liebender, treuer Vater ist.

Ludwig.

Was ich über Dich aus Göttingen vernahm freut mich, fahre so fort. Blumenbach sage viel Freundliches und mit Vergnügen hätte ich sein Antwortschreiben gelesen. Dein Geburtsfest habe ich diesesmal gewählt um den Armeebefehl herauszugeben. Obgleich da auch der verw. Churfürstin Mutter, die Erzherzogin Beatrix, gestorben. In doppelter Trauer siegle ich diesen Brief, doch roth, es ist für einen zu freudigen Tag. Besser als zu erwarten, war Dein Französßischer Brief an mich. Was Du nicht wissen kannst, ist dass am Anfang und Schluß zu setzen ist Mon très cher Pere, ferner unmittelbar oberhalb Deiner Namensunterschrift Votre tres humble et très obeissant fils. Ich drücke Dich in Gedanken an mein Herz. Auf der nehmlichen Stelle wo Du mich verlassen liege ich noch immer, doch geht's seit einigen Tagen zusehends besser; aber übereilt (werden) darf's nicht, aus dem Grunde geheilt soll die Flechte werden. Geduld habe ich und heiteren Sinn, ja ich bin oft recht fröhlich.

N. 4 auf N. 2.

Lieber, guter Vater,

Soeben überreichte mir Graf Fugger Ihren so unaussprechlich gütigen und liebevollen Brief. Könnte ich in Worte kleiden, was ich fühle! aus der Innbrunst meines Herzens flehe ich zu dem Allmächtigen, er möchte das Haupt eines solchen Vaters uns und dem ganzen Lande zum Heil l a n g e, l a n g e! erhalten. Er wird mein Gebet erhören. Zur Sünde würde ich mir es rechnen die Freyheit zu mißbrauchen, die mir Ihr Vertrauen gestattet. Meine Freude und mein Stolz wird es seyn, s o z u h a n d e l n, als wenn Sie stets gegenwärtig. Wie überraschte mich Ihre Güte, geliebter Vater, mit dem Geschenke Ihres theuren Bildnisses. Gott gebe, daß ich es immer mit Freuden und der frohen Zuversicht betrachten darf, den, dessen Züge es trägt, nicht betrübt, mich dessen Liebe nicht unwerth gemacht zu haben. — In meinem lezten Briefe sagte ich, daß Baron Hormayr mir noch nicht geschrieben, vorgestern erhielt ich seinen ersten Brief, er überschickte mir sein neuestes historisches Taschenbuch. Gestern bekam ich Schreiben die Menge, sogar eines vom Herrn Findel, auch ein Glückwunsch. — Vorigen Donnerstag kam in dem Haus, das ich bewohne, Feuer aus, im Kammine der Hausfrau; es hätte gefährlich werden können, doch durch die schnell und zweckmäß angewandte Hülfe wurde es in Kurzem gelöscht, noch ehe es weiter um sich greifen konnte, die hiesigen Behörden zeigten großen Eifer. — Wie glücklich wäre ich I h n e n m ü n d l i c h, aus dem Grund meines Herzens für alle die große Liebe und Güte zu danken, die Sie geliebter Vater seit meiner Geburt für mich gehabt haben. — Verzeihen Sie, daß ich diesen Brief statt französisch teutsch geschrieben, doch ich fürchtete, mich in der mir fremden Sprache nicht so ausdrücken zu können, wie mir es um's Herz war. — Im Gefühle der innigsten kindlichen Liebe und Dankbarkeit küßt Ihre väterliche Hand

Ihr
   Sie herzlichst liebender und Ihnen gehorsamer Sohn
            Max.

Göttingen, den 28. November 1829.

N. 5 auf N. 2.

      Mon très cher Pere,

J'ai tâché de repondre aussi vite que possible au rescrit du cabinet, ne faire partire ma prestation de serment sur la constitution, j'ai prêté ce serment du font de mon coeur! — Quelle étoit ma surprise de recevoire aussi de la part de mon oncle Charles une lettre de felicitation. Il m'y donne de bonnes préceptes, il me dit entre autres: „Je te conjure chère neveu, de ne jamais prêter ton oreille à ceux, qui voudroient essayer d'affaiblire ta confiance envers ton père, pour produire enfins une scission entre lui et toi, une chose, qui malheureusement eut dejàs si souvent lieu dans des maisons régnantes". Vous pouvez croire mon pere, que j'en ai été pas peu surpris au commencement, je ne savois pas du tout comment le prendre; j'ai répondu à mon oncle la semaine passée. — Il rapport du feu, qui a pris dernierement dans la maison, que j'habitte, j'ai a Vous faire une demande. Un nombre de personnes, en partie des soldats, des potiers, des rameurs de chéminé, en partie d'autres personnes encore ont aidé à éteindre le feu. Ce n'étoit pas leur devoir de la faire, il a fallu leur donner quelque chose, je me suis consulté sur ce rapport avec le comte de Fugger et pour que chacun ne pourroit recevoir qu'une bagatelle, on ne pouvoit pas moins donner que 67 fl. 30 xr; je n'ai pas put attendre Vos ordres sur cela, comme ces gens sont dejàs venus le lendemain pour demander leure récompanse, j'ai exposé en attendent cette somme de ma propre bourse; si Vous voulez bien le permettre, elle sera mise sur le compte, et je receverois mon argent. — J'ai reçu à l'occasion de mon jour de naissance une telle quantité de lettres, que je ne sais vraiment presque pas comment faire, pour repondre à toutes. — Voudriez-Vous avoire la bonté de me permettre à prandre deux fois la semaine des léçons d'espadron, chez le même maitre[1]) qui Vous a enseigné ici dans cette exercise, c'est le meilleur de tous ceux, qui se trouvent à Göttingen, comme on me dit. — Comme Vous m'avez permis d'aller à Cassel, je compte d'y aller ces jours ci, c'est à dire dimanche ou samedie, ou il n'y a point de colleges, — mais comme c'est la première fois et il faut, que je faits ma visite à l'electeur, je ne pourrois pas garder d'igconito, je serais forcé de recevoire du monde et je ne pourrois rien voire; pour l'éviter je reviendrois ma visite faite aussi tot que possible, et retournera à Cassel dans les vacances de noël pour y rester quelque tems et de fruire alors de l'incognito. — J'étois bien faché d'entendre, que Vous pouvez pas encore quitter Votre canapé, que le ciel Vous donne une prompte guérison! — Ose-je Vous prier de

---

1) Vgl. unten S. 116 und 121 mit Anm. 1.

dire à maman que je lui baise les mains. Je suis dans le sentiment de la plus vive affection Mon très cher Pere
      Votre
           très humble et très obeissant fils
           Max.
Goettingen, le 11de Dec. 1829.

N. 3 auf *N. 3* und *4*.   München, 17. Decemb. 29.

 Recht hast Du daran gethan, lieber Max, mir obgleich die Reihe am Französsischen war, Teutsch den ersten Brief in Deiner Volljährigkeit zu schreiben. Deine ausgesprochenen Vorsätze gefallen mir, führe sie aus. Keine Schulden mache, keine Bestellungen ohne zuvor zu wissen was die Gegenstände kosten und überlegt zu haben, ob Du die Mittel haben wirst sie zu bezahlen. Denn auch daran muß gedacht werden, daß wenn die Zeit der Zahlung kömmt es neue zu erwerben anreizende geben wird. Daß Du Unterricht im Schwadronieren[1]) nimmst, bewillige ich Dir. Vergesse dabey nie einen starken Huth aufzuhaben und solltest Du etwa einstens mit Andern schwadronieren, vergesse nie eine Larve, drahtgeflochtene vors Gesicht zu thun. Ich erinnere mich meinen Fechtmeister einmal etwas blutig gehauen zu haben, es war die Hand. Im Dorfe Weende hielt er sich damals auf, war Regimentsfechtmeister, grüße ihn von mir, wenn's der Deine ist. Die Bitte der Landrichterin Götz[2]) kann ich nicht gewähren, ich muß streng die Zweykämpfe bestrafen. Die Thränen welche die gerechte Strafe dieser Mutter vergiesen macht, ersparen vielen Müttern Thränen und Blut ihren Söhnen und manches Leben bleibt erhalten.

 Gfen. v. Fugger lasse ich sagen (auch viel Freundliches, Distlbrunner gleichfals), die von Dir wegen Hülfsleistung bey dem (zum Glücke leicht abgelaufenen) Brand in Deiner Wohnung gemachten Auslagen zu ersetzen. Wie geht's mit dem Nachschreiben? Hast Du mit Studenten genauere Bekanntschaften gemacht? Wie gefällt Dir das Studentenleben? Entsprach Göttingen Deiner Erwartung oder blieb es darunter oder übertraff es dieselbe? Von der Mutter viel Liebes und wenn ich von den Geschwistern alles an Dich Aufgetragene schreiben wollte, so würde das Papier nicht hinreichen. Alle sind wohl, mit mir geht's viel besser, doch liege ich noch immer wo Du mich verliesest, dennoch verinnt mir die Zeit ungeheuer schnell, ich weiß mich zu beschäftigen, bin heiteren Sinnes und glücklich. Zu Weihnachten würde ich ausgehen dürfen, sagte der Arzt, ich glaub's wenn ich werde ausgegangen seyn. Schreibe mir ob mein vormaliger Göttinger Hausknecht Ruprecht noch lebt? Würdest Du ihn ohnedieß sehen, meinen Gruß, lasse Du ihm diesen gleich ausrichten. Gleich das erstemal wenn Du den Churfürsten von Hessen siehst, mach ihm meine Empfehlungen. In Gedanken umarmt Dich Dein liebender Vater
               Ludwig.

 Schreibe mir welche Witterung es bey euch macht. Wir haben kalt, fast keinen Schnee mehr, und ob es noch eine Sonne giebt wissen wir nicht.

---

  1) = Fechten. Siehe oben S. 100.   2) Vgl. oben S. 112.

N. 6 auf *N. 3*.

Geliebter Vater,

Wie freute mich Ihr gütiger Brief, vielmals danke ich Ihnen für die Erlaubniß, Unterricht im Schwadronieren [1]) nehmen zu dürfen. Nach den Weihnachtsferien werde ich damit anfangen. Heute waren die lezten Vorlesungen. Blumenbach schloß gestern schon; als er es den Studierenden ankündigte, gaben sie nach dem hiesigen Brauch ihr Beyfallen zu erkennen, durch heftiges Scharren und auf die Bänke klopfen. Der alte Blumenbach nahm es aber nicht wie die übrigen Professoren, sondern verwies es seinen Zuhörern in sehr kräftigen, deutlichen Ausdrücken. Nur ein Beweis wie hoch er in der Achtung steht, ist daß Alles augenblicklich ruhig wurde; hätte aber dasselbe ein anderer Professor gesagt, so wäre wie ich höre gezischt worden. — Dem Churfürsten von Hessen konte ich leider Ihre Empfehlung nicht ausrichten, da ich Ihren Brief gerade einen Tag nach meiner Zurückkunft von Kassel erhielt. Wann ich wieder dahin gehe, weiß ich noch nicht bestimmt; vorigen Sonnabend Nachmittags gieng ich von hier ab und traf nach nicht ganz vier Stunden noch vor dem Anfang des Theaters in Kassel ein. Den folgenden Morgen verlangte ich bey dem Obersthofmarschall Grafen Hesselstein eine Stunde dem Churfürsten meinen Besuch abzustatten. Als er dieses vernommen, lud er mich sogleich zur Tafel, nebst Grafen Fugger; von einer Hof-Equipage wurde ich abgeholt und auf das Feyerlichste im Schlosse empfangen, von Kammerherren, Pagen u. s. w. zum Churfürsten geleitet, der im Audienzzimmer meiner harrte, er bewillkommnete mich zwar sehr freundlich, doch aber mit einer Steifigkeit, die ich nie gesehn; nach einem kurzen Zwygespräch wurde gemeldet, daß serviert. Wir begaben uns nun in einen anstoßenden Salon, mehrere Damen waren da versammelt. Wie war mein Erstaunen! der Oberhofmarschall v. Hesselstein präsentirte mir die Maitresse des Khurfirsten, die Grafinn Reichenbach, sie schien mir sehr ambarassiert, war mit mir sehr wortkarg. Kaum hatt ich mich ein wenig vom Erstaunen erholt, was sehen meine Augen? Der Churfürst, der ihr den Arm reicht, und sie, als wenn es die Churfirstinn seine Frau, in den Speisesaal führt, wo sie neben ihm Platz nimmt; mich wies er zu seiner Rechten an. Wie froh war ich, als die Tafel, der darauf folgende äußerst zeremonielle Zirkel geendet, ich mich empfehlen konnte. Kurz nachher besuchte mich der gnädigste Herr im Gasthofe, wo ich gerade von den überstandenen Mühseligkeiten ausruhen wollte! — bongré malgré, ich mußte doch hoch Erfreuten vorstellen; hätte ich nicht gesprochen, so hätte Niemand gesprochen, denn der Kurfürst that den Mund nicht auf. Nachdem dieses überstanden, folgte noch das Theater, dem ich in der großen Loge, zur Seite des Herrn beywohnte; nach demselben sezte ich mich augenblicklich in den Reisewagen, kam gegen 2 Uhr Nachts hier an. — Mit dem Nachschreiben, lieber Vater, geht es täglich besser, leichter wie ich es mir anfangs gedacht hatte, bedeutende Abkürtzungen habe ich mir angewöhnt, die mich im Stande setzen, dem Vortrag nachzukommen. Studierende wurden mir in solcher Menge vorgestellt, daß ich nicht einmal ihre Namen behalten konnte, mit einem gewissen Baron von Leykam und Seckendorf habe ich genauere Bekanntschaft gemacht (lezterer ist ein Bayer, Neffe des Obersten von Seckendorf). Würzburg, der auch hier studiert, ist schon ein alter Bekannter, seit

---

1) Vgl. vorige Seite u. S. 121.

meiner Kindheit sind wir bekannt. — Das Studentenleben gefällt mir gut, doch muß ich offen gestehen, daß Göttingen meinen Erwartungen nicht ganz entsprochen. Ich hätte mir hier mehr Leben vorgestellt. Reichen Ersatz findet man aber in der Hauptsache (in) den Kollegien, sie werden mir immer interessanter, im Somer wird es sicher auch im Ueberigen angenehmer werden. Die Abende weihe ich meistens dem Studium. — Wie glücklich wäre ich, Flügel zu haben, um heute Abend in München eintreffen, dem Beschehren beywohnen zu können! Gott gebe, daß das Wort der Aerzte in Erfüllung geht, Sie lieber Vater heute zum ersten Male das Ruhebett verlassen dürfen. Der lieben Mutter küße ich die Hände, darf ich Sie bitten den Geschwistern Alles Liebe von mir zu sagen. Heute Abend möchte ich Luitpold und das Mäuschen[1]) sehen! — Der genannte Hausknecht Ruprecht befindet sich recht wohl, vor Kurzem erhielt er eine kleine Unterstützung von mir; glücklich machte es ihn, daß Sie seiner gedachten.

Seit dem Ende Novembers haben wir hier anhaltende heftige Kälte, doch meistentheils trockne Witterung, in diesem Monat hatten wir mehrere Sonntage, die übrigens die Kälte unbedeutend milderten. Seit gestern schneiht es bedeutend, im Ganzen finde ich das Klima viel rauher als in München, meine armen Füße und Hände büssen es hart, sie schmerzten mich noch nie so sehr wie hier. — Da in diesem Briefe doch Einiges enthalten, daß nicht für die Augen eines jeden geeignet, am wenigsten für hessische (ich hörte, daß in Kassel fast alle Briefe eröffnet werden, auf die man einiger Maßen Gewicht legt), so halte ich es für vorsichtiger, diesen Brief an Kreutzer zu senden. Ich werde ihn mit Oblaten schließen, wo Sie leicht erkennen könen, lieber Vater, ob er geöffnet worden. In Gedanken küßt Ihre Hand

Ihr
Sie herzlich liebender und Ihnen gehorsamer Sohn
Max.

Göttingen, den 24ᵗ Dez. 29.

N. 7 auf N. 3.

Mon très cher Pere,

Permettez que je Vous offre du fonds de mon coeur mon souhait de bonne année, que le ciel Vous prête tous ses biens, avant tout, qu'il Vous donne une prompte guérison. — Je revinds hier de Cassel, ou j'ai passé les joures de vacances de noël, j'ai gardé entierement l'incognito; les colleges recommenceront aujourd'hui, je prandrai cette semaine mes premières leçons d'espadron, je m'y rejouis beaucoup. — Combien je regrette de ne pas avoir pu assister aux ceremonies de consécration de l'église grecque. L'empereur de Russie doit avoir donné des présents magnifiques, je suis bien curieux à les voir. En général après cette privation tous les objets de l'art en Munic, gagneront un double attrait pour moi. — Je termine, en Vous remerciant le plus vivement de toute la bonté, toute l'affection, que Vous-avez eu pour moi cette ané ci, en Vous priant de me la conserver toujours, mon très cher Pere.

Votre
très humble et très obeissant fils
Gottingue, le 3 Janvier 1830.   Max.

---
1) Die jüngere Schwester, Prinzeß Mathilde, des Vaters Liebling.

N. 4 auf *N. 5.* München, 1. Jäner 1830.

Glückseig Neuesjahr! geliebter Max und meinen Dank für Deine guten Wünsche. Weißt Du, was ich am meisten wünsche von Dir in diesem wie in allen folgenden Jahren? — Es ist vertrauenvolle unumschränkte Aufrichtigkeit, und zu meiner Freude kann ich sagen, daß in dem eben verwichenen mehr Schritte von Dir zu diesem Ziele gethan worden sind, denn in allen vorhergehenden. Viel freundlichs sage Fugger und Distlbrunner, ersterem vorzüglich, für ihre mir geschriebenen Neujahrsbriefe. Was an mir, was an Andere von Deinem Fleiße, Deinem Benehmen in Göttingen bis jetzt geschrieben wurde, ist geeignet meinem väterlichen Herzen wohl zu thun. Immer noch befinde ich mich wo Du mich verliesest, da ich drey Rückfälle gehabt und wer weiß wie viele ich noch bekommen werde, doch meine Geduld, meinen heitern Sinn soll es nicht vertreiben. In diesem Augenblik geht's besser, geheilt werde ich. Mutter und Geschwister sind alle wohl, oft reden wir von Dir. Dein letzter Brief war recht ansprechend. Kälte und Schnee sind übermäßig. In Meine Arme, lieber Max, schließt Dich Dein treuer Vater

Ludwig.

N. 8 auf N. 4.

Lieber, guter Vater!

Erlauben Sie mir, daß ich Ihnen herzlich danke für Ihre gütigen Wünsche zum neuen Jahre; was Sie sagten, daß Sie sich am meisten von mir wünschten, werden Sie erfüllt sehen: vertrauenvolle, unumschränkte Aufrichtigkeit. Mit Wahrheit kann ich sagen, ohne diesem könnte ich mich auch nie **glücklich fühlen!** Im verflossenen Jahre habe ich es erst kennen gelernt, was für ein Gefühl es ist, sich dem Herzen eines solchen Vaters zu nähern. Sie wissen lieber Vater, wie verschiedenartig man es versucht hat, dieß zu verhindern, wie lange es leider gelungen; doch ich weiß, **daß es zwar gelungen,** aber auch **nie mehr gelingen wird,** das süße Bewußtseyn mir zu rauben, Ihre Liebe, Ihr Vertrauen zu besitzen! Ober-Medizinalrath Blumenbach, legt sich Ihnen zu Füßen. Ein wahrer Genuß ist es für mich, diesen Mann zu sprechen. Viel spricht er immer von Ihnen lieber Vater, von Ihrer Fußreise auf den Harz[1]; auch die Vorlesung von Heeren gewinnt täglich größeres Interesse für mich. Was er von der Verfassung der Staaten, dem Verhältnisse des Regenten zum Volk, der Preßfreyheit und anderen so wichtigen Punkten sagte, sprach mich in hohem Grade an, über Alles spricht er mit einer unbeschreiblichen Ruhe und Klarheit. — Was mir Mathilde schrieb, vernahm ich mit wahrem Bedauern, daß Sie immer noch das Ruhebett hüten müssen. Hätten wir nur schon Frühling. Die Wärme würde sicher heilsam einwirken; seit 14 Tagen hatten wir hier anhaltende heftige Kälte, und viel Schnee, heute brach sich die Kälte etwas. — Die Kusine Amalie von Leuchtenberg ist jetzt im schönsten Sommer; darf ich bitten der lieben Mutter zu sagen, daß ich ihr die Hände küsse Ihr

Sie innig liebender und Ihnen gehorsamer Sohn

Max.

Göttingen, den 13t Januar 1830.

In meinem lezten Briefe sagte ich eine unrichtige Nummer, nehmlich anstatt N 7 (wie es richtig) N 6.[2])

---

1) Vgl. oben S. 34.   2) Oben schon richtig gestellt.

Kapitel III.

N. 5¹) auf N. 7 u. 8. München, 25. Jäner 1830.

Mit Vergnügen, lieber Max, las ich Deine Briefe vom 3ten u. 13ten dieses. Möchten die Gefühle welche der letztere ausspricht **immer** in Deinem Herzen bleiben und sich in Deinen Handlungen **unausgesetzt** offenbaren. Schreibt Dir H....²) oft und vieles als Neuigkeiten und als seine Ansichten? Mich würdest Du fortwährend auf der Stelle, wo Du mich verliesest antreffen, doch geht (es) bedeutend besser. Dennoch bin ich gefaßt, den ganzen Fasching auf derselben zuzubringen. Zufrieden, ja recht erfreut kann ich nach zwanzig Wochen (die sechszehnte hat begonnen) das Ruhebette geheilt verlassen. Wie die Flechte vorüber, will der Arzt, daß ich im März, vielleicht anfangs schon, in das Baad bey Luca oder in eines der auf der Insel Ischia bey Neapel soll, was ich auch zu thun vorhabe. Von innen bin ich sehr gesund, auch habe ich frische Farbe, ja man will mein Gesicht stärker finden. Dir vom hiesigen Fasching zu schreiben überlasse ich Anderen, da (er) heuer so wenig für mich als für Dich besteht. Wie bist Du jezo mit Deinem Göttinger Aufenthalte zufrieden? In die für seinen aufrichtigen, kindlichen Sohn offenen Arme schließt Dich Dein seinen Max liebender Vater

Ludwig.

Viel, viel Herzliches von der Mutter an Dich. Dermalen kommen nun Mathilde und Otto³) zu mir, alle übrigen müssen das Zimmer hüten (heute doch wird Adelgunde⁴) wahrscheinlich wieder erscheinen); doch ist jedes in voller Besserung begriffen.

N. 9 auf N. 5.

Lieber, guter Vater!

Ihr gütiger Brief machte mir herzliche Freude; vor Allem muß ich aber meines Auftrages mich entledigen; vorgestern erhielt ich ein Schreiben aus Hameln, worin mich der dortige Pastor Schäfer ersucht, Beyliegendes Ihnen zu übersenden. Sie werden **gewiß darüber lächeln**, es ist nehmlich ein Mittel für Flechtenausschlag. Er schrieb mir, er hätte gehört, daß Sie von diesem Uebel belästigt wären, habe mit **Ihnen hier studiert**, und nehme so großen Antheil an Ihrem Wohlseyn, daß er nicht umhin könne, Ihnen dieses Mittel, das sich noch immer bewährt, zu Füßen zu legen; ich bin begierig, ob Sie etwas davon brauchbar finden werden. Mag es auf diese oder jene Weise geschehen, die Hauptsache ist, daß Sie sich lieber Vater, bald völliger Heilung erfreuen. Gott gebe daß die Seebäder auf der Insel Ischia Ihnen recht gut thuen werden. — Von H...⁵) habe ich schon fünf Briefe erhalten, er schrieb mir einige Neuigkeiten, z. B. daß der Buchhändler Frankh nach München gekommen, worüber er sich sehr freut, dann die komische Geschichte, d(es) D. Hagen mit dem Rittmeister Heilbronner auf dem Eilwagen und dergleichen. In seinem vorlezten Schreiben übersandte er mir seine Aufsätze über die Badisch-Spoheimische Sache, ich durchlas sie mit der größten Aufmerksamkeit und schickte sie

---

1) Auf dem Original steht irrtümlich: N 4.
2) Offenbar: Hormayr. Vgl. oben S. 98 und 113.
3) Max' jüngerer Bruder, der spätere König von Griechenland.
4) Jüngere Schwester.   5) Wohl = Hormayr.

ihm wieder zurück, sprach dabey meine Meinung, ihm über diese Angelegenheit unverholen aus; es wäre vielleicht besser gewesen, wenn ich es nicht gethan. — Sie fragen mich, wie ich jezt mit meinem Göttinger Aufenthalt zufrieden, ich muß Ihnen offen gestehen, lieber Vater, so wie jezt große Kälte in der Atmosphäre herrscht, ich sie auch bey den Menschen finde. Alle voll höflicher, steifer Formen, aber eine Herzlichkeit, wie sie doch wohl in Bayern, wenigstens großentheils herrscht, ist hier nirgends zu finden. — Die Abende weihe ich fast alle dem Studium, Bälle und Gesellschaften sind wenige, und die lezten wenigstens waren sehr steif; mein Hauptvergnügen oder eigentlich einziges ist, von Zeit zu Zeit nach Kassel zu fahren, versteht sich ohne Kollegien zu schwänzen, das geht auch recht wohl; dort unterhalte ich mich gut; morgens nach der Kirche ist Sonntags immer schon Parade, dann speise ich zu Mittag; nach diesem fahre ich nach der Wilhelmshöhe, wo ich, obgleich es Winter, viel Vergnügen finde die dortigen schönen Punkte zu besuchen. So war ich schon zweymal in der Löwenburg, einmal sogar in der Keule des Herkules; wenn man von der Wilhelmshöhe zurückkomt, ist es Zeit zum Theater, und so geht der Tag angenehm herum. — Denken Sie sich, lieber Vater, wie man sich hier gefällt zu lügen, und zu erfinden. Wie ich das vorlezte Mal in den Weihnachtsferien in Kassel war, und kam das erste Mal wieder in die Vorlesung von Heeren, fragte mich der Prinz von Hohenzollern ganz wohlgemuth, ob ich mich in Würzburg gut unterhalten, man hätte ihm erzählt ich sey dort gewesen; vielleicht kommt es daher, daß ich mit dem Baron Würtzburg in Kassel war, da eine Namensverwechselung statt gefunden; doch aber immer sonderbar, daß man es mit solcher Gewißheit erzählt. — Wie bin ich froh, daß es mit den lieben Geschwistern wieder gut geht, Luitpold hat Ihnen viel Sorge gemacht; daß Adelgunde auch unwohl, erfuhr ich erst durch Ihren Brief. — Mein Lehrer im Schwadroniren heißt Castrob, ein Sohn Ihres Lehrers, sein Vater ist auch hier, und hat den Fechtboden unter sich[1]). Der junge Castrob aber hat die (Stunden) übernommen. Ich ließ es ihm sagen, daß Sie sich seiner erinnerten, er war darüber ganz glücklich, läßt sich Ihnen zu Füßen legen. — Im Geiste küßt Ihre Hand

Ihr
Sie innig liebender und Ihnen gehorsamer Sohn
Max.

Göttingen 1^t Februar 1830.

Gestern Morgens um 8 Uhr hatten wir hier 24 Grad Kälte.

N. 6[2]).   München 31. Jänner 1830.

Eine der auf mich am schädlichsten wirkenden Sachen während den

---

1) Nach Pütter III, 585 und IV, 501 war Universitätsfechtmeister seit 1795 Christian Hermann Both, der 1819 in den Ruhestand trat. Ihm folgte Christian Kastrop, dem 1833 sein Sohn Friedrich adjungiert wurde. — Nach unsern Briefstellen haben also Ludwig wie Maximilian nicht bei dem jeweiligen Univ.-Hauptfechtmeister Unterricht gehabt, sondern jeweils von dessen präsumptiven Nachfolger als der noch jüngeren Kraft.

2) Auf dem Original steht irrtümlich N.5, was aber vom König später selbst bemerkt und in seinem 7. Briefe richtig gestellt worden ist. Vgl. unten S. 123.

Flechten sagt der Arzt wäre Verdruß, und mein eigner Sohn, Du machst mir ihn. Gestattet habe ich Dir (was wohl noch nie ein König einem auf der Universität befindlichen Sohn), daß Du allein in Göttingen ausgehen dürftest, wobey ich Dir aber bemerkte, ich riethe es nicht daß Du es thätest. Wie konnte mir aber da nur der Gedanken kommen daß Du Abwesenheiten machen würdest ohne den von Dir selbst gewünschten von mir Dir mitgegebenen Begleiter! Schön kannst Du schreiben, aber Dein Handeln! und wie steht's mit Deiner gerühmten Offenheit gegen mich! Dein 8 tägiger Aufenthalt war bereits der ganzen hiesigen Gesellschaft bekannt, ehe ich denselben erfuhr. Mehr denn eine Nachricht davon war hierher gelangt, von denen eine durch eine Gesandtschaft der ersten Teutschen Höfe. Was kann Dir nicht alles widerfahren, lieber Sohn, wenn Du allein in Cassel herumfährst! in welche Händel kannst Du gerathen! Du setzest Dich Beschimpfungen aus, die Dein ganzes Leben auf Dir haften würden; dieß **darf nicht der König angehen lassen**. Nicht der jüngste Sohn des kleinsten regierenden Fürsten darf ohne seinen Begleiter über Nacht von der Universität ausbleiben; auch fällt es keinem ein. Setze mich nicht in den Fall, in dem Du noch eine Nacht außer Göttingen ohne Graf Fuggers Begleitung zubringest, daß ich Jemand mit eigenen Vollmachten Dir beygebe. Max, soll sich denn das Herz immer getäuscht finden, das für Dich offene Herz Deines Vaters

Ludwig.

N. 10 auf N. 6[1]).

Lieber Vater!

In einige Betrübniß versezte mich Ihr lezter Brief, erlauben Sie mir mit kindlicher Unterwürfigkeit, Folgendes in Wahrheit zu bemerken. Vor Allem, daß ich Ihnen bey meiner Liebe betheuere, — mein Ehrenwort gebe, daß ich **rein** wie ich Kassel betreten, **rein** es verlassen! Daß ich also nicht darum ohne Grafen Fugger und mit dem jungen Würtzburg gereist, um Unrechtes, Niedriges zu thun, darin freye Bahn zu haben! — Dieses Bewußtseyn giebt mir innere Ruhe und die frohe Hoffnung, daß Sie mir gerne vergeben. Wenn es gefehlt war, ohne meinen Begleiter zu reisen, so bitte ich Sie darum vielmal um Verzeihung, ich hielt es für nichts Unrechtes und that es mit gutem Gewissen, weil ich reiner Absicht mir bewußt. Weßen ich mich für schuldig halte, mich bey Ihnen anklage, Ihnen nicht sogleich geschrieben zu haben, besonders weil es das übele Licht auf mich werfen mußte: ich hätte Ursache es zu verschweigen. Ich habe nichts gethan, **dessen ich mich vor Ihnen und meinem Gewissen zu schämen (hätte)! Darum bitte ich Sie inständig, geliebter Vater**, schreiben Sie diesen Fehler keinem Mangel an Offenheit zu, das ist die unseelige, mir immer noch anklebende Untugend **immer halb zu sprechen!** Was Sie mir geschrieben, daß mein Aufenthalt in Kassel allgemein bekannt, ehe Sie es erfuhren, ist mir unbegreiflich, da ich Ihnen in einem französischen Briefe, ich glaube N. 5[2]) geschrieben, ich ging(e) darum noch vor Weihnachten nach Kassel, dem Kurfürsten meinen Besuch zu machen, um dann die Weihnachtsferien incognito

---

1) Wie vorhin.
2) Ist richtig. Vgl. oben S. 115 den Brief vom 11. Dez.

in Kassel zubringen zu können; daß zweyte mal, daß ich mit Wirtzburg dort gewesen, war vor 3 Wochen. Was ich vom ersten Male gesagt, wiederhole ich auch hier, rein wie ich Kassel betrat, habe ich es verlassen! In der Seele wehe thaten mir die Worte „Schön kannst Du schreiben, aber das handeln!" Ich kann mit Wahrheit sagen, lieber Vater, mein bisheriges, eiferiges Bestreben war, mich hier unter den Studierenden durch Fleiß als durch sonstiges Benehmen auszuzeichnen, Ihnen so Freude zu machen. Vor Allem beherzigte ich die Worte in Ihren väterlichen Ermahnungen N 12: einem sich rein erhaltenden Jüngling wird die Achtung in hohem Grade![1]) — Mit frohem Bewußtseyn kann ich mein Auge zu Ihnen erheben und sagen, ich habe mich rein erhalten! — Gott gebe, daß ich es noch lange sagen kann! — Was das nach Kassel gehen überhaupt betrifft, behalte ich mir vor, im nächsten Brief Ihnen darüber zu schreiben, dießmal wäre wahrlich ein unschicklicher Augenblick. Mit der kindlichen Bitte, mir, wo ich in der Sache gefehlt, gütigst zu vergeben, mir Ihre Liebe nicht zu entziehen.

Ihr
Sie innig liebender, Ihnen gehorsamer Sohn
Max.

Göttingen, den 3^t Febr. 1830.

N. 7 auf *N. 9* u. *10*. München, 14. Febr. 1830.

Verziehen ist Dir die ohne Deinen, von mir Dir mitgegebenen Begleiter statt gefundene Entfernung von Göttingen, unter der Bedingung jedoch, lieber Max, daß keine Wiederholung geschehe. Daß Du in Cassel warst, dieß wußte ich wohl, daß Du aber daselbst ohne Gfen v. Fugger Dich befändest, dieß war in der hiesigen Gesellschaft bekannt bevor ich es erfuhr. Nachdem zwey Tage Thauwetter, ist (es) wieder, doch sehr mäßig, kalt geworden, und herrlicher Sonnenschein. Die größte Kälte hier war 25 Grad, in Nymphenburg aber 28 Grad unterm Gefrierpunct. Meinen Brief vom 31. Jänner habe ich irrig mit N. 5 bezeichnet, es soll 6 heißen. Meine Flechte ist beynahe gänzlich vergangen und große Hoffnung ist vorhanden daß ich am 1ten März das Ruhebette, völlig geheilt von ihr, verlassen kann, und dann geht es 8 Tage darauf in's Baad auf der Insel Ischia bey Neapel. Der Arm giebt mir noch zu schaffen, doch ist dieses nur Nebensache. Befleißige Dich deutlich zu schreiben, denn kaum ist Deine Hand mehr lesbar. Aus eigener Erfahrung weiß ich wie sehr das Nachschreiben in den Collegien sie verdirbt, desto mehr muß aber Sorge getragen werden die Briefe gut zu schreiben. Die verw. Churfürstin reist mit ihrem ältesten Sohn nach Wien auf Besuch, der endlich von einer argen, durch üble Aufführung sich zugezogenen Krankheit geheilt ist. Mich freut Deine Versicherung daß die Deine noch gut sey, Krankheiten außerdem bleiben nicht aus. Gerade sey, nicht verschroben, ganz gerade gegen mich. Wohlthuend war es mir, wie ich während der letzten Zeit Deines Hierseyns sah, daß alle Versuche Dich, mich herabsetzend, von mir zu entfernen fruchtlos waren. Dem Pfarrer welcher das Flechtenmittel für mich geschickt, obgleich ich es nicht angewendet, für seine gute Meynung meinen Dank. Gf. Fugger, demselben zugleich daß ich von innen heraus mich heilen ließ; die

---

[1]) Vgl. oben S. 98.

einzige wahre Art, wenn nicht die schlimmsten Folgen, (nach Umständen der Tod), zu besorgen seyn sollen, was nicht genug gesagt werden kann. Gf. Fugger, Distelbrunner (dem ich gute Besserung wünsche) und Blumenbach viel Freundliches von Deinem Dich liebenden Vater

Ludwig.

Wegen M(einem) Oheim (Mutterbruder), Pz. Georg v. Hessen, sind wir in übermorgen endender Trauer.

N. 11 auf N. 7.

Mon très cher Pere,

C'étoit avant hier, que je reçus Vottre lettre, je Vous en remercie bien. Quel plaisir pour moi, d'entendre, que Vous êtes presque tout gueri. J'espere de tout mon coeur, que le premier jour de Marse, seroit le moment, ou Vous pourriez enfins quitter le sopha entierement retabli. J'ai à me deffaire de differantes commissions, que je n'oublie rien. Premierement j'ai reçu, il y a quelque jours un paquet d'Arolsen (située en Waldek) qui contenoit le poème suivant, accompagné d'une copie pour moi et de quelque lignes, ou on exprimoit le désir, que je Vous l'envoyasse, l'écrit ne fut signé que d'un G. — Je fus prié de même de la part de Mr. de Sartorius de Waltershausen, de mettre à Vos pieds ses remerciments, pour avoir conferé à Mr. Emil de Drubern (?), de Gotha „das Indigenat" (je ne saurois le traduire) en Bavière, et enfin O. M. Blumenbach, me prioit de Vous recommander en son nom, pour la chair de professeur, devenue vaquante à Würzburg par la mort du professeur Rau, Charles Siepold [1]), Dr. de la medicine, fils du conseiller intime de Siepold, mort à Berlin; qu'il ne peut pas assez Vous le recommander, tant pour ses connaissances, que pour son caractère, et qu'il le trouvoit tout fait pour cette place, surtout aussi par rapport de l'histoire naturelle. Je me suis acquitté ainsi de mes comissions, je peu parler enfin d'autres choses. — Comme je ne veux rien avoir de caché devant Vous, mon cher pere, je vais Vous communiquer une decouverte assez singuliaire, que je viends de faire. C'est qu'on a fait de la part de Rome, aussi loins que j'en suis, un essais, pour enfiler ici un jeune homme, dont on sait probablement, que je suis souvent avec lui, pour s'en servir d'espion auprès de moi et pour reçoire de lui des nouvelles de mes principes et de ma mannière à passer. Heureusement ce jeune homme avait assez d'esprit pour appercevoir ce qu'on vouloit, et assez de franchise et d'amitiée pour moi, pour me découvrire la chose. Vraiment on ne peut pas assez être sur ses gardes! — Je crois de vous pouvoir écrire quelque chose, mon cher pere, qui Vous fera plaisir, c'est que je me suis presque entierement défait de la mauvaise habitude, que

---

1) Karl Theodor Ernst von Siebold, der 1828 in Berlin und Göttingen (bei Blumenbach) studiert hatte. Die Berufung nach Bayern kam damals nicht zu stande. Als sie aber sich später, 1853, nach erfolgreicher Tätigkeit Siebold's in Königsberg, Danzig, Erlangen und Freiburg verwirklichte, da hat sich Blumenbachs Empfehlung seines ausgezeichneten Schülers glänzend gerechtfertigt. Siebold wurde als Zoologe, vergleichender Anatom und Physiologe einer der bedeutendsten und beliebtesten Lehrer der Münchener Universität. Auch Alex. v. Humboldt hatte schon 1840 auf ihn als hervorragende Kraft hingewiesen.

j'avais, à perdre du tems; je commance en dévenire avare, et que je tache de tirer profit de chaque minute, j'apprends de jour en jour d'avantage le prix du tems, je lis tous les jours la gazette universelle, le plus souvant aussi celle de Frankfort. Je trouve gout de m'occuper avec la politique, à suivre les démarches, les entreprises des differantes pays surtout d'observer les raisons fondamentales et la connection des évenements. — Le tems se change à tous moment, un jour nous avons de la neige, l'autre l'aire de printems, aujourd'hui il y a deux dégrés de froid. Distelbrunner se met à Vos pieds. Ose-je Vous prier de dire à maman que je lui baisse la main, mon très cher Père.

Votre
tres humble et tres obeissant fils
Max.

Göttingen le 20^t Febr. 1830.

N. 8 auf *N. 11*.   München, 28. Febr. 30.

Deine offene Mitteilung des auf Dich, lieber Max, sich beziehenden Auskundschafts-Vorhabens gefiel mir, der ich großen Werth auf Offenheit lege und vorzüglich auf die meiner geliebten Kinder. Es ist brav von Dir, daß Du angefangen hast das unselige Zeitverdrötteln abzulegen, daß Du den Werth der Zeit einsiehst. Morgen werde ich das Ruhebette noch nicht verlassen, doch bald, denn es geht wieder recht gut mit mir. Wer mich einige Wochen lang nicht gesehen, findet mich noch stärker im Gesicht geworden und meine frische Farbe kündigt keinen Menschen an, der bereits seit mehr als zwanzig Wochen das Ruhebette hütet. Mir eilten sie gar schnelle hin. Diese Osterferien gestatte ich Dir (aber zuvor verrichte Deine Ostern) reisend zuzubringen auf Kosten der Hofcassa. Graf Fugger wird die Rechnung führen. Du bestimmst wie lange Du (an) einem Orte verweilest, doch mußt Du beym Beginn der Collegien in Göttingen zurük seyn und die Reise nicht weiter ausdehnen, als sie hiemit von mir bezeichnet wird, nehmlich über Hannover Bremen, Hamburg, Lübeck und Braunschweig nach Göttingen grad zurük. In dem Batard mit 4 und einer Chaise mit 2 Pferden bespannt. Graf Fugger (den Du von allem diese Reise betreffenden was ich hier schreibe in Kenntniß zu setzen habest nebst viel Freundlichem von mir, letzteres auch-) Distlbrunner werden Dich begleiten und auch einen Bekannten, nach Deiner Wahl mitzunehmen erlaube ich Dir. Creditbrief werde ich zu dieser Reise Gf. Fugger schiken. Dir aber ein Schreiben an den Herzog von Cambridge in Hannover und eines an den (mir viele Gefälligkeiten in Hamburg bewisenen protestantischen) Domherrn Meier[1]), welche Du ihnen einhändigen wirst. Für Bremen und Lübeck kannst Du in Göttingen selbst Empfehlungsschreiben verschaffen, denn ich weiß nicht ob mein guter Universitätsbekannter Rodde Freyherr von Blumendorf[2]) (Rittmeister v. Brandensteins Schwager) in seiner Vaterstadt Lübeck wohnt. Siehst Du in Hannover den (wenigstens früher Erbschenken wenn ich nicht irre gewesen) Frhrn. v. Wangenheim, einen Bekannten aus Italien, und zwey Brüder von Groote (Göttinger Bekannte), also sage ihnen viel Freundliches von mir. Ob es räthlich ist in Braunschweig in Gesellschaft jetzt zu gehen, dessen abwesender Herzog mit dem Teutschen Bunde

---

1) Über ihn vgl. unten im Anhang I Seite 142.   2) Siehe Nachträge.

und seinen Unterthanen in großer Spannung sich befindet, dürfte die Frage seyn. Mit dieses Briefes Inhalt dich zu freuen war die Absicht Deines Dich liebenden Vaters

Ludwig.

Fließt Deine dichterische Ader?

Rom, 3. März auf N 14.

Vorgestern, in der ersten halben Stunde nach meiner Ankunft allhier wurde mir Dein Brief aus Hamburg, dessen Inhalt mir gefiel, lieber Max; namentlich Deine ausgedrückte Gesinnung in einer für unser ganzes Haus so wichtigen Sache, was ich Dir noch in Rom selbst schreiben wollte. Ueberall denke ich an Dich.

N. *12* auf N. 8.

Geliebter Vater!

Große Freude verursachte mir Ihr gütiger Brief. Wie begierig bin ich diese interessanten Orte kennen zu lernen, besonders aber Hamburg. Noch nie habe ich große Schiffe oder einen Hafen gesehen, der Hamburger soll so ausgezeichnet seyn. Wie dankbar bin ich Ihnen dafür lieber Vater, und auch daß Sie mir gestattet haben, einen Bekannten mitzunehmen; den jungen Würtzburg habe ich gewählt, der mir vorzüglich in Betreff seines aufrichtigen Charakters und offenen Wesens sehr zusagt. — Ich habe aber noch eine Bitte, lieber Vater, ich weiß eine solche nehmen Sie mir übel; Sie wissen nehmlich, wie sehr ich Freund von alten Ritterschlössern bin, ich hörte, daß sich hier in der Nachbarschaft einige sehr schöne befinden, theils ganz in der Nähe, theils entfernter von Göttingen. 6 bis 8 Tage sind erforderlich, diese zu besuchen, später finden sich nicht mehr freye Tage dafür, da man gewöhnlich die Pfingstferien zu einer Reise in den Harz benutzt. Da nun die Kolegien am 1. May erst wieder beginnen werden, und mir daher für die genannte Reise hinlänglich Zeit bleibt, so wünsahe ich recht sehr, gleich nach dem Schlusse der Vorlesungen, die ersten 6 bis 8 Tage zu obigem Zwecke verwenden zu dürfen, versteht sich auf meine Kosten; ich lege das Verzeichniß der Orte bey, die ich zu besuchen wünsche. Stadt brauche ich keine zu berühren; im Falle der Genehmigung, erlauben Sie lieber Vater, daß ich diesen kleinen Ausflug auf einer leichten Droschke und nur in Begleitung des Würtzburg vornehmen darf, was mir freilich wohlfeiler seyn wird, oder soll mich auch hier Graf Fugger begleiten? Freuen wird es mich, wenn Sie mir das Vertrauen schenken und mir auf erstere Art den Weg zu machen erlauben. — Wie froh bin ich, daß es mit Ihrer Gesundheit wieder so gut geht. Lange genug lieber Vater haben Sie ausgehalten, 20 Wochen auf dem Ruhebette sind keine Kleinigkeit. — A. Blumenbach, hat mir eine Ansicht von der Insel Ischia gewiesen, nach der Zeichnung muß sie eine herrliche Lage haben, ich wünschte ich könnte Sie begleiten. — Mit Grafen Fugger und Würtzburg war ich in Kassel gewesen, die berühmte D. Sonntag dort zu hören. Die Mutter wird Ihnen sicher schon gesagt haben, wie da die Ueberschwemmung der Weser meinem Fleiße Einhalt gethan, mich genöthigt erst Montag abreisen zu können, doch die so nothgedrungen geschwänzten Vorlesungen, holte ich den folgenden Tag alle wieder ein. Vorgestern sang hier Sonntag. Sie veranlaßte einen ordentlichen Aufstand unter den hiesigen Studenten, nach

dem Konzerte wurden ihr die Pferde ausgespannt, und ihr Wagen von wenigstens 30 Studenten gezogen, 2 sezten sich auf den Bock, die anderen schlugen aus Anthusiasmus die Fenster ein, und warfen der Sontag ihre Mützen in den Wagen, der Lärm währte die ganze Nacht durch¹). — Thorwalsen ist jezt in München, wie sehr bedaure ich es nicht seine Bekanntschaft machen zu können. Meine poetische Ader fließt und beschäftigt sich gegenwärtig, an einer großen Unternehmung, Konradin von Hohenstaufen, sehr wenig Zeit bleibt aber dazu. — Im Geiste küßte Ihre Hand
Ihr
Sie innig liebender und Ihnen gehorsamer Sohn
Max.
Göttingen, den 7. März 1830.

N. 13 auf N. 8.
Geliebter Vater

Von Ihrer gütigen Erlaubniß die benannten Burgen besuchen zu dürfen, konnte ich wieder keinen Gebrauch machen, da ich zwey Tage, ehe ich diese durch einen Brief der Mutter erfuhr, die unangenehme Nachricht erhalten, daß die Gebirgswege durch das Wasser so sehr gelitten, es unmöglich wäre, ohne Gefahr dieselben zu befahren. Vorigen Mondtag trat ich daher die größere Reise nach den Hansestädten an. — Aeußerst freundlich wurde ich in Hannover vom Herzog und der Herzogin empfangen, dieser Hof, ist gerade das Gegentheil von dem von Kassel, alle Steifheit ist ferne und die größte Herzlichkeit herrscht. Ganz entzückt bin ich noch von der Liebenswürdigkeit der Herzoginn, der Herzog läßt sich Ihnen empfehlen. Gestern Nachts langte ich hier in Bremen an, das Bett verlassen habend ist es mein erstes Geschäft an Ihnen lieber Vater und die Mutter zu schreiben. Ich sezte noch keinen Fuß aus dem Gasthause. — Sie sagten, wenn ich eines oder das andere von benannten Kolegien des Sommersemesters wegzulassen und ein anderes dafür zu hören wünsche, sollte ich es Ihnen während dem Winter noch schreiben; dieses war aber unmöglich, da ich den Katalog erst seit meinem lezten Briefe erhalten konnte. Sie bezeichneten, wie zu hören: 1) Alte Geschichte 2) Allgemeine Völkerkunde bey Heeren, 3) Politik bey Dahlmann, 4) Völkerrecht bey Saalfeld und als privatissimum bei demselben praktische Uebungen im Franzößischen; ich bitte hören zu dürfen: wie Sie es bezeichneten, Alte Geschichte und Allgemeine Völkerkunde bey Heeren. Bey Dahlmann Politik; als privatissimum aber, da er sie nicht publice ließt. Statt dem Völkerrecht bey Saalfeld aber, was er, wie ich allgemein hörte, nicht besonders lesen soll, bey Dahlmann noch teutsche Geschichte, bey Saalfeld

---

1) Henriette Sontag (1803—54), die bezauberndste und anmutigste der drei bedeutendsten deutschen Sängerinnen in der 1. Hälfte des 19. Jhs. Nach unerhörten Erfolgen auf den Bühnen von Wien, Berlin und Paris sang sie seit Anfang des Jahres 1830 nur noch in Konzerten. „Als sie in Göttingen in einem kgl. Extrapostwagen durchreiste, warf man, nachdem sie ausgestiegen, denselben in den Fluß, weil nach dem Gebrauch kein Sterblicher mehr würdig wäre, ihn wieder zu benutzen." Allg. D. Biogr. XXXIV, 642 ff.

also nur praktische Uebungen in französischer Sprache; als Nebenstunden *bitte ich den Unterricht bey Artaud, den bey Banfield im Englischen, den* im Schwadronieren bey Kastrop fortsetzen zu dürfen; den bey Mitscherlich im Latein bitte ich mir in diesem Semester zu schenken, da mir sonst zum Nachholen der Vorlesungen zu wenig Zeit bleiben würde. — Ihre Bestimmung hierüber erwartend bin ich

Ihr
Sie herzlich liebender und Ihnen gehorsamer Sohn
Max.

Bremen, den 26^t März 1830.

Im Paradise Ischia werden Sie wohl diese Zeilen treffen, Gott erhöre mein Gebeth, daß die dortigen Quellen recht heilsam für Sie seyn mögen.

(Ohne Nummer). Colombella, 10. März auf N 15.

Recht gerne lieber Max, will ich, wenn Deine Ferienreise mehr kostet, über das aus Göttingen mitgebrachte aus der Hofcasse zahlen lassen und, von Graf Fugger nehmlich, wird verrechnet werden. Gfen Fugger dessen Schreiben aus Hamburg sowie dessen frühere erhalten und Distlbrunner viel Freundliches von Deinem Dich liebenden Vater

Ludwig.

Am Abende vor Frohnleichnamsfeste denke ich in München zurük zu seyn.

Umgewandt.

Nachschrift.

Wohlverstanden, das was ich eben geschrieben gilt, wenn Du, wie die Collegien in Göttingen angefangen, daselbst bereits wirst eingetroffen seyn; um so viele Tage als Du später zurücke gekommen, dürften leicht aus Deinem Taschengelde zu zahlen aufgerechnet werden, denn Ferienreise nur gestattete ich, doch hoffe ich daß diese Bemerkung überflüssig und Du als fleißiger Student zur rechten Zeit auf die Universität angelangt seyn wirst. Im Napolitanischen habe ich schon gehört, daß Du einen üblen Ruf in Ansehung Deiner Sittlichkeit habest. Ich hoffe er ist ungegründet, aber durch Deine Reden bist Du selbst Schuld daran; hüte Dich und sey überzeugt, daß Du sehr in der Meynung dadurch verlierst. Jetzo zum Schluß noch einen väterlichen Kuß.

N. 9. Panella auf der Insel Ischia, 8. April 1830.

Du wirst bereits erfahren haben, lieber Max, daß ich den 15 ten März von München abgereist, am 25 ten in Neapel u. am darauf folgenden Tag hier angelangt bin. Von innen geheilt, als ich im sechsten Monate das Ruhebette verlaßen, bin ich es auch äusserlich nun von der oberhalb der linken Kniekehle mir so lange zu schaffen gemacht habenden Flechte. Diese herrliche Luft, die ich auf dieser Insel athme, wie mild, leicht gesund, schlägt mir trefflich an, und die Bäder, obgleich ich deren bereits nur seit 3 Tagen nehme, beweisen bereits ihre Kraft an mir, der ich etwas länger schon Mineralwasserkur begonnen. Welch' ein Land! welch' einen Himmel, welch' ein Meer habe ich hier gefunden. Warm wie es oft bey uns im Sommer nicht ist, fühle ich hier nicht selten schon. Jezt befinden wir uns in der Oesterlichen Zeit. Du hast doch Deine Andacht verrichtet, und das mit ganzem Herzen, mit ganzer Seele? Möchtest Du Religion durchdrungen seyn! Was ist der Mensch ohne sie! Man sagt das Volk braucht solche zu haben, aber dem Fürsten ist sie noch nöthiger, am nöthigsten einem Herrscher. Wer vieles thun kann was an Andern bestraft würde, der braucht um so mehr einen innern Zaun der ihn zurüke hält. Seit wir uns nicht mehr gesehen sind schon viele Monate verflossen. Hast Du nicht versäumt am 1ten eines jeden meine väterlichen Ermahnungen zu lesen! Sey mir aufrichtig in allem lieber Sohn. Jünglinge wähnen öfters, sich ein Ansehen dadurch zu geben, in dem sie sich auf eine Art äußern, daß man (wenn sie's glücklicherweise auch nicht sind) sie für lüderlich halten muß. Aber wie irren sie, wie verlieren sie in der Oeffentlichen Meynung. Du wirst jetzt vielleicht schon an der Nordsee seyn, das Meer wird Dir gefallen, doch dem Mittländischen wirst Du bey weitem den Vorzug ertheilen. Diese Insel mit allen ihren Aussprüngen hat denselben Umfang, der Rom's Stadtmauern ist, nehmlich 18 Miglien. Als ich landete, war fast kein Wein, fast kein Feigenblatt zu sehen (mit welch' beyden Gewächsen Ischia bedekt ist), aber wenige Tage darauf begannen sie sich zu entfalten. Seit ich München verließ, habe ich nur bey Botzen wenig, sehr kurz und in den (größtentheils nur sogenannten) Pontinischen Sümpfen einen vorübergehenden Regen gehabt. Welche Mondnächte giebt es hier! Wie klar! wie milde! auch habe ich den Brauch, bevor ich mich schlafen lege, eine halbe Stunde wenigstens auf dem Dache meines Hauses zu gehen (hier sind die Dächer platt, Terrassen sind's). Daß auf Ischia die Ziegenmilch gut wie Kuhmilch (ja besser als die auf derselben) schmeke, lasse ich meinem vormaligen Lehrer, dem immerhin von mir hochgeschätzten Blumenbach, sagen.

Dem Gfen Fugger Freundliches von mir, Distlbrunnern gleichfals. Sey beständig der offene vertrauungsvolle Max Deines Dich liebenden Vaters

Ludwig.

Auf den 13. Morgens 9. Apl.

Der, kaum sind es wenige Stunden, eingetroffene Curier überbrachte, lieber Max, Deinen Brief aus Bremen und mit Vergnügen gestatte ich Dir, daß Du die Collegien und sonstige Unterrichtsstunden im Sommersemester in Göttingen hören und nehmen darfst gemäß Deinen in denselben mir ausgedrückten Wünschen.

N. 14 auf N. 8.

Mon tres cher Pere,

Ma derniere lettre est ecritte de Brême, dans la premiere matine de mon sejour en ce lieu; je m'y suis plue assez bien. Un certain senateur Olvers a eu la complaisance de me montrer les choses les plus remarquables, le fameu Bleykeller, le port de Vegesak etc. Mais cependant, je me depechois d'aller à Hambourg, une ville, dont j'ai tant entendu, j'ai quitté donc Brême après cinque jours, et me suis rendu à Hambourg, ou je me trouve encore apresant. — Je m'y plais beaucoup, le chanoine Meyer est plein d'attentions pour moi, il m'a fait voir des objets forts interessantes; il y a huit jours, j'ai visité, accompagné de mes messieurs le port de Cuxhaven, je m'y suis rendu sur un vessau de vapeur, dans un espace de tems de cinque heures, je retourna le jour suivant. Le consul Hildebrand, m'a donné deux dinners, le chanoine Meyer, m'a donné un, avant hier,

nous avons bus à Votre santée, Meyer m'a beaucoup raconté de Vous. Mon cher pere, c'est un homme bien aimable, j'ai pris un grand penchant pour lui. — Quel moment important a paru apresant pour nos justes prétentions pour une partie de Bade, par la mort du Grand-duc! Comme je ne pense rien faire en cette chose, j'ai prie Dieu de tout mon coeur, qu'il benisse Vos demarches, pour le bonheur et la grandeur de notre état! — Je n'ai reçu encore d'autres nouvelles de Votre santé, que par les gazettes, qui sont bonnes, Dieu soit merci. Je baisse Vos mains
mon tres cher Pere.
Votre tres humble et tres obeissant fils
Max.

Hambourg, le 17^d avril 1830.

N. 15 auf 8.

Geliebter Vater!

Es wird Sie wohl wundern, schon wieder einen Brief von mir zu erhalten. Eine äußerst unangenehme Entdeckung nöthigt mich dazu. Graf Fugger kam zu mir, und sagte, er hätte Abrechnung gehalten, und die von Göttingen mitgenommene Summe von 3200 Fl. sey bereits ausgegeben. Nicht sagen kann ich Ihnen lieber Vater, in welcher Verlegenheit ich mich befinde. Sie werden selbst einsehen, mir bleibt kein anderes Mittel überig, hier Alles zu zahlen und die erlaubte Reise fortzusetzen, als Geld aufzunehmen; nach dem zu rechnen, was die Reise bisher gekostet, ist beyläufig eine Summe von 2000 Fl. erforderlich; ich werde daher so ungern ich es thue, dieses Geld bey dem hiesigen bayerischen Konsul Herrn von Hildebrand aufnehmen; daß kein Geld unnöthig ausgegeben wurde, kann Ihnen dieses **zum besten Beweise** dienen, daß ich auf Ihre Kosten nur einmal des Tages gegessen, nehmlich zu Mittag, niemals hier zu Nacht gespeist, und mein Frühstück **selbst bezahlt habe.** Sollten Sie aber doch meine Handlungsweise mißbilligen, bin ich bereit, so schwehr es mir auch ankommen wird, das Geld nach und nach zu ersetzen; ich hoffe aber, Sie werden selbst sehen, daß ich nichts anderes thun konnte, und mir ob meines nothgedrungenen Schrittes nicht zürnen. Ihre Bestimmung erwartend bin ich

Ihr
Sie innig liebender und Ihnen gehorsamer Sohn
Max.

Hamburg, den 20ten April 1830.

N. 10 [1]).   Panella, 22. April 1830.

Graf Paumgartens[2]) hellgrünen Jagdrock, von dem Du mir lachend erzählst, ist auch hier von ihm angezogen worden und hat Bewunderung zu erregen nicht ermangelt. Das Baad (den 25 ten nehme ich das lezte) hat trefflich auf mich gewirkt und die hiesige Luft, wahre Lebensluft, giebt uns allen frische Farbe. Auch Paumgarten blüht, aber **auf seine Art**,

---

1) Hier fehlen Anfang und Schluß.

2) Oberst Franz Graf von **Paumgarten** war ein Jahr vor dem Beginn der Universitätsstudien, an seinem 17. Geburtstag dem Kronprinzen Max als Oberhofmeister beigegeben worden. Vgl. Schmidt, a. a. O. p. CCV.

bedeckt ist sein Angesicht mit Knospen die sich jedoch schwerlich zu Rosen entfalten dürften. Schon lange hatte ich vorgehabt Dir von Deinem Erwerbe des Bildnisses Thorwaldsens zu schreiben, es macht Deinem Kunstsinn Ehre, lieber Max, nicht nur wichtig wegen dem, welchen es darstellt, des größten Bildners seit des Alterthums Herrlichkeit, sondern auch als Kunstwerk. Ich wünsche Dir Glück wenn Du lauter solche Käufe machst. Dank diesem trefflichen Bilde Heinr. Heß' waren von Thorwaldsens Züge schon so bekannt, als er nach München gekommen, als hätte er bereits lange da gewohnt. Der Auftrag, von mir ihm ertheilt, des großen Churfürsten Maximilian I. (dessen Namen Du trägst) Reiterbildsäule zu verfertigen für den Wittelsbacher Plaz, wird Dir gewiß angenehm gewesen seyn. Mit Dir, lieber Sohn, unterhalte ich mich gerne von Kunst, denn Du hast Sinn dafür. Seit den 4 Wochen, während denen ich auf dieser Insel, regnete es nur einmal und das keine Stunde lang; Sonne scheint täglich.

(Ludwig.)

N. 16 auf N. 9.

Mon très chere Pere

Après mon arivé à Göttingen, j'ai trouvé Votre lettre, datée d'Ischia, cela m'a causé une vive joie, de Vous voire en si bonne santé. D'après ce que Vous dites de cette isle, elle doit etre un vrais paradis, je suis bien curieu de le voir. Je suis heureusement arivé ici, je Vous remercie bien de m'avoir fait faire un ci beau voyage. Comme je suis faché, il faut que je Vous fasse l'annonce, que je fus forcé d'emprunter de nouvau du consul Hildebrandt 60 louis, en ajoutant de mon propre argent 16 louis pour pouvoir suffir au plus necessaire, parce que tout étoit terriblement cher; pour épargner au lieu de dormir en auberge, je continuois une fois pendant la nuit le voyage et dinnois jamais en route. Cela m'embarasse bien de Vous importuner de nouvau, mais ce n'est pas ma faute. — Vous me demandez, si je faisois mes devotions. Je les ai fait de tout mon coeur, j'ai la ferme et innebranlable conviction, que la religion est necessaire pour tous le monde, mais principalement pour les princes, aux quels la providance a confié le salut de tants de leurs confrères; je suis convainquu que l'apareil d'être extravaquant fait bien tort aux genes gents, quand meme ils ne le sont pas. Vous m'écrivez que je devois avoir de la confiance en Vous, et etre franc en tous — je veux l'être. A qui je pourrois l'être d'avantage, qu'a un si bon Pere. Il y avoit un moment, ou je fus tous près de succomber à une faiblesse humaine, mais subitement je me suis rapelé de la promesse, que je me suis donné à moi même, de rester ferme, aussi longtems que possible, et heureusement j'ai eu la force de lui rester fidèle. Je Vous avoue mon chere Pere, cette victoire sur moi même, m'a causé grand plaisir. — Je Vous remercie, que Vous-avez donné Votre concession à entendre les coleges desirés, il faut que je Vous mande, que Saalfeld ne donne pas, comme je l'ai cru, un privatissime „exercises pratiques en françois". Je lis tous les jours differantes gazettes, je ne puis Vous dire, avec quelle impatiance j'attands le developpement, des demelés avec la cour de Bade. Que notre bonne chose se pourroit réjouir de la bienveillance d'une puissance! — Cette lettre Vous trouvera probablement à Rome. Que je pourrois lui suivre, et Vous dire combien je suis

mon tres chere Pere
Votre tres humble et obeissant fils
Max.

Goettingen, le 6de Mai 1830.

N. 11.   Colombella, 23. May 1830.

Am 9 ten Juny, lieber Max werde ich mich (in) Deiner Geburtsstadt wieder befinden, jedoch (erfordern die Geschäfte es nicht anders) nur 8 Tage daselbst verweilen und dann noch in's trauliche Brükenauer Baad gehen. Meine Gesundheit ist trefflich und die Luft hier in dem Grade gesund, daß sogar Fahrnbacher rothe Wangen bekommen hat. Seit ich München verließ, war, wo ich mich in Italien aufhielt, auch nicht ein Regentag, und gegenwärtig heiß wie bey uns im Sommer es oft nicht ist. Mit vielem Wohlgefallen habe ich vernommen, daß Du bereits vor Wiederbeginn der Collegien in Göttingen zurük gekommen seyn sollst. Ja! mir wurde von München geschrieben, daß Du schon eine Woche früher eingetroffen wärest. Mit den für seinen Max offenen Armen umfaßt Dich in Gedanken Dein Dich liebender Vater

                                                        Ludwig.

27. May.

Der gestern eingetroffene Curier hat mir Dein 16 tes erfreulichen Inhalts volles Schreiben gebracht. Abermals, lieber Max, küsse ich Dich in Gedanken.

N. 17 auf N. 10.
                    Innig geliebter Vater,

Empfangen Sie meinen herzlichen Dank für Ihren gütigen Brief. Ich danke dem Himmel, daß die Bäder von Ischia so gut auf Sie gewirkt, die dortige herrliche Luft mag wohl nicht wenig die Heilkraft der Quellen vermehren; mit Verwunderung hörte ich, daß Graf Paumgarten[1]) immer noch in dem berühmten froschgrünen Rock paradiert, die Knospen in seinem Antlitz müssen seine Reitze erhöhen, vielleicht hat er dieses Prachtgewand, wie er es vorhatte, wenden oder von Neuem färben lassen! Ich danke Ihnen lieber Vater, daß Sie die Summe, welche meine Ferienreise mehr kostete, von der Hofkasse zahlen lassen wollen. 7 Tage, vor dem Anfange der Vorlesungen, war ich schon in Göttingen zurück. — In meinem lezten Briefe vergaß ich, Sie um die Erlaubniß zu bitten während der Pfingstferien eine Fußreise in den Harz machen zu dürfen. Jezt ist es leider nicht mehr Zeit, eine Antwort abzuwarten, da in wenigen Tagen die Ferien anfangen und im Ganzen nur 8 bis 9 Tage dauern werden; da Sie nun selbst lieber Vater in München von der Harzreise gesprochen, hoffe ich, werden Sie nichts dagegen haben, wenn ich sie unternehme. Ich denke daher, sobald die Vorlesungen schließen werden, in Begleitung Grafen Fuggers, Distelbrunners und Würtzburgs nach dem Hartze abzugehen, die Kosten werde ich vor der Hand von meinem Gelde bestreiten. — Das Bildniß Thorwaldsens, macht mir nun **doppelt Vergnügen**, da es sich Ihres Beyfalls zu erfreuen (hat). Ich hoffe meine künftige Erwerbungen werden auch so glücklich seyn, Ihnen zu gefallen. Sehr erfreute es mich, als ich hörte, daß Thorwaldsen von Ihnen geliebter Vater den Auftrag erhalten, Churfürst Maximilian's Reiterbildsäule zu verfertigen, sicher wird es ein **herrliches Werk werden**; eine **Zierde Münchens**; wir werden daselbst dann Werke, von den jezt lebenden beyden größten Bildhauern besitzen,

---

1) Siehe oben S. 130.

von Rauch und Thorwaldsen! — Zwey Engländer, die hier studierten, sagten mir, sie würden so bald es ihnen möglich nach München reisen, die Kunstschätze dort zu sehen. Nach den Egineten fragen die (die Engländer nämlich) am meisten. Obwohl ich kein Verdienst daran, so höre doch immer, München ein teutsches Athen nennen, mit einem heimligen Gefühle des Stolzes und der Freude. — Vom Maler Beenixen in Hamburg erhielt ich mehrere Steinzeichnungen zum Geschenke; um mich dafür erkenntlich zu zeigen, kauft ich von ihm ein kleines Seestück Cuxhaven vorstellend, um einen unbedeutenden Preiß. Kunstwerth scheint mir dieses Bild nicht zu haben, nur einen der Erinnerung. — Mit Ungeduld sehe ich dem Augenblick entgegen, der unsere Angelegenheit mit Baden (sich) entscheidet. Mit wahrem Verdruß las ich vor Kurzem in einem Blatte von dem unbeschreiblichen Jubel, den Bezeugungen der treuesten Anhänglichkeit, die die Mannheimer dem neuen Großherzog erwiesen. Ich glaube, daß es absichtlich ausgestreut (wird), um dem Ausland Sand in die Augen zu streuen, die öffentliche Meinung in Betreff dieser Sache zu täuschen! Auf einem Irrthum beruhte es, daß wie ich Ihnen in meinem letzten Briefe berichtete, Saalfeld kein privatissimum „praktische Uebungen im Französsischen" geben würde. Voriger Woche gab er mir schon die ersten Stunden; die teutsche Geschichte bey Dahlmann, spricht mich in hohem Grade (an), herrlich ist sein Vortrag. — Vorgestern kam mir ein Schreiben aus Paris zu, worin mich die dortige societé statistique zum Ehrenmitglied ernennt. Ich erkundigte mich hierüber bei Mr. Artaud. Die Gesellschaft gehört keiner Parthey ausschließlich an, zählt Mitglieder von beyden, ich wäre also geneigt, die Ernennung anzunehmen; doch bitte ich Sie lieber Vater, mir Ihre Gesinnung darüber und Willen mitzutheilen. — Was meine Sittlichkeit betrifft, kann ich nur wiederholen, was ich Ihnen in meinem lezten Briefe geschrieben, ich hatte einen Kampf mit mir zu bestehen, ich habe ihn gewonnen; ich kann Sie auch versichern, daß seitdem ich München verlassen, ich auch den Schein vermieden unsittlich zu sein, sondern mich des Gegentheils bemüht. Soeben erfahre ich, daß die Pfingstferien noch kürzer währen würden, als ich glaubte. Im Geiste küßt Ihnen die Hände

Ihr

Ihnen gehorsamer und Sie innig liebender Sohn
Max.

Göttingen, den 29t May 1830.

N. 12 auf *N. 17*.   München, 15. Junj 30.

In dem dieser Tage erscheinenden Armeebefehl ernenne ich Dich, lieber Max, zum General-Major, der ich mir ein Vergnügen daraus mache, selbst Dich hievon in Kenntniß zu setzen. Es ist mir ganz recht daß Du die Hartzreise gemacht hast, und Grfen Fugger lasse ich sagen nebst vielem freundlichen (auch Distlbrunnern), daß er dieselbe der Hofcasse verrechnen soll. Erfreuliches schrieb mir Gf. Fugger von Dir, den Du in Kenntniß setzen sollst daß mir s. Briefe vom 24ten May u. 9ten dieses richtig zugekommen sind. Keine andere Reise während diesem Deinem Göttinger Aufenthalt sollst Du mehr machen, und Ausflüge die Du etwa vornehmen würdest, hast Du selbst zu bestreiten, und wohlverstanden dürfen solche nur ohne Nachtheil der Collegien stattfinden und, dauern sie über Nacht, muß Gf. Fugger dabey seyn. Rechte Freude gewährt mir was in Deinem

16 ten Briefe stand, daß Du nicht zu Fall gekommen bist; möchtest Du dieß immer vermeiden! Welche Folgen manichfaltig, die einen ärger als die anderen, die nicht ausbleiben, man stelle sich wie man will, dieses nachzieht, habe ich aus eigener Erfahrung u. daß Jahre u. Jahre hingehen, bis endlich die Sünde überwunden ist. Was Du mir in Deinem letzten, den 17 ten Bf., über diesen Gegenstand versicherst, und daß Du auch den Wein meidest, kann meinem Vaterherzen nur wohl thun. Mutter und Geschwister, so wie Dein Vater alle genießen treffliche Gesundheit, außer daß die gute Mutter etwas Zahnschmerzen hat. Die Stimmung der Münchner ist umgeändert[1]), mit Jubel, mit wiederhohltem empfingen sie mich, das erfreut innigst den viel und lang Verkannten. Am 19 ten dieses reisen wir ab, über Amberg, Bayreuth u. Bamberg nach dem traulichen Brückenau-Baad. Nun lieber Max, drückt Dich an sein Herz Dein liebevoller Vater
Ludwig.

Nachschrift.

Ich genehmige, daß Du das Ehrenmitgliedsdecret der société statistique in Paris annehmest.

N. 18 auf N. 10.

Mon tres cher Pere,

Grand plaisir m'a causé la lettre, que Vous avez bien voulu m'écrire de Columbelle, la nouvelle que les bains d'Ischia Vous ont fait tant de bien. — Quelle étoit ma joie et surprise, lorsque lundi dernier le chariot de poste m'a apporté Votre portrait et ce de ma mère. Je croyois pas de recevoir le Votre, qu'a mon arrive à Munic. Comme je suis satisfait de Vous avoir apresant tout près de moi, de Vous pouvoir regarder, autant que je veux. — Ma derniere lettre sera deja en Vos mains. J'espere bien, que Vous ayez approuvé mon voyage au Harz, je Vous prie de permettre, que les fraies en seront mises en comte; je suis de retour depuis plusieurs jours. Les colleges ont récomançés. Je vous ai écrit que hors le comte de Fugger et Distelbrunner, Mr. de Würtzburg m'accompagneroit; mais au moment de partir, ce m'est venu subitement en pansée, qu'aucun de nous connoit le Harz, pour nous faire attantif à toutes les choses remarquables. Pour ce bute j'ai amené encor un certain Vendeland, un jeune homme plain d'esprit, il connaissoit fort bien cette contré. J'y ai vu beaucoup des objets fort interessantes, mais cependant je donne de beaucoup la preference aux montagnes de Berchtesgade. — Hier au soir je fus à Munic de toutes mes pansées, j'ai partagé le plaisir de ma mère et frères et seures de Vous revoir, il n'y a plus longtems, je juirois du meme bonheur
mon tres cher Pere
Votre tres humble et tres obeissant fils
Max.

Göttingen, le 10ᵈ Juin 1830.

N. 19 auf N. 12.

Geliebter Vater!

Freudig war ich überrascht durch die Ernennung zum General Major, ich beeile mich Ihnen meinen herzlichen Dank auszudrücken, so auch in

---

1) Verschrieben für **ungeändert**? Doch wohl kaum!

Betreff der Hartzreise; in meinem lezten Brief glaube ich Ihnen schon geschrieben zu haben, daß so sehr mir auch dieses Gebirg gefällt, ich doch den bayerischen Bergen bey weitem den Vorzug gebe. — Nach Brückenau richte ich dieses Schreiben, es wird wohl einige Tag vor Ihnen daselbst eintreffen, da Sie den Umweg über Bamberg und Bayreuth nehmen. Mit innigen Vergnügen ersah ich sowohl aus Ihren Brief als aus den Zeitungen, daß die Münchner dem, was sie sicher schon lange im Herzen getragen, Stimme verliehen und an den Tag gelegt haben; denn aufrichtig gesagt, ich glaube nicht, daß Sie von der Mehrzahl verkannt, sondern von denen wohl, die entweder manche nöthige Veränderung empfindlich getroffen, oder solchen, die an und für sich schon Allem, das nicht von ihnen ausgegangen, entgegen, jedes größeren Gedankens, höheren Zweckes unempfänglich sind, oder seyn wollen! Der Ausruf der Münchner, mit dem sie, Sie lieber Vater begrüßt, wird wohl anderer Natur gewesen seyn, als der welcher vor Kurzem zu Karl's X. von Frankreich Ohren tönte, den ich von einem Ohren- und Augenzeuge habe: „Vive le roi, il vient de la messe à la chasse, de la chasse à la messe!" — Die Geschichte gewinne ich täglich lieber, hab sie mir zu meiner Geliebten erkoren, vorzüglich die teutsche, alle meine freye Zeit wende ich auf sie. Diesen Augenblick bin ich mit Quellenstudium zu dem Leben Karls des Großen beschäftigt: Eginharti, vita Caroli magni — freylich nicht in einem klassischen Latein geschrieben, der Inhalt dafür aber desto belehrender. — Im Geiste küßt Ihre geliebte Hand
Ihr
Ihnen gehorsamer und Sie inniglibender Sohn
Max.

Göttingen, den 24ten Juni 1830.

N. 13 auf *N. 19.* Baad Brückenau, 4. Julj 1830.

Es ist sehr erfreulich, daß Du Dich viel mit Geschichte abgiebst, der Fürsten Brevier soll sie seyn. Dein Vergnügen an alten Glasmalereyen kennend lege ich ein Verzeichniß in Nürnberg zu veräußernde(r) bey. Kupferstecher Heidelof u. Freiherrn Hallerstein, welch letzterer die Aufsicht des dortigen Bildersaales hat, ersterer bey dem Polytechnischeu Institute angestellt, kann ich Dir als geeignete Männer nennen, ihnen falls Du Lust haben solltest von diesen Glasmalereyen zu erwerben Aufträge zu ertheilen, wobey aber die Summe zu bestimmen, welche sie dafür ausgeben dürfen, u. erst mit Deiner Casse Rath zu halten ist nöthig. Daß die Armen vor allem gehen sollen, das bedenke. Ob die Malerey schön, ob gut erhalten, dieß weiß ich nicht. Ich gebe Dir nur Nachricht, das übrige ist Deine Sache, lieber Max. Es war eine ermüdende, sehr ermüdende aber auch recht lohnende Reise von München hieher über Amberg, Bayreuth und Bamberg; Volksjubel begleitete uns. Der Festball im Bayreuther Opernhause nahm sich großartig aus und alle Straßen Bambergs durch welche wir kamen waren geschmükt wie ein Saal, meisterhaft. Seit wir hier, ist die Witterung abwechslend, gestern und heute förmliches Regenwetter. Noch sind wenig Kurgäste hier, aber für viele sollen, wie ich hörte, Bestellungen gemacht seyn. Schreibe mir, welche Witterung in Göttingen ist u. sage Freundliches an Gf. Fugger, Distelbrunner u. Blumenbach von Deinem, so wie Deine Mutter Dich umarmenden Vater
Ludwig.

Kapitel III.

N. 23 auf N. 13.

Mon très chère Pere;

C'est avec grand plaisir, que j'ai reçu Votre lettre de Brukenau. Je Vous rends grace, que Vous avez bien voulu m'envoyer le catalogue des peintures sur verre qui voit être vandus à l'enchere à Nurenberg, Mr. de Hormayr m'a l'envoyé aussi les peintures soulignées qui lui parroissent les plus interessantes. — Je suis bien faché mon cher Pere, si Vous n'aviez pas meilleur tems à Brukenau, que nous avons ici. Il fait de la pluie presque tous le jours, nous n'avons eu jusqu'ici que quatre au cinque jours qui ont été parfaitement beaux, quelquefois meme il fait bien froid. — Je m'occupe beaucoup avec l'histoire de l'ancienne Grèce; plusque j'en penetre, plus mon interret, mon compassion augmante pour se peuple. Dieu le donne, ques les infortunés ne se vissent pas privés d'un grand part des fruits de leurs exploits, de l'Akarnani et des isles de Cande et Samos. — Blumenbach se fait mettre à vos pieds, je me plais beaucoup en sa societée. — Au jour de naissance de ma mère je pris d'après l'encienne habitude du chocolat pour déjeuner, et à table j'ai bus à sa sentée en vins de Champagne. Probablement Vous aurez fait une partie de campagne à son honneur. — Mon heurex frère Otton ira comme j'ai entendu pour la seconde fois dans ce pays magique d'Italie, je ne puis presque pas attandre le moment d'y entrer aussi. Je Vous baisse le mains

mon tres cher Père

Votre tres humble et tres obeissant fils

Max.

Göttingen, 10^d Juillet 1830.

N. 14 auf *20*.   B. Brükenau 27. July 1830.

Nachgedacht habend daß Du, lieber Max, der Verfassung gemäß, da Du noch keine 21 Jahre alt bist, auf dem nächsten Landtag eine stumme Rolle spielen müßtest, so finde ich es für besser daß Du nicht auf demselben erscheinest; Du würdest übrigens in manche Verlegenheit kommen in welche Du, wie Du mir selbst sagtest, gesezt würdest. Ich beschließe, daß Du zu Deiner ferneren Ausbildung das nächste Semester (vielleicht 2 worüber ich mich später erst aussprechen werde) in Preußens Hauptstadt, dem gelehrten und angenehmen Berlin, zubringen wirst. In unsere Arme wollen wir Dich vorher noch schließen, darum treffe am 7 ten dieses Abends hier ein und bleibe den 8 ten, 9 ten u. 10 ten bey uns. In einem Wagen komme u. auf dem nächsten Weg, begleitet von Graf Fugger. Das wird, eine Freude des Wiedersehens seyn!

Präge Dir's nur recht ein, daß wenn ich für mich ein offenes Herz finde, Du ein solches treffen wirst bey Deinem Dich schon in Gedanken daran drükenden, seinen Max sehr liebenden Vater

Ludwig.

(*N. 21.*)   Geliebter Vater,

Nicht wenig wurde ich durch Ihren Brief erschreckt, als ich heute morgen um 2 Uhr geweckt und mir derselbe schwarz gesiegelt überbracht wurde, im ersten Augenblick dachte ich nicht an die Hoftrauer; herzlich freue ich mich auf die Stunde des Wiedersehens mit Ihnen selbst über den gesagten Punkt sprechen zu können; nicht leugnen kann ich Ihnen, daß ich mich längst, in jeder Beziehung nach München gesehnt habe! Die gehende Post nöthigt mich zu schließen; nicht erwarten kann, Ihre liebe Hand küssen zu können

Ihr

gehorsamer und Sie herzlich liebender Sohn
Max.

Göttingen, den 29. Juli 1830.

Sie werden sich wohl verschrieben haben, da Sie sagten, ich sollte den 7. Abend dieses (Juli) in Brückenau eintreffen; es muß wohl 7. August heißen. Diesen Tag werde ich also kommen.

(*N. 22.*) Geliebter Vater!

Mit schwehrem Herzen trennte ich mich von Ihnen, da Sie mich so gütig aufgenommen. Wie ein Traum verflossen mir die drey Tage. — So leid es mir ist, München meiden zu müssen, da ich die feste Ueberzeugung habe, meines Willens und meiner Kraft mir bewußt, daß ich Einflüsterungen von Aussen widerstehen würde, so gerne ich nach so langer Trennung in den Kreis aller derjenigen zurückgekehrt wäre, die meinem Herzen so theuer sind, so werde ich doch auch in Berlien (sic!) eifrigst bemüht seyn, Ihre Zufriedenheit zu erlangen, Ihr Vertrauen in mich zu bestärken. Dasselbe Bestreben war es, dem ich während meines fast jahrlangen Aufenthaltes in Göttingen treu geblieben. Mit Ungeduld erwarte ich Ihren Brief, der mir Berchtesgaden betreffend, Gewißheit geben wird. Kindlich freue ich mich darauf, einige Wochen recht glücklich dort zubringen zu können, mit Sehnsucht sehe ich dem Augenblicke entgegen, der mich von hier abruft! Der lieben Mutter küße ich die Hände.

Ihr

Ihnen gehorsamer und Sie innig liebender Sohn
Max.

Göttingen, d. 15^t August 1830.

(*N. 15.*) Baad Brükenau, 18. August 30.

Wenn die Collegien geschlossen sind, so erlaube ich Dir lieber Max, Deinen sehnlichen Wunsch erfüllend nach Berchtesgaden zu kommen, begleitet von Gf. Fugger u. Distlbrunner. Wohl verstanden, daß Du weder unmittelbar noch mittelbar mich angehst, diesesmal München zu betreten. Wer einmal befehlen soll, muß gehorchen lernen. Bereits Familienvater von 6 Kinder, tief in den Dreyßigen, habe meinem Vater und Könige gehorcht, und das war kein Verdienst, es war meine Pflicht. Gegen den einmal bestimmt ausgesprochenen Willen des Vaters sich sträuben uud streben, den eigenen dennoch durchzusetzen, ist nicht in der Ordnung. Acht Tage nachdem die Mutter wird nach Altenburg abgegangen seyn, reist Du nach Berlin ab, wo so viel zu sehen ist, bevor die Collegien beginnen. Unterwegens siehst Du in Altenburg während der Anwesenheit Deiner Dich innigst liebenden Mutter Deinen Großvater. Mit Freude wiederhohle ich es (der ich Dich wenn Du es verdienst so gerne lobe), daß es meinem Herzen wohl that, Dich zu Deinem Vortheil recht verändert, Dich auf dem Weg des Guten, noch rein Dich gefunden zu haben. Erstarken mußt Du,

Dich nicht unerschütterlich wähnen; wer sich zu stark glaubt, der ist in Gefahr zu fallen. Was Pferde, Köche etc betrifft, werde ich durch den Oberststallmeister die Weisung ergehen lassen. Gf. Fugger u. Distelbrunnern Freundliches von mir. Seinen guten Sohn drückt an sein Herz Dein Dich liebender Vater

Ludwig.

N. 23 auf 14.

Geliebter Vater!

Da ich nicht so glücklich seyn kann, Ihnen in Person meine Wünsche zu dem herannahenden Feste auszudrücken, beeile ich mich es schriftlich zu thun. Ich ergreife diese Gelegenheit Ihnen zu versichern, daß wie es bisher mein Bestreben gewesen, dem, wie ich wohl sagen darf, ich treu eingedenk gehandelt, es auch ferner seyn wird, mir Ihre Liebe und Vertrauen zu erwerben; nichts würde mir schmerzlicher seyn, als einen Mangel des letzteren zu bemerken, den ich nicht glaube zu verdienen. — Mit Ungeduld erwarte ich Ihren Brief, Berchtesgaden betreffend, herzlich sehne ich mich darauf, einige Wochen recht glücklich dort zubringen zu können. Seitdem ich wieder die Freuden des Zusammenseyns gekostet mit Allem, was meinem Herzen lieb ist, will es mir gar nicht mehr in Göttingen gefallen. Indem ich meine kindlichen Wünsche wiederhole, bin ich

Ihr
gehorsamer und Sie innig liebender Sohn
Max.

Göttingen, den 20^t August 1830.

N. 24 auf N. 15.

Geliebter Vater,

Mit Freude erfüllte mich Ihr lezter Brief, daß Sie meinen Wunsch gewähren nach Berchtesgades kommen zu können; wie sehne ich mich nach diesem Augenblick. — Heute morgen ward mir ein großes Vergnügen. Da nehmlich die meisten Studierenden schon abgereist, haben die Herren Professoren Zettel in den Höhrsälen herumgehen lassen, in welchen sie ankünden, daß sie von nun an die Vorlesungen verdoppeln wollen, statt einer zwey Stunden lesen. Herzlich froh bin ich darüber, da sie nun um ein Bedeutendes früher schließen werden. Während meines Aufenthalts in Brückenau ist ein Zweykampf vorgefallen, wie seit 14 Jahre keiner; einer blieb durch eine Hiebwunde — äußerst seltener Fall. — Im Geiste bin ich schon in Berchtesgaden und küsse Ihre geliebte Hand.

Ihr
Ihnen gehorsamer und Sie innig liebender Sohn
Max.

Göttingen, den 26^t August 1830.

N. 25 auf N. 15.

Geliebter Vater,

Diesen Augenblick erst konnte ich, so lange ich schon gewünscht es zu wissen, mit Gewißheit erfahren, wann die Vorlesungen schließen werden. Ich beeile mich daher Sie davon zu benachrichtigen, damit ich nicht wie eine Bombe in Berchtesgaden plötzlich eintreffe. Nächsten Freytag lesen die Professoren, bey welchen ich höre, zum letzten Mal für dieses Semester. Freytags Nacht werde ich daher, um ja keinen Augenblick das Wiedersehen hinauszuschieben, von hier abreisen. — Möchte doch dieser Brief noch eintreffen vor

Ihrem
Sie herzlich liebenden und Ihnen gehorsamen Sohn
Max.

Göttingen, den 1. September 1830.

Den 7. September Abends, Dienstag, zähle ich in Berchtesgaden einzutreffen.

Anhang

I.

Aus den „Übungen im Teutschen Stil", Originalaufzeichnungen Ludwigs I. in der Wittelsbachischen Fideikommißbibliothek zu München (Bayr. Staatsbibliothek). Aus seiner Göttinger Zeit, 1804. Vgl. oben S. 54.

„Lustfahrt
nach Harvestehude.

Nach vielen stürmischen und rauhen Tagen die wir die ganze Woche hindurch hatten, erschien endlich der letzte derselben, der 14te April auf diesen Samstag[1]).

Von einem Tag auf den andern verschob ich die Wasserfahrt nach Harvestehunde, jeden Tag auf bessere Witterung hoffend und jeder Tag gewärte nichts als Hoffnung für den künftigen Tag, welche sich wiederum in Wind auflöste. So verging die Woche bis zum Samstag d. 14te April, auf diesen Tag aber setzte ich die Wasserfahrt unabänderlich fest. Früh morgens wachte ich auf, mein erster Blick ging nach dem Fenster. Ich konnte aber wenig gewahr werden, denn ein dichter Nebel umhüllte die ganze Gegend, und so viel ich doch noch von der Alster wahrnehmen konnte, (denn ich wohnte am Jungfernstieg), sah ich dass ein Sturm mit den Wellen sein Spiel trieb. Diess waren freilich keine lachende Aussichten für die vorgehabte Fahrt nach Harvestehude; doch wer wird die Hoffnung verlieren? diese Tugend die man heut zu Tage besonders nöthig hat. Die Klocke schlug Neune, die Stunde die zur Abfahrt bestimmt war; auch hatte die Gesellschaft bei mir sich versammelt, und zu unser aller Vergnügen ging auch eine Veränderung des Wetters vor. Der Nebel verschwand, der Sturm legte sich; die Sonne schien und der beste sanfte Wind blies, und wir durften hoffen, an den Ort unserer selbst gewählten Bestimmung zu gelangen. Wir säumten keinen Augenblick und stiegen in

---

1) Diese Anfangspartie ist 4 mal vertikal durchstrichen und daneben steht in derselben Richtung: „Dieses strich ich selbsten aus, noch ehe es der Professor sah, so wie das meiste, was ausgestrichen ist".

das Boot geräumig genug unsere Gesellschaft zu fassen. Sie bestand aus dem Domherrn Meier (einem Mann, den kein Fremder unbefriedigt verläßt)[1] Graf Seinsheim und den 2 Baronen von Rähden[2], Gebrüder aus Curland, dem D. Diruf und mir, im Boot befanden sich noch 3 Schiffer.

Jetzt stachen wir in See (wie es die Schiffer nennen), der Wind schwellte unser Segel geziert mit dem Hamburger Wappen; lieblich beleuchtete die Sonne die schönen Alstergestaden, und wir gleiteten sanft über den ruhigen Bach. Immer mehr und mehr entfernte sich Hamburg mit seinen fleißigen und gastfreien Bewohnern von uns. In der Entfernung sahen wir das Gut liegen, welches noch vor wenigen Jahren der unsterbliche Dichter des Messias bewohnte, viel redeten wir von ihm, Meier, der ihn genau persönlich kannte, erzählte manches von seinem Leben, was uns noch unbekannt war. Nicht allein aus ernsten Gegenständen bestand die Unterhaltung; nichts weniger als dieses, munter waren alle, selbst sehr lustig. Aus lauter Freude mich endlich auf der sanften lieblichen Alster zu befinden, wasch ich meinen Kopf mit ihrem hellen Wasser. Unter Lachen und Plaudern schnitt der Kahn durch die Spiegel ähnliche Fläche dieses Baches. Ein Landhaus schöner als das andere sahen wir. Hamburgs reiche Bewohner wenden viel an dieselben; die meisten dieser Häuser sind sehr geschmackvoll von außen wie von innen. Im Sommer werden sie alle bewohnt, selbst die Kaufleute bringen da alle Zeit zu, die nur von ihren Geschäften abgebrochen werden kann, und welche Erhohlung kann unschuldiger und gesünder sein, als die schöne Natur zu genießen! Die Familien der reichen Kaufleute wohnen beständig den ganzen Sommer in ihren Landhäusern. Unter diesen vielen Ansichten und Gesprächen landeten wir im Garten zu Harvestehude; mir fiel die letzte Strophe aus Overbek's[3] artigem Gedicht die Schiffart ein, mir fiel sie nicht blos ein, sondern ihren Inhalt fühlte ich auch lebhaft.

    Dies waren mir seelige Tage
    Du kleiner Gefälliger sage,
    Sie waren so seelich auch Dir,
    So hohl ich das Schifflein mir wieder
    Und setze mich neben Dir nieder
    Und fahre durchs Leben mit Dir.

In Gedanken sagte ich sie einem jeden in der Gesellschaft. Der Garten von Harvestehude ist nicht groß, aber angenehm, gegenwärtig werden Veränderungen in demselben vorgenommen. Wir sahen den Ort, wo die Eiche stand unter welcher Hagedorn seine schönsten Gedichte verfertigte. Aber[4] leider ist diese Linde (sic!) ebenso wenig mehr da als der Sänger, den sie selbst vor der Sonnenhitze bewahrte; schon Jahre sind verflossen daß sie von einem Wetterstrahl zertrümmert wurde. Das Miethshaus ist gut und bequem eingerichtet, doch so viele Menschen als vor Zeiten kommen nicht mehr her. Der Garten des Reinville thut ihm Abbruch. Wir ließen uns Theekessel ins Freie bringen[5], tranken da den

---

[1] Siehe unten S. 142.   [2] Der Name ist nicht ganz deutlich.

[3] Der Dichter Christian Adolph Overbeck (1755—1821), aus Lübeck schon als Göttinger Student der Rechte an Vossens Musenalmanach beteiligt; später Bürgermeister seiner Vaterstadt.

[4] Vom Professor verbessert am Rande für ach.   [5] Ebenso für geben.

Thee, aßen Butterbrod, und rauchten Cigarro. Auch den Gesang vergaßen wir nicht, ob wir gut oder schlecht sangen, will ich nicht untersuchen[1]). Doch diess kann ich versichern, alle sangen wir aus ganzem Herzen, das Schillersche Lied:

Ein freies Leben führen wir u. s. w.

Lieblich schien die Sonne, doch leider auf keine grünen Bäume, dies war das einzige was uns noch fehlte, unsere Einbildungskraft mußte diesen Mangel ersetzen. An den Sonnenstrahlen erquickten wir uns wahrhaft, denn lange, lange hatten wir diese Wohlthat des Himmels entbehren müssen. Wir gingen auf den Hügel gleich hinter dem Garten von welchem sich die beiderseitigen Alsterufern herrlich darstellen, ruhig blieb dieselbe, nur etliche Kähne machten Furchen in diese helle Ebene, und belebten ein wenig diese des Mahlers so würdige Landschaft[2]). Die beiden Ufer waren ganz still, ich will sagen geräuschlos, denn höchstens sah man hie und da einen Reuter; stille fleißige Landleute, die ihre Arbeiten verrichteten, sah ich in Menge. Auf diesem Hügel verweilten[3]) wir lange, länger noch hätten wir daselbst verweilt, aber die bestimmte Zeit um nach Hause zu gehen eilte so schnell herbei, schneller viel schneller als es ein jeder von uns wünschte; doch die Stunde war schon vorüber und wir zögerten noch, von diesem angenehmen Ort der Erde uns zu trennen. Diess fiel schwer, endlich faßte ich die Entschließung es zu thun, that noch einen Blick in diese schöne Gegend, und eilte dann schnell von dem Hügel herab. Zu Fuß gingen wir nach Hamburg und die Landhäuser die wir zuvor von der Alster aus sahen, betrachteten wir nun in der Nähe, in derselben verloren (sie) im mindesten nichts von der Schönheit die wir in der Ferne bewunderten, im Gegentheil sie gewannen noch an derselben. An lauter schönen Landhäusern und Gärten vorbei, erreichten wir unvermuthet die Thore; je näher wir dieser volkreichen Stadt kamen, desto mehr Menschen begegneten wir, die ritten, fuhren, und gingen, bis wir in ihre Mitte kamen. Auffallend war der Unterschied zwischen dem stillen Harvestehude und dem volkreichen Hamburg, in welchem alle Straßen von Menschen wimmeln. Beide Oerter sind sehr angenehm, der eine im Sommer, der andere im Winter. Dieser in der ersten Frühlingssonne zugebrachte Morgen wird stets mir unvergeßlich sein, auch ihr, ihr Lieben, die ihr mit mir genosset, und mir seinen Reitz noch erhöhtet, auch ihr werdet stets mir unvergeßlich bleiben, mit Freude werde ich an euch und an die schönen Stunden die wir da zubrachten denken. Vielleicht trennen wir uns für dieses Leben auf immer, nie sehen wir uns vieleicht wieder, und denket ihr dann vieleicht einmal wieder an Harvestehude, so erinnert euch auch ein wenig an mich."

Auf dem folgenden Blatt steht in zierlich dünner Schrift ganz oben, offenbar in Beziehung zu dem vorausgehenden Schluß:

„Auch wir werden uns freuen, vielleicht werde ich Mary nie auf dieser Erde wieder sehen, die ich liebe wegen ihrer Aufrichtigkeit, die ich von Herzen liebe, ohne doch in sie verliebt zu sein."

---

1) Ebenso für erörtern.
2) Am Rande ein das künstlerische Moment hervorhebendes NB!
3) Statt weilten.

Diese wohl nicht für die Augen des Professors bestimmten Zeilen zeigen, wie in innerer Unruhe, den mittleren Teil des Satzes mehrfach wiederholt und dann wieder durchstrichen.

Die Schilderung des Hamburger Ausfluges vom Frühjahr 1804 zeigt deutlich die wachsende Selbständigkeit des jungen Prinzen, seinen ausgeprägten Sinn für landschaftliche Schönheiten, seine ungezwungene natürliche Fröhlichkeit, seine Verehrung für die großen deutschen Dichter. Klopstocks Andenken, schon durch Göttingen gepflegt, ragt herein. Der würdige Domherr[1]) genießt Ludwigs ganzes Vertrauen; an ihn vor allen in Hamburg empfiehlt er später auch seinen Sohn Max, den Thronerben, auf der gleichen Reise. Russische Gefährten, zwei Barone von Kurland, fehlen auch hier nicht. Auch ein zartes Herzenserlebnis schimmert noch mit durch in der diskreten, auf besonderem Bogen geschriebenen Nachschrift.

Jetzt wo die Riesenstadt so gewaltig sich ausgebreitet hat, wird der heutige Hamburger wohl gerne von diesem damals noch ganz frei und ländlich gelegenen Idyll Harvestehude vernehmen.

II.

Schriftwechsel zur Schenkung des Bayerischen Galleriewerkes. Aus den Akten des Göttinger Senates und der Universitätsbibliothek 1844/45. Vgl. oben S. 83 ff.

1)

HOCHGEEHRTESTER HERR OBERBIBLIOTHEKAR!

Seine MAJESTAET der KOENIG von Bayern hatten von langer Zeit her der Universitäts-Bibliothek von GÖTTINGEN von dem hier heraus-

---

1) Friedr. Joh. Lorenz Meyer (1760—1844), dessen Vater aus Franken in Hamburg eingewandert war, ist auch ein Mann Göttinger Schule. Er hatte hier bei Schlözer, Böhmer, Meiners und Heyne gehört und 1782 als Jurist promoviert; ja er wurde Böhmer's Schwiegersohn. Seine Bedeutung für Hamburg liegt darin, daß er der bis dahin dort wenig beachteten Kunstpflege freie Bahn gebrochen hat, getrieben von einem feinen, ihm angebornen Kunstsinn. Zu Klopstock hatte er persönliche Beziehungen. Als langjähriger Sekretär der „Gesellschaft zur Beförderung der Künste und nützlicher Gewerbe" in Hamburg hat er eine auch literarisch äußerst wirksame Tätigkeit entfaltet. Weitgereist und hochgeachtet war er 1796 und 1811 Mitglied der an das französische Direktorium und an Bonaparte abgeordneten hamburgischen Deputation. Rüstig bis ins höchste Alter hielt er sein gastfreies Haus allen Künstlern und Gelehrten offen — ein Mann ganz nach dem Herzen Ludwigs I. Die Übung des künstlerischen Sinnes in weiten Kreisen Hamburgs darf auf seinen Einfluß zurückgeführt werden. — Vgl. B. Schröder, Lexikon der hamburg. Schriftsteller V (1870), 258 ff. Neuer Nekrolog der Deutschen XXII, T. 2 (1846), S. 693—698; Allg. d. Biogr. XXI (1895), 574 (v. Melle).

kommenden lithographischen Gallerie-Werke ein Exemplar als Geschenk bestimmt, und es sind die Sendungen der Lieferungen des Werkes „GALLERIE MÜNCHEN-SCHLEISSHEIM" mit der letzten Lieferung derselben im May 1831 geschlossen worden.

Der Unterzeichnete hatte schon damals die Ehre, dem Herrn Oberbibliothekar zu bemerken, daß es seiner MAJESTAET Absicht sey, von dem neu begonnenen ähnlichen Werk „die BILDER DER PINAKOTHEK" der Göttinger Universitäts-Bibliothek ebenfalls ein Exemplar zukommen zu lassen. Die seit jener Epoche dazwischen getretenen Zeit-Ereignisse haben die Sendung einstweilen unterbleiben, Seine MAJESTAET aber das Versprechen nicht vergessen lassen.

Der Unterzeichnete erhielt demnach jüngst den Allerhöchsten Auftrag, die bisher erschienenen Lieferungen von 1—65 der Universitäts-Bibliothek zu übermachen. Derselbe übergab das Werk in einer Kiste wohl verpackt dem hiesigen Handlungs-Hause NEGRIOLI, welches es mit Fuhrmanns-Gelegenheit nach GÖTTINGEN besorgen wird. Der Unterzeichnete wird dann die weiteren Lieferungen alljährlich nachfolgen lassen. Derselbe bittet, wenn die jetzige Sendung angekommen seyn wird, um gefällige Empfangs-Anzeige, und hat unterdessen die Ehre, seine ganz vorzügliche Hochachtung zu versichern.

München den 15ten Dezember 1844.

gez.: v. Kreutzer
K. Ghmrth u. Kabinetssekr.

An
den Herrn Oberbibliothekar der königl. Universitäts-Bibliothek
in Göttingen.

2)
An
Königliches Universitäts Curatorium in Hannover
Unterthäniger Bericht des Professors und
Unterbibliothekars Hoeck
Göttingen d. Januar 1845.

in Betreff eines von
Seiner Majestät dem König
von Bayern geschenkten
Exemplars der Bilder
der Pinakothek zu
München.

Ew. Excellenz, erlaube ich mir, durch beigefügte Abschrift eines Schreibens des Königl. Bayerischen Geheimeraths und Kabinets Secretärs von Kreutzer in Kenntnis zu setzen von einem großartigen Geschenke, welches Seine Majestät der König von Bayern der hiesigen Königlichen Bibliothek zum Geschenk gesandt hat. Da es nach der Absicht des erhabenen Gebers für die Bibliothek und nicht für ein Nebeninstitut bestimmt ist, und von Eurer Excellenz die Zahl der für die hiesige Ge-Gemähldegallerie von der Bibliothek abzugebenden Kupferwerke auf drei bereits früher namhaft gemachte Werke sehr weislich beschränkt ist, so habe ich sogleich das für die Bibliothek bestimmte Werk in alle Bibliotheks-Catalogue eingetragen und glaube eben so sehr im Sinne Ew. Excellenz als des Königlichen Gebers zu handeln, wenn ich mich hiesigen Anforderungen, das großartige Geschenk unserer Gemähldesammlung zu überlassen, auf das Bestimmteste widersetze. Zugleich bin ich mit Sachverständigen zu Rathe gegangen, um die Blätter eben so sehr gegen Beschädigung zu sichern, als auch ihre Besichtigung und angemessene Benutzung zu erleichtern.

3) Magnifice!

Seine Majestät der König von Bayern hat der hiesigen Universitätsbibliothek ein Exemplar der bis jetzt erschienenen 65 Lieferungen der Lithographien der Gemählde in der Königlichen Pinakothek zu München als Geschenk übersenden lassen und zugleich verheißen, daß die weiteren Lieferungen alljährlich auf gleiche Weise uns zukommen würden.

Indem ich Eure Magnifizenz von diesem großartigen Geschenk des erhabenen Gebers, dem unsere Bibliothek schon mehrere Beweise Seines Hohen Wohlwollens verdankt, gehorsamst benachrichtige, stelle ich es zu Ew. Magnifizenz Entscheidung, ob Sie vielleicht eine Notiz davon zur Kenntnis unserer Herren Kollegen in weitere Kreisen bringen möchten?

Eurer Magnifizenz

Göttingen
d. 25. Januar
1845

ganz gehorsamer Diener
Hoeck.

4) An den hochverehrlichen Senat!

Ich beehre mich, Ihnen vertraulich beifolgenden Brief des H.G.K. Raths Hoppenstedt, sowie eine Copie eines an H. Prof. Hoeck erlassenen Reskriptes mitzutheilen.

In dem Augenblick, wo unsre kleine Sammlung von Kunstschätzen eine würdige Aufstellung findet und man jede Ergänzung dankbar erkennen muß, schien es mir sehr geeignet, wenn der hohe Senat die Gelegenheit ergriffe, ein Dankschreiben an S. M. den König von Bayern zu richten. Ich will es gern entwerfen und darin kurz der Beziehung gedenken, welche den König mit uns verknüpft. Ich habe allerdings noch einen Nebenzweck. Ich halte es für möglich, vielleicht dadurch Abgüsse der herrlichen Aegineten aus der Münchener Glyptothek zu erhalten. Diese, als Repräsentanten der ältesten griechischen Plastik, würden unsere Gypse vortrefflich ergänzen und so das vervollständigen, was wir aus der Zeit von Phidias, Skopas, Praxiteles und der späteren Epoche schon besitzen, und was uns jüngst H. Coll. Hermann u. Wieseler so anziehend wieder vorgeführt haben.

G. 16. I. 45

Hochachtungsvoll
D. R. Wagner.

Da indeß das Schreiben des Herrn Prof. Hoeck, so wie ein zweiter Brief des H. G. K. R. Hoppenstedt eingegangen ist, so verfehle ich nicht, beide beizulegen. Für den Fall der Zustimmung, würde ich das Schreiben demnächst zum Signiren vorlegen.

29. I. 45

Gehorsamst R. Wagner.

5)
(Concept)
An Seine Majestät
den König von Bayern
in München

Allerdurchlauchtigster Großmächtigster König!
Allergnädigster König und Herr!

Ew. Königl. Majestät haben unsrer Universität in dem letzten Jahre so manchfaltige Beweise Allerhöchst Ihres Wohlwollens durch allergnädigste Uebersendung von Geschenken an unsre Sammlungen und Institute gegeben, daß wir, im Namen der gesamten Corporation, unsren allerehrfurchtsvollsten Dank Ew. Königl. Majestät auszusprechen uns verpflichtet fühlen.

Das jüngste gnädige Geschenk kommt uns in einem Augenblicke zu, wo wir bemüht sind, das, was wir an Gemählden und andren Kunstwerken, sowie an Nachbildungen in Kupferstichen und Lithographien besitzen, in dem nun völlig ausgebauten Universitätshause würdig aufzustellen. Hier, mitten unter den GypsAbgüssen nach den edelsten Kunstwerken des Alterthums, unter den Giebelfiguren und Friesplatten des Parthenons — eines Geschenks Königs Georgs des Vierten — unter den Nachbildungen der Werke des Phidias, Skopas und Praxiteles, hat auch der herrliche Abguß des Niobiden Ilioneus seine Stelle gefunden, den unser verewigter Otfried Müller Ew. Königl. Majestät Munificenz verdankt.

Unter den gekrönten Herrschern Europas nennt unsre Hochschule mit Stolz und Ehrfurcht Ew. Königlichen Majestät' ruhmvollen Namen als einen von denen, die uns vor andren theurer sind und uns an die glücklichen Zeiten erinnern, wo der Pflege unserer Universität fürstliche Zöglinge anvertraut waren, die nun Throne einnehmen. Wenn die Geschichte zu den kommenden Geschlechtern von unsren Fürsten sprechen wird, wird auch unsrer Hochschule dabei gedacht werden. Bis in die jüngsten Tage sind Ew. K. M. uns in Huld und Gnade gewogen gewesen und haben nicht aufgehört, uns Beweise davon zu geben und uns Theil nehmen zu lassen an den mächtigen Fortschritten der bildenden Künste, denen Ew. K. M. ein glänzendes Asyl bereitet haben, wie seit den Tagen Leos des Zehnten und Julius des Zweiten kein andres gefunden ward. Was nach dem gegebenen Maaße unserer Verhältnisse wir für einen Gewinn ziehen können aus der Entwickelung der Kunst für die Wissenschaft, das wollen wir in redlichem Bemühen erstreben. Möge der Georgia Augusta Ew. K. M. Gnade und Theilnahme niemals fehlen.

Wir verharren in tiefster Ehrfurcht

Ew. K. M.
allerunterthänigst
Göttingen, den 2. Februar   Prorektor u. Senat der
1845   Georgia Augusta.

III.

Über das von Ludwig I. während seiner Göttinger Studienzeit bewohnte Haus (vgl. oben Seite 11) verdanke ich Herrn Stadtarchivar Dr. Ferd. Wagner hier noch folgende genauere Nachricht:

„Das Haus Mühlenstraße Nr. 1 wird in den Kämmereibüchern „die Meisterei" [1]) genannt und hatte seit dem Jahre 1764 die Hausnummer 498, es gehörte damals dem Nachrichter Johann Wilhelm Goepel; nach dessen Tode (1765) blieb es in Besitz seiner Erben, die es an einen Meißner vermieteten.

Im Jahre 1778 kaufte es von den Erben Goepels der Geh. Justizrat Prof. Georg Ludwig Böhmer, dem schon seit dem Jahre 1749 die Nachbarhäuser Nr. 497 und 496 gehörten; diese beiden Häuser hatte er von einem Georg Friedrich Breithaupt gekauft, vorher besaß sie der Stadtsekretär Lesche. Nach dem am 16. August 1797 erfolgten Tode des Hofrats Böhmer wird als Besitzerin Demoiselle Philippine Böhmer genannt, von der es vor Trinitatis 1803 der Regierungsrat Hoppenstedt kaufte. Damals hat der Kronprinz Ludwig von Bayern dieses Haus bewohnt. Von Hoppenstedt ging es 1809 oder 1810 in den Besitz des Hofrats Himly über, der in demselben Jahre auch die beiden Nachbarhäuser Nr. 497 und 498 von den Böhmerschen Erben kaufte. Die Familie des Hofrats und Ritters Himly verkaufte 1847 das Haus an Prof. Karl Friedrich Hermann.

Ostern 1856 bezog der Prof. F. Lejeune-Dirichlet, der Schwager von Felix Mendelsohn, das Haus Nr. 498, dort erhielt er im Juni 1856 den Besuch des Geh. Legationsrates Varnhagen von Ense, der in dem Göttinger Wochenblatte unter dem 8. Juni 1856 unter den angekommenen Fremden gemeldet wird. In Varnhagens Tagebüchern wird das Haus und der Garten nebst dem dort befindlichen Gartenpavillon beschrieben. (Vgl. oben S. 11.) In dem Garten erhebt sich jetzt das Städtische Badehaus.

Wann das Haus Mühlenstraße 1 gebaut worden ist, hat sich aus den Akten leider bis jetzt nicht feststellen lassen."

IV.

Zu dem von Maximilian II. von Bayern in den Jahren 1829/30 bewohnten „Prinzenhause" (vgl. oben S. 99) hat mir gleichfalls Herr Stadtarchivar Dr. Wagner noch folgenden dankenswerten archivalischen Beitrag zur Verfügung gestellt, der zugleich Frensdorffs Angaben (Zeitschr. des Histor. Vereins für Niedersachsen Jahrg. V. (1905) S. 437—440) ergänzt.

---

1) = die Wasenmeisterei, Amt und Wohnung des Henkers, des Abdeckers. Vgl. Grimm, Deutsches Wörterbuch VI (1885), S. 1967. — Hier hatte ursprünglich auch die Nachrichterei (Abdeckerei) selbst gelegen. Den Akten im Stadtarchiv zufolge ist sie dann 1735 vor das Geismartor verlegt worden. Immer noch aber lag hier die Wohnung des Nachrichters, die mit ihren übel riechenden Stallgebäuden ein unansehnlicher, den Nachbarn unliebsamer Komplex gewesen sein muß. Auf Betreiben Böhmer's wurde 1774 „in Ansehung der angezeigten Inkonvenienzen" „der Herr Geheime Justizrat dieser unangenehmen Nachbarschaft entledigt" und dem Nachrichter Goebel eine andre Wohnung zugewiesen. Böhmer scheint dann von Grund aus neu gebaut zu haben, eben das jetzt stehende Haus.

„Haus Prinzenstraße Nr. 2
(früher no. 535 und 536).

Besitzer des Grundes und Bodens, auf dessen nördlichem Teile das Haus Prinzenstraße 2 gebaut ist, war seit dem Anfang des 14. Jahrhunderts das Kloster Walkenried. Das Grundstück erstreckte sich von der damaligen Mühlenpforte bis zur Pauliner Straße; in der Mitte erhob sich die ansehnliche Kapelle[1]), die leider um 1747 abgebrochen wurde. Am 23. Januar 1745 ging das Grundstück zugleich mit allen übrigen Ländereien und Gebäuden, die dem Kloster in Göttingen und Rosdorf gehört hatten, definitiv in den Besitz der Stadt über.

An der Prinzenstraße stand damals eine Scheune, die im Schoßverzeichnis 1747/48 unter nr. 357 angeführt ist mit dem Zusatz: „Walkenrieder Scheune, ist verkauft und wird bebauet." Daß es sich wirklich um das jetzige Grundstück Prinzenstraße 2 handelt, bezeugt die nächstfolgende Nummer 358: „domus Ihrer Kön. Majest., bewohnt der Professor Heumann". Dieses Gebäude ist also das Concilienhaus. Das Schoßverzeichnis 1750/51 notiert dementsprechend unter Nr. 358: „Walkenrieder Scheune, auf dessen Platz Daniel Gebert ein groß Wohnhaus gebauet" und bei Nr. 359: „domus Ihr. Königl. Majestet, bewohnt der Professor Heumann."

Demnach ist im Sommer 1751 der Bau des Wohnhauses Prinzenstraße 2 schon vollendet gewesen. Der Bauherr, Daniel Gebert, hatte vorher schon in der Pauliner Straße die Häuser 19 und 21 erbauen lassen, die als Wohnhäuser dienten und später lange Jahre als Hörsäle gebraucht wurden. Das Haus in der späteren Prinzenstraße Nr. 2 erhielt 1764 bei der neuen Numerierung der Häuser die Hausnummern 535 und 536. Nach dem Tode des Erbauers und ersten Besitzers kaufte von den Erben das Haus der Professor Ch. W. Büttner, wie folgender Vermerk im Kämmereibuche 1767/68 angibt: „domus Daniel Geberts Erben, jetzo Prof. Christian Wilhelm Bütner."

Im Rechnungsjahr 1784/85 wird der Professor Büttner zuletzt als Eigentümer des Hauses angeführt, er verließ Göttingen und zog nach Jena; das Haus ging in den Besitz des Buchhändlers Dieterich über, der zuerst 1785/86 als Eigentümer genannt wird: „Johann Christian Dieterich, ein Buchführer; besitzt auch Haus Nr. 509 (jetzt Gothmarstraße Nr. 1)."

Bis zum Jahre 1850 ist das Haus Nr. 535/536 (jetzt Prinzenstraße Nr. 2) in dem Besitz der Familie Dieterich und deren Nachkommen geblieben. Das Schoßbuch 1815 sagt: „Dieterich, Johann Christian Erben: Köhler, rel. Luise, geb. Dietrich". In dem von 1822 steht: „Köhler, rel. Luise, geb. Dieterichs Erben pro Schieck, relicta Hauptmann". Eigentümerin ist 1845 „Schieck, relicta Luise, geb. Köhler".

Im Jahre 1849 kauft es die Frau Benfey, wie aus dem Schoßregister 1850 hervorgeht: „Nr. 535/36: Schieck, rel. Luise, geb. Köhler. Nunc: Benfey, Prixilla, geb. Berend, Ehefrau des Geldwechslers Philipp Benfey."

Die Familie Benfey verkaufte das Haus im Jahre 1906 an die Hildesheimer Bank, die auch das Bankgeschäft Benfey & Co. übernahm. An Stelle

---

1) Diese Kapelle für die reformierte Gemeinde in Göttingen zu bekommen hatte sich Albr. von Haller vergeblich bemüht. In der Folge entstand dann der kleine Kirchenbau seiner Wohnung gegenüber in der unteren Karspüle.

des alten historischen Hauses, von dem eine Photographie vor dem Abbruch genommen wurde[1]), erhebt sich seit dem Sommer 1910 das neue Bankgebäude."

Nachträge.

Zu Seite 6.

Spät erst wurde mir die 4. Reihe von Karl Trautmanns „Kulturbildern aus Alt-München" (1923) zugänglich mit der dort (S. 88—116) in das Lebensbild Andreas Michael von Dall'Armi's eingeflochtenen gemütvollen Skizze von Sambuga's Lebenslauf. Darnach gehörte das Fischen (vgl. des Kurprinzen Ludwig's Angelgeschenk für ihn und Sambuga's Abenteuer damit, oben S. 52 Anm. 6) wegen der mit dieser Tätigkeit gegebenen Gelegenheit zu besinnlicher Meditation zu den Lieblingsbeschäftigungen des nachdenklichen Mannes. Seine Betätigung als Prinzenerzieher fällt erst in den letzten Abschnitt seiner gesamten Wirksamkeit. Was er seinen Zöglingen mit ins Leben zu geben bewußte, erwies sich auch bei seiner jüngsten Schülerin, Ludwigs Schwester Elisabeth, der späteren Gemahlin Friedrich Wilhelm's IV. von Preußen. Leopold von Ranke, der ihr persönlich nahestand, wußte was sie als stille Dulderin neben dem umnachteten Gatten in rührender Ergebung getragen hat. Wohl am wenigstens aber bekannt ist, wie Sambuga's Fürsprache es war, welche 1810 die Erhaltung der Oberammergauer Passionsspiele, die das Ministerium Montgelas schon zum Verschwinden verurteilt hatte, bei Max Joseph I. für dauernd durch gesetzthat (Trautmann S. 113—116).

Zu Seite 11.

Eine vollständige Liste sämtlicher Prinzen und Grafen, die an der Georgia Augusta während der ersten hundert Jahre ihres Bestehens studiert haben, ist mit fortlaufender Zählung in Pütters „Versuch einer akademischen Gelehrtengeschichte von der Georg August-Universität zu Göttingen" und seinen von Saalfeld und Österley besorgten Fortsetzungen gegeben. So zählt man 1765

---

[1]) Sie liegt unsrer Tafel VI zu Grunde. — Ein alter Stich des Göttinger Kupferstechers Grape zeigt auch noch die dem Hauseingang vorgelegte doppelseitige Aufgangstreppe (vgl. oben S. 99). Bis auf diese sah die Front des Hauses also etwa so aus wie heute noch die Fassade des Theologischen Stiftes („stiller Ochse") am Stumpfebiel. Der Haustypus kehrt im damaligen Göttingen öfters wieder. Zu diesem nüchternen, gerne verputzten Fachwerkhäusern vgl. auch Frensdorff, Die Heimat Carolinens, S. 2 und 12.

(I. S. 15—17) 3 Prinzen und 61 Grafen; im Jahre 1788 (II. S. 17 —21): 12 Prinzen und 144 Grafen; bis 1820 (III. S. 22—28): 13 Prinzen und 297 Grafen; bis 1838 (IV. S. 43—47): 17 Prinzen und 338 Grafen.

Zu Seite 13.

Die Vermutung, daß W. v. Freygang bereits in russischem Staatsdienst stand, als er in Göttingen studierte, wird bestätigt durch seine mir erst nachträglich bekannt gewordene Göttinger Exmatrikel. Diese, ausgestellt am 16. Juli 1804 für „Doct. phil. Wilhelm von Freygang, Translateur im Collegio der auswärtigen Geschäfte in Petersburg", bezeugt, daß er „am 23. Sept. 1802 als der diplomatischen Wissenschaften Beflissener unter der Zahl der hierselbst Studierenden aufgenommen und sich bis auf den heutigen Tag bei uns Studirens halber aufgehalten. Während der Zeit seines Hierseyns hat Derselbe einen vorzüglichen Fleiß bewiesen und einen ruhigen, ordentlichen und exemplarischen Lebenswandel geführt, sodaß wir beides mit Vergnügen bezeugen."

Zu Seite 30.

Auch in der Registratur des Oberhofmeisterstabes in München befinden sich noch fremdsprachliche Übungen Ludwigs I., die er als Kurprinz geschrieben hat. Leider fand ich den kurzen, bei Reidelbach im Anhang S. 285 Anm. 7 versteckten Hinweis zu spät, um sie noch heranziehen zu können. Vielleicht ließe sich an Hand dieser Aufzeichnungen feststellen, bei wem Ludwig in Göttingen russischen Unterricht genommen hat.

Zu Seite 31, Anm. 1 und Seite 38.

Erst seither ist mir durch die besondere Güte der Direktion der Bayerischen Staatsbibliothek in München das Originalmanuskript (347.17) zugänglich gemacht, d. h. nach Göttingen gesandt worden. Darnach ist meine oben stehende Vermutung nicht hinfällig geworden. Es handelt sich sichtlich nicht um die wirklichen Ausgaben und Einnahmen Ludwig's. Tatsächlich ist alles nach Beckmann's Mustern aufs genaueste durchgeführt, eine fingierte Buchführung größeren Stils; sie erstreckt sich auch auf das Jahr 1805. Den sicheren Beweis für diese Auffassung bringen die letzten Seiten des Kollegheftes (S. 112—118) selbst, die den beiden Anlagen „Journal" und Hauptbuch unmittelbar vorausgehen. Da ist nach Beckmann's Vortrag im Kolleg auch „Einfache Buchführung" behandelt. Zuletzt folgt (auf Seite 117) eine sehr genaue technische Anweisung, wie ein Journal und ein Hauptbuch anzulegen sei: wieviel Bogen zu nehmen, welche Seiten leer zu lassen, wie zu paginieren, wie die Guldenlinie „in 5 Spalten anzulegen" sei. Darnach ist dann aufs genaueste das nachfolgende Journal und Hauptbuch angelegt und geschrieben. Dieses hat also nur den Wert eines Paradigmas und gehört als Übungsstück untrennbar mit dem vorausgehenden Kolleg zusammen, von Beckmann vermutlich selbst so ausgedacht. Nur so ist es auch verständlich, daß diese Verrechnungen gerade hier an dieser Stelle, bei der Vorlesung über Handelswissenschaft sich befinden. — Ein Schlußpassus über dazu gehörige Fachliteratur (S. 109—120) wird eingeleitet durch den Satz: „In keiner Wissenschaft sind mehr schlechte Bücher beinahe geschrieben worden als just in der Handlungswissenschaft."

Zu Seite 34.

Auch an Heyne selbst könnte es etwas gelegen haben, wenn der bayerische Kurprinz sich nicht enger ihm anschloß. Frensdorff[1]) hat schon angesichts der Tatsache, daß auch die drei englischen Prinzen (1786—90) nicht bei ihm gehört haben, daran erinnert, wie Heyne zwar nach Forster's Ausspruch „die Seele Göttingens, der Regen und Sonnenschein macht, und ein Freund und Vater aller Wissenschaften", aber auch der beschäftigste Mann Göttingens gewesen ist. Er ließ s. Z. die englischen Prinzen durch einen seiner Schüler, den jungen Magister Buhle, im Latein unterweisen.

Daß die englischen Prinzen aber auch bei Schlözer nicht hörten[2]), wird dieser empfunden haben. Umso verständlicher ist seine Freude, als Ludwig von Bayern, der deutsche Fürstensohn, sein Hörer und Schüler wurde.

Zu Seite 113:

Der in Maximilian's 3. Göttinger Briefe vom 21. Nov. 1829 genannte Graf Winzingrode-Bodenstein (auf dem Eichsfeld), später Württembergischer Staatsmann und Minister, hatte Beziehungen zu dem Göttinger Künstlerkreis. H. Grape heiratete ein Frl. von Wintzingerode (Kirchohmfeld). Der Vater des Grafen, ebenfalls Württembergischer Minister, war in zweiter Ehe mit einer Nichte Friedrich des Großen verheiratet gewesen. (Nach Mitteilungen Dr. von Selle's). Vgl. Allg. D. Biogr. XXXIV, 505—507.

---

1) Die englischen Prinzen in Göttingen, a. a. O. S. 445.
2) Ebenda S. 449.

Zu Seite 125.

Der in Ludwig's I. Brief vom 28. Febr. 1830 als sein „guter Universitätsbekannter" erwähnte **Rodde Freiherr von Blumendorf** ist offenbar der Stiefsohn Dorotheas, Joachim Matthäus, Grundbesitzer in Mecklenburg, vorher auf Blumendorf bei Oldesloe (1782—1865). Vgl. Leopold von Schlözer, Dorothea von Schlözer S. 282 u. 354. Die Bekanntschaft für den bayerischen Kurprinzen wird wohl das Schlözersche Haus hergestellt haben.

Zu Seite 142.

Nicht zu verwechseln mit dem stets rühmlich genannten Domherrn **Meyer** ist der „Harburger Meyer", F. L. W. Meyer, der im Leben von Caroline Michaelis eine Rolle spielt. (Vgl. Frensdorff, Die Heimat Carolinens, S. 45 ff.) Aber auch der Hamburger Kanonikus war befreundet mit Schlözer, Villers und Rodde's; er war auch der Mentor Dorotheas in Paris 1803—5. Vgl. Leop. von Schlözer, Dorothea von Schlözer (1923), S. 215.

Inhaltsverzeichnis.

	Seite.
Vorwort	1
Einleitung	4

    Prinzessin Auguste Wilhelmine von Hessen-Darmstadt, die Mutter Ludwig's I. (4). — Auswirkungen der französischen Revolution am Rhein (5). — J. A. Sambuga, der Erzieher Ludwigs I. (6). — Beginn der akademischen Studien an der Universität Landshut (7). — Als Fortsetzung und Abschluß Göttingen. Bedeutung der Georgia Augusta im 18. und zu Beginn des 19. Jhs. Die Veröffentlichungen von Meiners und Brandes über sie (8—10).

Kapitel I. Kurprinz Ludwig in Göttingen 1803 und 1804 10

    Das Prinzenhaus (10). Quartier im Hause Mühlenstr. 1 (11). — Des Deutsch-Russen W. v. Freygang's Einführungsschrift (12—14). — Die russischen Studierenden in Göttingen (14). — Schlözer's Beziehungen zu Rußland (15). — Einfluß Göttingens auf die geistige Entwicklung Rußlands (16). — Verehrung der russischen Studierenden für ihre Göttinger Lehrer (17/18). — N. Turgenjew, Poljenow, von Asch (18/19). — Die russische Frequenz an der Göttinger Universität im Ganzen (20). — Hinweise auf Rußland in v. Freygang's „Notice" (20/21).

    Ludwigs Immatrikulation und Eintragung im „Wappenalbum" der Georgia Augusta (22). — Johann Christian Eberlein der Wappenmaler und Universitäts-Zeichenmeister (23/4). — Eberlein als bayerischer Stipendiat in München und Rom (25). — Gemälde und früher Tod.

    Ludwig's Göttinger Tagebuchaufzeichnungen (26). — Seine Kolleghefte mit kritischen Bemerkungen (27—31). — Schlözers überragender Einfluß (31—34). — Bekanntschaft mit Heyne (35). — Vorlesung und Bedeutung Blumenbachs (35—36). — Kolleg bei Heeren (36). — Vernachlässigung noch der klassischen Sprachen (37).

Briefe an den Vater? (38). — 12 Briefe an Schwester Charlotte (38—46). — Briefe an J. A. Sambuga (46—54). — Übungen im teutschen Stil (54—56). — „Votum eines hannöverschen Ministers" (56—58). — Prof. Meiners über den Kurprinzen (59). — Erste Reisen in Italien. Angelica Kaufmann's Porträts (60—61).

Kapitel II. Spätere Beziehungen Ludwig's I. zu Göttingen 62

1. Schenkung einer lithographischen Inkunabel an die Göttinger Universitätsbibliothek. Schriftwechsel dazu bei den Senatsakten. Reuß und Sömmering (62—66). — Les oeuvres lithographiques par Strixner, Piloti et compagnie (66—67).

2. Abguß des Ilioneus als Geschenk für die Göttinger Abgußsammlung (67—68).

3. Schenkungen für Blumenbachs Schädelsammlung. Brief Ludwig's I. zu dem Griechenschädel aus Nola (68/69). — Blumenbach's Lobpreis auf dies klassisch gebaute cranium (70—71). — Die Bedeutung der aus denselben Gräbern stammenden attischen (sog. nolansischen) Vasen (72—73). — Möglichkeit einer griechischen Siedlung im oskischen Nola? Athenische Ziele und Elemente in Großgriechenland 73—79). — Christoph H. Kniep und seine Zeichnung der Vasenausgrabung (79—81). — Prähistorischer Schädel aus einem Tumulus bei Eichstätt (81—82). — Zwei Schädel aus Athen (82). — Sieben Schädel aus den Reihengräbern von Nordendorf (82—83).

4. Schenkung des Bayerischen Galeriewerkes München-Schleißheim für die Göttinger Universitätsbibliothek. Kunstgeschichtliche Bedeutung der Münchener Lithographie (83—85).

5. Die Georgia Augusta als Vorbild für die Universität München. Verpflanzung der Universität Landshut nach München (85—86). — Neugestaltung der Universität nach dem Vorbild Göttingens, auch in Verbindung mit der Akademie der Wissenschaften (86—89).

6. Göttingen und „die Kieler Acht". Das Göttinger Hilfskomitee und Rudolph Wagner's Bitte an König Ludwig I. Dessen Antwortschreiben (89—91).

7. Das Göttinger Ehrendekret von 1853. Anregung K. Fr. Hermanns zu einer Ehrung anläßlich des 50. Jahres seit Ludwig's I. Immatrikulation in Göttingen

(91). — Beschluß des Senates und der philosophischen Fakultät. Ehrenpromotion und Ehrendekret (92—94). — Dankschreiben Ludwig's I. (94—95).

8. Ausklang.
Ludwig I. und Rudolph Wagner aus Göttingen an einem geselligen Abend in München anläßlich der Hundertjahrfeier der Bayerischen Akademie der Wissenschaften 1859 (95). — Die Wohltat der Göttinger Semester für Ludwig. Empfehlung des Studiums auf auswärtigen Universitäten (95—96).

Kapitel III. Maximilian II. von Bayern als Göttinger Student 96

Des Kronprinzen Max' andre Wesensart. Ludwig's genaue Fürsorge für dessen Erziehung (96—99). — Max nimmt in Göttingen Wohnung im Prinzenhaus (99). — Seine Göttinger Kolleghefte (100—102). Vorlesungen bei Blumenbach (103), Heeren und Dahlmann (105—106). — Dahlmann's starker Einfluß auf ihn (107). — Belebung des historischen Interesses (108).

Briefwechsel zwischen Kronprinz Maximilian und seinem Vater Ludwig (109—139).

Anhang 139

I. Lustfahrt nach Harvestehude. Aus Ludwig's I. „Übungen im teutschen Stil" von 1804 (139—142). — II. Schriftwechsel zur Schenkung des Bayerischen Galeriewerkes Ludwig's I. an die Göttinger Universitätsbibliothek 1844/45 (142—145). — III. Archivalisches zur Geschichte des von Ludwig I. in Göttingen bewohnten Hauses Mühlenstraße 1 (145/6). — IV. Zur Geschichte des „Prinzenhauses" in Göttingen (146—148).

Nachträge 148
Tafelverzeichnis 155
Druckfehler 156

Ludwig I. von Bayern als Kronprinz
nach einem Gemälde von Angelica Kauffmann, Rom 1806,
(früher Schleißheim, jetzt Neue Pinakothek zu München.)

Über den Autor

Hermann Thiersch, klassischer Archäologe und Universitätsprofessor, wurde am 12.01.1874 in München geboren. Nachdem er das Gymnasium absolviert hatte, folgte das Studium der klassischen Archäologie in München, welches er 1898 mit der Promotion bei Adolf Furtwängler, einem der bedeutendsten deutschen Archäologen, erfolgreich abschloß. Forschungsreisen führten ihn nach Kleinasien und Griechenland, bevor er eine Assistentenstelle am Königlichen Antiquarium in München annahm. In den Jahren 1900-1901 und 1902-1903 reiste er mittels Reisestipendien des Deutschen Archäologischen Instituts in den östlichen Mittelmeerraum. Im Zuge dessen entdeckte er mit umfangreichen Wandmalereien geschmückte hellenistische Grabbauten in Marisa (südwestlich von Jerusalem) und konnte die verlorene Lage der Stadt Sichern rekonstruieren.

1904 habilitierte Thiersch über „Zwei antike Grabanlagen bei Alexandria" und folgte im Jahr darauf dem Ruf als außerordentlicher Professor an die Universität zu Freiburg i. Br.. 1909 erfolgte schließlich die Anstellung als ordentlicher Professor. Als solcher veröffentlichte er seine Ausführungen über die Rekonstruktion des großen Leuchtturms von Alexandria, die seinen Bekanntheitsgrad auch über die Landesgrenzen hinaus steigerten.

1913 wurde er zum Dekan der Philosophischen Fakultät ernannt. Diese Position behielt er bis zu seinem Wechsel an die Universität Göttingen im Jahre 1918, an der er ebenfalls das Amt des Dekans bekleidete, bis er 1925 Rektor der Georgia Augusta wurde.
Überdies arbeitete er in den Jahren 1924-1936 als Sekretär der Göttinger Gesellschaft der Wissenschaften. Diese Arbeit ermöglichte ihm weitere Forschungsreisen, die ihn erneut nach Griechenland, Kleinasien und auch Nordafrika führten.

Da Thierschs Frau offiziell als Halbjüdin eingestuft wurde, schloß man ihn 1938 aus der Göttinger Akademie aus; er konnte seine Lehrtätigkeit bis zu seiner Emeritierung am 20.01.1939 nicht mehr ausüben.

Hermann Thiersch verstarb am 05.06.1939 in Göttingen.

www.ingramcontent.com/pod-product-compliance
Lightning Source LLC
Chambersburg PA
CBHW081159230426
43666CB00016B/2868